돈 걱정 없는 삶

스콧 트렌치 지음
이정민 옮김

SET FOR LIFE

돈 걱정 없는 삶

비즈 BIZPAPER
페이퍼

들어가는 말

　'아메리칸드림'에 대해 이야기해 보자. 전통적으로 우리의 대다수, 적어도 중산층에 속한 이들에게 아메리칸드림은 '일관성'을 의미한다. 근사한 동네에 위치한 근사한 집을 사서 근사한 삶을 사는 것이다. 수입의 10~15%를 저축하고 퇴직 연금에 투자한 상태여야 한다는, 오래 전부터 규정해 놓은 공식 하에 30~40년 정도 직장 생활을 하면 퇴직을 계획하는 걸 뜻하기도 한다.

　이 공식의 문제점은 여기에 따르는 근로자들이 인생의 황금기 내내 하루의 눈부신 순간들과 한 주의 좋은 날들을 월급을 받기 위한 업무에 모조리 바쳐야 한다는 점이다. 하지만 그렇게 살아 봐야 늘그막에는 얼마 되지도 않는 돈을 갖고 퇴직한 뒤 돈이 부족하지 않기만을 빌면서 여생을 보내야 한다.

아메리칸드림에 다른 공식을 적용해 보면 어떨까? 퇴직 시점에 모이게 될 자산을 10년 이내에 쌓을 수 있는 공식이 있다면? 아니, 5년 이내에 쌓을 수 있다면? 불과 20대에 밥벌이를 위한 직장에서 해방될 수 있다면?

이 같은 재정 상태를 달성하는 사람들은 아침 9시 이전 출근을 요구하는 잠재 고용주들을 가볍게 비웃어 줄 수 있다. 먼지 날리는 좁은 사무실에서 화장실 갈 새도 없이 스프레드시트를 처리하는 대신 화요일에도 공원에서 햇빛 찬란한 여름을 만끽할 수 있다. 미드 〈왕좌의 게임〉에 푹 빠져 월요일 새벽 3시까지 잠도 자지 않고 보다가 대낮에는 피트니스 센터로 향하는 생활도 가능하다. 심지어 자신의 집은 세놓고 전 세계를 여행하며 현지인처럼 살아 보는 것도 더 이상 꿈이 아니다. 원한다면 소유 자산에서 나오는 수익으로 사업을 시작하고, 지역사회에서 자원봉사를 하거나 어린 자녀의 육아에 집중할 수 있다. 기업체의 온갖 형식 및 관료주의, 혹은 목표가 다른 상사의 간섭에 시달리지 않고도 타인에게 도움이 될 수 있는 것이다.

이 모든 걸 가능하게 하는 방법은 금전적 자유를 빨리 찾는 것이다. 일찌감치 금전적 자유를 달성하는 이들은 살아가는 데 필요한 것보다 더 많은 수익을 발생시키는 방식으로 재산을 축적하고 자산을 획득한다. 그리고 그 정도 수입이 살아가는 내내 계속해서 창출되기를 기대한다. 당신이 현재 자신의 일을 좋아하든 좋아하지 않든 금전적 자유의 조기 달성은 가치 있는 목표다. 산업은 변하고 기업도 변하며 동료들도 모두 변한다. 당신이 자신의 일을 사랑한다고 해도 월급 주는 회사를 언제든지 떠날 수 있는 선택권을 갖고 있다면 좋을 것 같지 않은가? 출근하는 것 말고는 달리 방도가 없는 것이 아니라 원해서 출근하는 것이라면 근사하지 않겠는가?

이 책은 불과 2~3년 안에 급여 수입이 재무 상황에 아무 영향도 미치지 못하게 만드는 방법을 알려줄 것이다. 당신은 생활 방식을 다시 설계하는 법, 커리어를 다시 시작하는 법, 그리고 재무 상태를 다시 구성하는 법을 배우게 될 것이다. 이 책을 통해 더 많은 돈을 저축하고 벌게 되는 건 물론, 그렇게 쌓인 돈으로 밥벌이를 위해 일할 필요 없는 일상을 설계하는 자유와 능력을 사게 될 것이다. 이 책은 특정한 여건에 놓인 사람들을 위해 쓰였는데, 바로 평균 수준의 연봉을 받는 정규직 근로자로서 종잣돈이 거의 혹은 아예 없지만 하루빨리 금전적 자유를 획득하고 싶은 이들이 그 주인공이다.

부富 창출의 3단계

이 책은 하루빨리 금전적 자유를 획득할 수 있는 3단계의 간단한 접근법을 제안한다. 이 책에는 목표로 하는 구체적인 독자층이 있는데, 바로 모아 둔 자산은 거의 혹은 아예 없지만 금전적 자유는 일찌감치 달성하고 싶은 정규직 근로자다. 이 여정의 각 단계를 통과할 때마다 독자는 재정적으로 여유가 생기면서 더 많은 기회를 접하게 된다. 따라서 굳이 밥벌이를 위해 일하지 않아도 쓰던 돈을 그대로 쓰면서 살 수 있는 기간, 즉 '경제 활주로'가 길어진다. 미국인 중에는 월급을 받지 않으면 불과 몇 달을 버티기도 힘든 사람들이 태반이다. 이 책의 독자는 일하지 않아도 1년간 변함없는 일상을 영위할 수 있는 재정 상태를 빠르게 달성하게 될 것이다. 그리고 이 경제 활주로를 5년, 나아가 영구적으로 확장시키게 될 것이다.

이 책의 1부에서는 자산이라고는 없는 평범한 사람이 2,500만 원까지 모을 수 있는 방법을 안내한다. 자산은 거의 없고 중간 정도의 임금을 받는 근로자라면 다른 무엇보다 생활 방식을 바꾸는 것부터 시작해야 한다. 따라서 무일푼이던 사람이 수입의 절반 이상을 저축하려면 어떤 변화를 어떻게 이뤄야 하는지 알아볼 것이다. 또, 한 달에 200만 원 미만의 돈으로 잘 사는 방법, 저축해서 빚을 갚는 방법, 경제 활주로를 1년 이상으로 늘리는 방법도 알아볼 것이다. 이 방법들을 실천하다 보면 당신은 어느새 1년 생활비를 충당할 정도의 세후 자산을 구축해 놓은 뒤 금전적 자유를 손에 넣기 위해 내달릴 준비가 돼 있을 것이다.

2부에서는 자산을 2,500만 원에서 1억 원으로 불리는 데 주력할 것이다. 1년짜리 경제 활주로가 밥벌이 없이 3~5년, 혹은 그보다 더 오래 지속될 수 있도록 늘려 가는 것이다. 이는 효율적인 방식으로 생활하는 한편 집을 구입해 집세를 아껴 생활비를 더 줄임으로써 가능하다. 또, 직업을 바꿔서 훨씬 많은 소득을 올리는 방법, 성공으로 가는 습관을 들이는 방법도 배우게 될 것이다. 더 많은 소득을 올릴 기회는 영업이나 기술 분야에서 일하다 맞닥뜨리기도 하지만 작은 회사에 취직하거나 프리랜서로 일하면서도 얼마든지 잡을 수 있다. 1부를 통해 구축한 경제 활주로는 이런 기회를 좇을 때 위험 부담을 제거하는 핵심 역할을 한다.

2부에서 자산 1억 원을 쌓는 데 성공했다면 3부를 통해 마침내 금전적 자유를 달성하게 될 것이다. 수년이 보장되는 경제 활주로에서 일생이 보장되는 경제적 풍요로 나아가는 것이다. 이제는 꾸준히 수입을 늘리고 효율적으로 살아야 하는 한편, 경제생활의 중심은 수익을 내는 자산의 구입 및 창출로 옮겨 가야 한다. 따라서 3부에서는 금전적 자유의 개념에 대해 심층적으로 논의하고 투자 철학도 배우게 될 것이다. 어떤 자산이 금전적 자유를 달성하게 해주고 어떤 자산이 아무 도움도 안 되는지 알게 될 것이다. 이 같은 지식을 바탕으로 재정 상황이 좋아지고 경제 활주로가 길어지면 투자 및 수익의 기회가 급격히 늘고 이를 똑똑하게 활용할 수 있게 된다. 뿐만 아니라 자신의 발전 과정을 효율적으로 추적 관리하는 방법 역시 배우게 된다.

이 책에는 실전 지식과 함께 철학도 담겨 있다. 자산 창출은 고리타분한 공식이나 단계적 절차가 아니다. 종잣돈 2,500만 원을 마련하는 단계에 있더라도 투자 기회를 외면해선 안 되고, 종잣돈

1억 원을 쌓는 중이더라도 투자 기회를 놓쳐선 안 된다. 자신의 구체적인 현실에 맞춰 더 벌고, 덜 쓰며, 그 차액을 공격적으로 투자할 필요가 있다.

짧은 시간에 평생 쓸 돈을 모으기 위해서는 삶의 여러 주요 영역에서 일반적이지 않은 결정들을 내리기도 해야 한다. 다른 근로자들보다 더 열심히, 똑똑하게 일하고, 직업과 관련해서도 보통 사람들과는 다른 결정을 내릴 수 있어야 한다. 자산 관리 방법 역시 완전히 달라야 할 것이다. 즉, 당신의 가족, 친구, 동료들과 완전히 상반되는 관점을 가져야 한다.

이를 테면 다음과 같은 관점들이다.

- 100만 원을 더 버는 게 아니라 100만원을 모아서 시작해야 한다.
- 새 차는 전적으로 불필요하다.
- 즐거움과 재미를 위해서는 돈을 아끼는 게 아니라 더 써야 한다.
- 학자금 대출은 대개 무가치하다.
- 노른자위 땅에 위치한 집(아파트는 더하다)을 사면 금전적 자유의 조기 달성이 늦어진다.
- 주식이 채권보다 덜 위험하다.
- 돈을 더 벌려면 덜 써야 한다.
- 한 가지 전문성을 개발하는 것은 무엇이든 잘하는 것보다 훨

씬 위험하다.

- 별 볼일 없는 기회가 많은 것보다 몇 번의 좋은 기회가 훨씬
  낫다.
- 퇴직 연금은 덜 붓고 일찌감치 회수할 준비를 해야 한다.

경제적으로 남들과 다른 결말을 맞이하고 싶다면 계획도 남달라야 한다. 이 책은 바로 그런 계획을 제시한다. 열심히 일하라. 최대한 적게 써라. 남는 돈을 똑똑하게 투자하라. 가능한 빨리 삶을 온전히 즐겨라. 이는 결코 쉬운 일이 아니다. 하지만 그만한 가치가 있는지 결정하는 건 당신의 몫이다.

들어가는 말 > 5

제1부 종잣돈 2,500만 원 모으기가 가장 어렵다

제1장 절약으로 종잣돈 2,500만 원 모으기 > 20
부의 창출이 근검절약에서 시작되는 이유 > 22
절약의 심리학 > 29
결론 > 41

제2장 효율적으로 살아가는 법 > 44
일반 직장인의 소비 습관 > 46
비중이 큰 주요 생활비 줄이기 > 49
결론 > 70

제3장 저축한 돈으로 무엇을 할 것인가? > 73
'나쁜' 부채 vs '좋은' 부채 > 75
좋은 신용 만들기 > 81
금전적 자유로 가는 여정의 주요 3단계 > 84
결론 > 92

제2부 종잣돈 2,500만 원을 1억 원으로 늘리기

제4장 최대 지출 항목을 수익 창출 자산으로 바꾸기 > 98

애버리지 조의 주택 딜레마 > 99
결론 > 112

제5장 주택 결정이 재정 상황에 미치는 영향 > 113

첫 내 집 마련을 위한 다섯 가지 방법 및 재정적 영향 > 114
분할 주택을 매입하기 전에 던져야 할 질문들 > 133
결론 > 140

제6장 돈을 더 많이 버는 방법 > 142

돈을 더 많이 버는 게 중요한 이유는? > 145
소득을 늘리기 위해 필요한 변화들 > 157
결론 > 183

제7장 소득을 늘릴 수 있는 직업으로 갈아타기 > 186

돈을 더 많이 벌기 위한 다섯 가지 전략 > 188
결론 > 204

제3부 자산 1억 원에서 금전적 자유로 나아가기

제8장 금전적 자유 탐구하기 > 209

금전적으로 자유로운 사람은 누구인가? > 219
재무의 4단계 > 223
금전적 자유를 어떻게 추구할 것인가? > 230
금전적 자유 공식의 요소들 > 232
결론 > 253

제9장 금전적 자유의 조기 달성을 위한 투자 입문 > 255

투자의 일곱 가지 핵심 원칙 > 258
현명한 투자자를 위한 다섯 가지 개념 > 273
결론 > 297

제10장 주식 시장에 투자하기 > 300

개별 주식을 매입해선 안 된다 > 302
결론 > 313

제11장 부동산 투자 > 314

부동산에 투자해야 하는 다섯 가지 이유 > 315
부동산에 투자하는 방법 > 324
결론 > 325

제12장 **자신의 발전 상황 점검하기** > 328

자신의 재무 상태 점검하기 > 329

첫 번째 재무 지표: 순자산 > 331

두 번째 재무 지표: 지출 > 341

세 번째 재무 지표: 소득 > 345

네 번째 재무 지표: 시간 > 347

시간을 관리하는 방법 > 351

결론 > 356

제13장 **습관이 금전적 자유에 미치는 영향** > 358

삶에서 추방해야 할 10가지 습관 > 360

결론 > 371

나오는 말 > 373

참고문헌 > 379

부록 > 381

감사의 말 > 394

제1부

종잣돈 2,500만 원
모으기가
가장 어렵다

　1부에서는 1년이 보장되는 경제 활주로를 달성하는 비법에 대해 알아보겠다. 이를 위해 난생처음 목돈을 모으는 방법을 알아볼 텐데, 바로 당신의 중위 소득(모든 가구를 소득 순으로 순위를 매겼을 때, 가운데를 차지한 가구의 소득)을 저축하는 데 주력하는 한편 지출 중 비율이 가장 큰 항목은 과감히 잘라내는 것이다. 1부에서 제시하는 목표를 달성하려면 당신은 언제든 쓸 수 있는 현금 혹은 현금성 자산의 형태로 적어도 1년간의 생활비를 저축해야 한다.

　왜 그래야 할까? 이 경제 활주로를 먼저 마련해 놔야 유연성과 자유, 그리고 첫 투자를 할 수 있는 능력이 생기기 때문이다. 이런 식으로 자산을 쌓고 나면 다음번에는 더 쉽게, 자동적으로 자산이 창출된다. 그러면 당신은 퇴직 연금을 최대한도로 붓거나 주택담보대출금을 갚는 것 이외에 언제나 유용할 수 있는 자산에 대해 생각해 보게 될 것이다. 겨우 1년 저축해 놓고서 완전한 은퇴를 바랄 수는 없겠지만 분명 '부富의 선택' 단계에 진입할 순 있다. 여기서 '부의 선택'이란 경제적으로 탄탄하지 못한 이들에게는 주어지지 않는 기회를 잡을 수 있는 능력을 뜻한다.

　목표는 1년이 보장되는 경제 활주로의 구축이라는 사실을 명심하라. 퇴직 예금, 주택 자산, 자동차 및 다른 허위 재산은 일찌감치 밥벌이에서 해방되고 싶은 이들에게는 별 소용이 없다. 퇴직 예금 2,000만 원과 주택 자산 4,000만 원이 있기는 하지만 은행 예금은 불과 700만 원뿐이고 심지어 매달 쓰는 돈이 300만 원이나 되는 사람은 경제 활주로가 있다고 말할 수 없다. 직장을 그만두면 3개월도 안 돼 현금이 바닥나고 말 테니 말이다.

이에 비해 은행 예금이 2,500만 원 있고 매달 지출이 200만 원인 사람은 1년간 일을 안 해도 문제 될 게 없다. 심지어 앞서 언급한 사람들은 놓칠 수밖에 없는 기회를 잡을 수도 있다. 왜냐고? 2,500만 원이 수중에 있기 때문이다. 경제적 지위 향상을 위해 언제든지 기꺼이 쓸 수 있는 세후 예금의 형태로 말이다.

당신은 은행 예금 2,500만 원과 (여러 대안 중에서 고를 수 있는) 실제 선택권을 가진 사람이 되어야 한다. 가진 건 주택담보대출과 퇴직 연금뿐, 유용 가능한 세후 자산이라고는 없는 이가 되어선 안 된다. 전자는 꿈을 좇다 뭔가 잘못되더라도 혼자 힘으로 헤쳐 나갈 수 있지만, 후자는 단기적으로 유용할 수 있는 실질 자산이 없어서, 혹은 주택담보대출금을 갚아야 해서 다니는 직장에 발목을 잡힐 수밖에 없다.

물론 1년을 버티려면 5,000만 원 이상 필요하다는 이들도 있겠지만 결국 생각이 바뀔 것이다. 1부를 읽고 나면 2,500만 원이 채 안 되는 비용으로 어떻게 1년을 살 수 있는지 정확히 알게 될 테니 말이다. 당신의 예산에서 쓸데없이 큰 지출 항목을 삭감해 시간과 돈을 해방시키는 게 바로 비법이다.

이 책의 1부에서는 순자산 제로 혹은 마이너스에서 시작하더라도 적은 돈으로 생활하고, 매달 수백만 원씩 저축해 현금 및 현금성 자산의 형태로 종잣돈 2,500만 원을 마련하는 방법을 알아볼 것이다. 뿐만 아니라 매달 200만 원 정도의 돈으로 행복하고 건강하며 충만한 삶을 사는 방법도 알아보도록 하자.

제1장
•
절약으로 종잣돈
2,500만 원 모으기

  무일푼인 직장인이 수천만 원의 자산을 쌓을 수 있는 방법은 무엇일까? 정답은 푼돈을 모으는 것이다. 이를 위해서는 자신에게 중요한 것들을 고려해 현실적이면서도 돈이 최대한 적게 드는 생활 방식을 장기적 관점에서 설계하는 일부터 시작해야 한다. 중위 소득 직장인이 일찌감치 금전적 자유를 획득할 수 있을지 없을지는 소득을 지키는 능력에 따라 결정된다. 치열한 경쟁에서 벗어나는 과정의 1단계가 자산의 보존이라는 건 불변의 진리다. 절약하고 저축하고 푼돈도 아끼면서 적은 비용으로 살아가는 게 정답이다.

하지만 순자산 수억 원이라는 목표, 나아가 금전적 자유를 오로지 저축을 통해 달성하고자 하는 것도 명백히 비효율적이다. 그런 방식으로는 일생까지는 아니어도 수십 년은 걸릴 게 분명한 만큼 이 책에서도 권하지 않는다. 대신 하루빨리 금전적으로 자유로워지고 싶은 사람은 다음의 세 가지를 반드시 실천해야 한다.

- 수익을 창출하고 가치도 상승하는 실물 자산을 축적한다.
- 자산의 효율적 투자를 끊임없이 도모한다.
- 본인의 자산에서 창출되는 수익만으로 생활비를 충당할 수 있도록 돈이 적게 드는 생활 방식을 설계한다.

자산 구축을 꿈꿔 본 사람이라면 누구나 이 세 가지 기본 전제를 이해할 것이다. 하지만 소득을 늘리고 투자를 배우고 싶어 하는 이들은 넘쳐나는 반면, 생활 방식을 바꿔 더 많이 저축하는 이들은 드물다. 대신 사람들은 아무리 적은 금액이라도 투자부터 하고, 남는 시간을 쪼개 자산을 늘리는 데 몰두한다. 어리석은 짓이다. 평범한 직장인이 부자가 되는 첫 단계는 돈을 모으는 것이다. 이 여정을 근검절약에서 시작해야 하는 이유에 대해 살펴보자.

부의 창출이 근검절약에서
시작되는 이유

이유 ❶ | 절약하면 기회를 잡을 수 있다

재무 전문가들 및 자기계발 강사들은 하나같이 이렇게 주장한다. '스스로를 결핍 마인드에 가두지 마라. 희생하지 마라. 소득을 늘려라.' 이렇게도 주장한다. '사고의 틀을 확장시켜라. 돈은 무한하다.' 저축이 아니라 소득에 집중해야 한다는 사실을 확인시켜주는 것이다.

내로라하는 재무 전문가들이 틀렸을 리 없다! 소득(그리고 더 높은 투자 수익의 추구)은 목표 달성을 위해 반드시 필요한 수단이며 이 책의 3분의 2에 달하는 부분에서 이 주제를 다루고 있다. 금전적 자유를 일찍 손에 넣고 싶은 이들은 소득원을 늘려야 하고, 각 소득원의 규모 역시 키워 나가야 한다.

하지만 호언장담하는 이 거물급 전문가들이 월급쟁이에 대해 놓치고 있는 사실 한 가지가 있다. 일반 직장인들은 온종일 다른 누군가를 위해 중위 소득 수준의 임금을 받으면서 일해야 한다. 이에 비해 재무 전문가들은 사업가나 대기업 임원인 경우가 많아서 일반 직장인들과는 다른 규칙에 따라 살아갈 확률이 높다.

아침 7시에 일어나 8시에 집을 나서서 9시까지 출근하고 저녁 6시가 넘어서야 집에 돌아오는데 대체 어떻게 다른 일로 소득원을 늘릴 수가 있다는 말인가? 하루 종일 격무에 시달리다 퇴근한

후 쌓여 있는 집안일까지 모두 마친 뒤 남는 시간에 다른 사업을 구상한다고? 일단 가능하다고 치자. 그런데 당신과 똑같은 재능을 가졌지만 당신과 달리 하루를 온전히 그 사업에 바치는 이들과 경쟁해 이길 수 있겠는가? 당신이 슈퍼맨이나 슈퍼우먼도 아닌데 최고의 에너지를 쏟아붓는 경쟁력 있는 사업가들을 앞지른다는 것은 현실적으로 불가능하다.

물론, 상당히 장기적인 계획을 세웠거나 취미로서 부업에 열정을 바치는 이들이라면 직장과 병행하면서 성공을 거두기도 하고 만족감을 느낄 수도 있다. 하지만 당신이 평범한 직장에서 일하는 보통 직원이라면 다음 문장에 차마 반박할 여지가 없어 좌절할 게 분명하다. *지금 당장 더 큰 수익을 올릴 기회를 찾아 나서고 싶어도 당신에게는 방법이 없다. 9시부터 5시까지 직장에 붙어 있지 않으면 난리가 나기 때문이다. 게다가 당신은 씀씀이도 커서 현재 직장보다 급여가 조금이라도 적은 곳으로는 이직할 수 없다!* 한번 생각해 보라.

리즈의 현재 연봉은 5,000만 원이다. 그런데 어떤 기업에서 연봉은 지금보다 15% 적은 4,250만 원지만 2년 안에 1억 원 이상의 수익을 올리면 50%의 보너스를 지급하겠다며 일자리를 제안했다고 가정해 보자. 이 제안을 받아들일 경우 그녀의 소득은 극적으로 늘어나 지금보다 빨리 수익을 창출하는 자산을 마련할 수도 있다. 하지만 리즈는 소비에 대한 압박으로 이 기회를 잡지 못했다. 지출해야 할 돈이 너무 많은 것이다. 자동차 할부금, 높은 집세,

인터넷 사용료, 유흥비 등 월급을 받아서 처리해야 할 비용이 쌓여 있었다. 그래서 5,000만 원보다 적은 수입의 위험을 감수할 수 없었다.

이번엔 리즈가 아주 알뜰하다고 가정해 보자. 매달 200만 원씩만 쓰고 150만 원씩 저축해 왔다고 말이다. 그러면 위의 새로운 일자리 제안은 진지하게 고려해 볼 만한 문제가 된다. 그녀의 통장에는 수백 혹은 수천만 원이 들어 있을 테고 새 일자리의 임금은 그녀의 한 달 지출을 훌쩍 뛰어넘기 때문이다. 결과적으로 그녀는 새로운 기회를 붙잡아 계속해서 꿈을 향해 나아갈 수 있다.

하지만 대부분의 사람들이 후자와 같은 선택을 할 수 없는 게 현실이다. 실제로 따로 보관해 둔 목돈이 있기는커녕 매달 푼돈이라도 저축할 수 있으면 다행인 사람들이 너무나 많다. 만약 당신도 그중 하나라면 매일같이 기회를 놓치면서도 알아채지 못하고 있을 것이다. 연봉은 적더라도 인센티브나 주식, 혹은 다른 금융 상품으로 보상해 주는 일자리를 찾아봐야겠다는 생각조차 안 했을 테니 말이다.

당신이 지금보다 훨씬 적은 수입으로도 그럭저럭 버틸 수 있다면 가능성과 기회의 세계에 자신을 던져 보라. 어떤 이들은 이를 '행운'이라고 부른다. 그리고 금전적으로 준비된 이들만이 행운을 거머쥘 수 있다. 물론 이렇게 장기적으로 엄청난 이득을 창출할 기회를 붙잡으려면 직장과 사업에서 단기적인 희생을 감수할 수 있어야 한다.

이유 ❷ | 절약이 기회를 만든다

앞서 언급한 '희생하지 마라'와 '돈은 무한하다' 같은 말들을 직접 내뱉는 사람들을 보면 참 재밌다. 가장 어리석은 얘기 중 하나가 "물론 나도 저축하고 싶어. 하지만 내겐 가족이 있고, 소비를 줄이면 우리 가족이 좋아하는 것들을 못하게 돼. 그러니 대신 돈을 더 많이 버는 게 낫지!"라는 말이다. 이 주장은 앞뒤가 맞지 않는다. 이렇게 말하는 사람은 재정적 안정, 가족과 여가가 중요하다고 말하면서, 절약하는 게 소득을 늘리는 것보다 기존 생활 방식을 더 크게 무너뜨린다고 믿는다. 애덤은 현재 주당 40~50시간을 일하고 이를 통해 미국의 중위 소득이라 할 수 있는 연봉 5,000만 원을 벌지만 버는 족족 쓰면서 근근이 살아가고 있다. 게다가 그의 고용주는 근무 시간에 다른 일 하는 걸 용납하지 않는다. 따라서 애덤은 물론, 비슷한 처지에 있는 수백만 미국인들이 소득을 늘리려면 근무 시간 이외의 시간에 종사할 수 있는 부수입원을 마련해야 한다. 예를 들어, 애덤은 아침 일찍, 혹은 근무가 끝난 밤에 부업을 해야 할 것이다. 이론적으로는 수면 시간을 줄이고 밤새 일할 수도 있다. 하지만 잠을 아무리 줄여도 초기 자금도 없이 꾸준히 추가 수익을 올리려면 상당한 시간을 투자해야 한다. 결국 가족과 함께 보내는 시간을 줄여서 할 수 있을 만한 부업들은 다음과 같다.

- 콜택시 운전
- 퇴근 후 할 수 있는 보모나 강사
- 친구, 친지 및 동료를 상대로 옷이나 서비스 판매
- 인터넷 사업
- 블로그 운영

하지만 이 일들은 빠른 시일 안에 수익을 올릴 확률이 적을뿐더러 기껏해야 최저 임금밖에 벌지 못한다는 치명적인 단점이 있다. 애덤은 잠도 못자고 주말에 쉬지도 못하면서 고군분투하겠지만 결국 돈은 별로 벌지 못할 것이다. 그보다 가계 예산을 조금만 수정하면 예전과 다름없이 생활하면서 재정적으로는 훨씬 큰 효과를 실감할 수 있다. 예를 들어 직장에서 더 가깝고 집값도 더 싼 곳으로 이사한다고 치자. 그러면 집세는 물론, 출퇴근에 드는 돈과 시간 역시 아낄 수 있어서 가족과 더 많은 시간을 함께 보내고 저축도 훨씬 많이 할 수 있다. 제2장에서도 다루겠지만 이렇게 간단한 결정만으로 수백만 명의 사람들이 연간 수억 원을 저축할 수 있다.

이렇게 생각을 바꾸면 애덤은 돈과 시간에서 해방될 수 있다. 실제로 이런 결정을 내리면 대부분의 사람들이 얼마나 다른 삶을 살 수 있는지 생각해 보라. 하루에 한 시간씩 더 생기는 데다 돈도 덜 쓰게 된다. 비용을 줄이고 시간을 늘릴 수 있는 다른 전략들도 뒤에서 살펴보겠지만, 우선 직장과 가까운 싼 집으로 이사하는 경우와 새 사업을 시작하는 경우를 두고 각각에 들어가는 노력과 전체적인 생활 방식을 비교해 보자. '이사와 퇴근 후 콜택시 운전', '이사와 주말 부업'을 비교하는 식으로 말이다.

생활 방식의 변화(절약)는 금전적 자유의 조기 달성을 꿈꾸는 직장인들에게 상당한 효과를 가져다줄 수 있다. 절약은 비교적 수월하게 실천할 수 있고, 더 많은 자유 시간을 선사하며, 매달 더 많은 돈을 저축하게 해줄 것이다. 저축만으로 부자가 될 수 있는 건 아니지만 우선 효율적인 생활 방식을 구축하고 그로 인해 남은 돈과 시간을 쏟아부으면 다른 사업이나 부업을 시작할 수 있다.

이유 ❸ | 현행 세금 제도 내에서는 돈을 버는 것보다 모으는 것이 유리하다

놀라운 소식! 수없이 많은 나라에서 소득에 세금을 부과한다. '재산'이 아닌 '소득' 말이다.

이 책에서 가장 많은 팁을 얻을 수 있는 사람들에게 주 정부와 연방 정부가 매기는 한계세율은 소득의 30~35%에 이른다. 당연히 소득이 많을수록 세율도 높아진다. 연봉 5,000만 원인 사람이 매년 10%씩 연봉이 인상되었다면(상당한 인상폭이다!) 매년 500만 원의 수입이 더 생긴다고 생각할 것이다. 하지만 틀렸다. 실제 인상 금액은 330만 원에 불과하다. 새로 추가된 소득에 세금이 매겨지기 때문이다.

대신 그가 직장에서 가깝고 집값도 더 싼 곳으로 이사한다면 출퇴근 비용과 집값을 합쳐 매년 500만 원씩 덜 쓸 수 있다. 이것이야말로 새는 돈을 막아서 매년 500만 원씩 더 부자가 되는 길이다. 게다가 이사했다고 해서 연봉 협상에서 제외되는 게 아닌 만큼 여기에 연봉 인상까지 따내면 금상첨화다. 그러니 세전 소득을 조금이라도 더 늘려서 금전적 자유를 달성하겠답시고 매주 50~60시간씩 업무에 매달리는 건 어리석은 행동임을 깨달아야 한다. 그보다 세후 자산에서 수백만 원을 아끼는 게 훨씬 쉬운 길이다.

다시 말해, 소득세를 내는 사람이라면 돈을 아끼는 게 버는 것보다 33% 더 효율적이다. 1,000원을 저축하려면 1,330원을 벌어야 하니 말이다.

핵심 정리

절약은 부자를 꿈꾸는 모든 직장인들이 가장 먼저 실천해야 하는 덕목이다. 그 이유는 다음 세 가지로 요약된다.

- 절약을 통해 기회를 잡을 수 있다.
- 절약은 부업이나 사업을 하는 것보다 기존의 생활 방식을 덜 침해한다.
- 1,000원 절약하는 게 1,000원 더 버는 것보다 효율적이다. 소득에는 세금이 붙기 때문이다.

소득 및 투자 수익을 늘리는 게 중요하지 않다는 얘기가 아니다. 돈을 더 많이 벌거나 효율적 투자를 위해 노력하기보다는 지출을 관리함으로써 얻을 수 있는 게 훨씬 더 크다는 얘기다. 승진을 위해 노력할 필요가 없다는 뜻도 아니다! 처음엔 저축을 더 많이 하는 데 초점을 맞춰야 한다는 뜻이다.

자산 관리의 핵심은 증식, 그리고 왕성한 시너지다. 덜 쓰는 사람이 더 벌 수도 있다. 현금 흐름을 더 많이 유발하는 투자일수록 가치도 더 빨리 오르는 법이다. 덜 벌 때만 덜 쓰는 게 아니다. 오히려 더 벌어도 덜 쓰도록 하라.

절약의 심리학

이 책에서 제시하는 전략은 당신의 의지가 얼마나 강한가에 따라 성공 여부가 결정된다. 만약 당신이 금전적 자유의 조기 달성에 별 관심이 없다면 이 책의 어떤 내용도 중요할 게 없다. 무려 40년을 한결같이 일해도 마냥 행복하고, 미래의 재무 계획에도 관심이 없다면 생활 방식을 검소하게 바꿀 이유도 없는 것이다. 반면, 금전적 자유의 조기 달성이라는 개념이 마음에 들고 목표로 삼겠다는 확신이 있다면 이를 실현하기 위해 노력하고 싶은 강력한 충동을 느낄 것이다.

금전적 자유의 조기 달성을 위해서는 강력한 동기 부여가 있어야 한다. 금전적 자유를 손에 넣는다는 건 자신의 뜻을 잘 지키며 살아왔다는 의미이자 가치 있는 삶, 성장하는 삶을 살았다는 의미다. 재정 상황과 관련해 여러 중요한 결정들을 내릴 때마다 이 같은 동기가 원동력이 되어야 한다.

당신의 장기적 목표는 감정에 기반해야 한다. 위대한 자부심이 있어야 뛰어난 선수가 되고자 노력할 수 있고, 엄청난 사랑이 뒷받침돼야 인생의 동반자를 찾을 수 있다. 야망이 커야 정치인으로 성공할 수 있고, 자유를 갈구하는 마음이 뜨거워야 절약을 실천함으로써 돈의 압박에서 벗어날 수 있다.

하지만 뛰어난 선수들은 목표를 향해 나아갈 때 감정을 개입시키지 않는다는 사실도 이미 알고 있을 것이다. 그들은 감정이 요동치는 상태에서는 절대 훈련하지 않는다. 성공하는 정치인들 역시 감정에 끌려다니지 않고 외부 자극에 감정적으로 대응하지 않는다. 마찬가지로 자산 관리에 뛰어난 사람들은 돈에 관련된 문제라면 섣부른 결정을 내리지 않는다.

장기적 목표에는 깊은 감정적 욕구가 밑받침돼야 한다. 일찌감치 금전적으로 자유로워지고 싶은 강력한 욕구가 성공에 핵심적인 역할을 하는 것이다. 하지만 단기적으로는 감정과 기분을 통제하는 법도 배워야 한다. 이를 '절제'라고 부른다. 얄팍하고 단기적인 감정이 더 큰 목표의 달성에 지장을 줘선 안 된다. 감정은 단기적으로는 우리의 적이 될 수 있지만 장기적으로는 강력한 동지다.

이는 곧 소비의 절제로 나타난다. 유명 경기나 훌륭한 공연의 입장권이 할인 중이라고 해서 반드시 질러야 한다는 법은 없다. 대신 당신 자신에게 이 질문을 먼저 던져 보자. *금전적 자유의 달성이 늦어져도 무방할 만큼 이 이벤트/여행/아이템이 중요한가?*

가끔은 위 질문에 대한 답이 "물론!"이라고 해도 문제 될 건 없다. 열심히 번 돈으로 즐거움을 찾고 마음에 드는 물건을 사는 게 잘못은 아니다. 하지만 이런 식의 소비가 무엇을 의미하는지 항상 염두에 두도록 하라. 이로 인해 금전적 자유의 조기 달성이라는 목적지가 얼마나 더 멀어졌는지 알고 있어야 한다. 그래야 불필요하게 돈을 썼다는 사실에 스스로도 아주 불편해질 테니 말이다.

금전적 자유의 조기 달성을 진심으로 원한다면 더 합리적인 소비 결정을 내릴 수도 있고 검소한 생활 방식에 한 발 더 다가갈 수도 있다. 예를 들어, 자신의 소비 행태를 통제하고자 하는 이들 중에는 절제를 위해 정해 놓은 예산에 따라 생활하는 방법을 활용하는 사람들도 많다. 매달 의복비 10만원, 외식비 20만원, 주유비 15만 원이라는 예산을 세우고 이를 기준으로 소비 결정을 함으로써 목표를 향해 나아간다. 그들이 이렇게까지 하는 건 매 순간을 장악하기 위해서다. 그들은 순간의 감정과 욕구 때문에 진심으로 원하는 목표를 달성하는 데 지장이 생기는 것을 용납하지 않는다.

하지만 금전적 자유의 조기 달성이라는 장기적 목표를 위해서라면 예산을 세워서 철저히 따르거나 매달 돈을 어디에 썼는지 일일이 기록할 필요가 없다(차후 모든 것을 알게 될 것이다). 금전적 자유의 조기 달성이라는 목표를 항상 최우선으로 여긴다면 대부분의 소비 결정이 쉬워진다. 예를 들어 의복비나 외식비, 주유비를 따로 산정해 놓을 필요가 없다. 대신 필요와 욕구를 충족시킬 수 있는 수준에서 그때그때 합리적인 최저 비용을 선택하면 된다. 예산을 세우는 전략은 유용할 수는 있지만 반드시 필요한 건 아니다. 이보다 더 큰 효과를 낼 수 있는 것은 금전적 자유를 조기에 달성하고 싶은 당신의 정서적 갈증이다. 예산안이 있든 없든 이 정서적 욕구가 논리적인 결정을 내릴 수 있게 해줄 것이다.

금전적 자유를 조기에 달성하고 싶은 이유가 '가족에 충실하기', '취미생활 즐기기', '해변에서 휴식하기', '세계 여행하기', '지역 사회에 기여하기' 중 무엇이든 간에 소비 결정을 내릴 때마다 가장 우선적으로 고려돼야 한다. 당신의 최종 목표는 액세서리나 명품보다 중요하며 장기적인 목표가 대부분의 순간적인 충동보다 강력해야 한다.

실천을 통해 부자 되기

많은 사람들의 오해 중 하나가 살아가는 데 기본적인 것들을 수행하려면 '전문가'의 도움이 필요하다는 것이다. 사람들이 전문가에게 점점 더 의존하는 걸 보면 놀랍기만 하다.

- 의사의 조언에는 무조건 따른다.
- 심리 치료사나 정신과 의사들에게 의존해 정신 및 감정적 문제들을 해결하려고 한다.

- 자동차 정비는 무조건 수리공에게 맡긴다.
- 수도에 사소한 문제만 생겨도 배관공을 부른다.
- 변호사에게 법적으로 빠져나갈 방법을 찾아 달라고 요구한다.
- 자산 관리사를 맹목적으로 신뢰해 자신의 돈을 모두 맡긴다.
- 회계사들이 세금 신고를 정확하게 해주기를 바란다.

전문가들에게는 각자의 역할이 있다. 뼈가 부러지면 병원에 가고, 우울하거나 위험한 생각이 들면 심리 치료사를 찾는 등 안 좋은 결과가 생길 만한 문제가 있다면 당연히 전문가에게 의지해야 한다. 하지만 당신의 건강을 지키는 건 의사의 책임이 아니다. 당신 자신의 책임이다. 균형 잡힌 몸매를 유지하고 싶다면 운동 및 신체 강도 훈련에 대해 연구해야 한다. 몸에 좋은 음식과 그렇지 않은 음식을 구분해 먹고, 행복하고 건강하며 생산적인 생활을 할 수 있도록 잠도 충분히 자야 한다. 긴급한 문제나 검진할 사항이 생기면 의사를 찾아가 혹시 놓친 게 있는지 알아봐야 한다.

변기를 고치는 일 역시 배관공의 책임이 아니다. 당신의 책임이다. 변기는 상당히 기본적인 장치들로 구성돼 있고, 이 책을 읽을 수 있는 이는 누구나 유튜브 동영상을 참고해 변기의 어디가 고장인지 진단하고 간단하게 고칠 수 있다. 물론 이렇게 간단한 수리로 해결되지 않는 문제라면 배관공을 불러야 한다. 마찬가지로 가족과의 사이에서 발생하는 모든 문제들을 정신과 의사가 해결해야 하는 것은 아니다. 우울한 날, 관계 문제, 내적 갈등을 해결하려면 당신 스스로 적극적으로 노력해야 한다. 돈의 압박에서 하루빨리 해방되고 싶다면 일상의 문제들에 합리적으로 대처하고 직접 해결할 줄 알아야 한다.

겁먹지 마라. 삶의 일부가 되고 또 부자가 되려면 당신의 삶에 책임을 져야 한다. 삶에서 중요한 것들을 관리하는 법을 배우는 일 또한 그 과정의 일부다. 물론 몇 번은 실패하게 돼 있다. 몇 주간 싱크대에서 물이 샌 후에야 당신은 배수구를 고치겠다고 나설 것이고, 처음으로 엔진오일을 교체할 때에는 온몸에 기름칠을 할 수밖에 없다. 어떤 일이든 전문가를 고용하지 않는 한 문제가 발생할 위험성도 높다. 하지만 사소한 실패가 두려운 나머지 기본적인 일들까지 전문가에게 맡겨 버린다면 당신은 장기적인 관점에서는 성장할 기회를 분명 잃게 될 것이다.

대신 무엇이든 직접 해보자. 우선 필요한 작업의 범위와 특별히 주의할 점들을 파악하도록 하자. 그 뒤에 전문가를 고용할지 말지를 결정한다. 단, 다음 사항들 중 한 가지라도 해당된다면 직접 해결하려고 들어서는 안 된다.

- 문제의 원인을 잘못 진단할 경우 상당히 위험한 결과가 생길 수 있다. 예를 들어, 며칠 동안 잠도 잘 자고 몇 차례 격렬한 운동도 할 만큼 컨디션이 좋았는데 한동안 이상 증상이 계속된다면 뼈가 부러졌거나 의심스러운 혹이 생긴 등 만성 질환

이 발생했을 수 있다.

- 가능한 빨리 해결해야 하는 일인데 하루를 몽땅 투자해도 해결될 것 같지 않다.

- 작업을 완료하는 과정에서 법적 책임을 물을 일이 생길 수 있다(일례로 임대 자산의 전기 장치를 수리해선 안 된다. 보험이 적용되지 않기 때문이다).

- 비슷한 작업을 해본 경험이 있고 그때 분명 엄청나게 고생했다면, 전문가를 고용해 시간당 2만 5,000원 미만의 비용으로 해결할 수 있다.

물론 어떤 직업에든 똑똑하지 못한 사람이 있기 마련이고 엄연히 '면허가 있는' 전문가들도 틀린 정보나 위험한 조언을 제공할 수 있는 게 현실이다. 콜로라도 주 덴버에 있는 부동산 중개인을 찾아가 뉴욕 시의 부동산 시세를 묻는 건 어처구니없는 일이다. 특허법 전문 변호사를 찾아가 임대차 계약에 대한 의견을 구하는 것 역시 말이 안 된다. 마찬가지로 대기업 회계 감사를 전문으로 하는 회계사에게 당신의 개인적인 업무를 맡길 수는 없는 노릇이다. 회계 산업이 상당히 광범위한 만큼 당신만의 고유한 문제를 해결하는 데 최적화된 전문가를 찾는 것 자체가 도전일 것이다. 하지만 몇 시간 정도만 투자해 집중 조사를 하면 적당한 비용의 전문가를 찾을 수 있는데 이조차 하지 않고 값비싼 전문가의 조언을 구하는 행위는 삼가야 한다.

막상 직접 해보면 법 개념을 의외로 빨리 익힐 수 있다는 사실에 놀랄 것이다. 천천히 문제를 검토한 뒤 전반적으로, 혹은 구체적으로 어떤 부분에서 도움이 필요한지 정확히 이해한 후에 법적 조언을 구하는 게 어떨까? 마찬가지로 돈을 어떻게 관리하면 좋을지에 대한 계획도 없이 자산 관리 전문가를 고용하는 건 어리석은 짓이다. 먼저 투자에 대해 공부한 뒤 전문가가 당신보다 더 나은 성과를 낼 수 있다고 확신할 때에만 고용하라. 수입의 25% 이내로만 저축하고 생명 보험 상품에 가입하라고 꼬드기는 자산 관리사가 있다면 고용할 이유가 어디 있겠는가?

세금 계산도 직접 해보고 전문가에게는 틀린 부분이 없는지만 확인받도록 하라. 사실, 별도의 검토가 필요할 정도로 복잡한 보유 자산이 없다면 이런 절차도 굳이 밟을 필요가 없다. 다니는 직장의 고용주가 매년 급여 및 세금을 착실하게 신고하고, 그 밖의 수익은 5%도 채 안 되는데 당신이 회계사를 찾아간다는 건 스스로 구제불능임을 만천하에 공표하는 행위다. 설사 보유 자산이 복잡해지더라도 해당 분야에 특화된 저렴한 전문 인력을 찾을 수 있을 정도로는 스스로 공부해야 한다.

대부분이 직접 해낼 수 있는 기본적인 일들을 그럴 듯한 명함, 학위, 자격증을 가진 이들에게 의존해 처리한다면 당신은 속수무책이다. 몇 시간만 노력을 투자하면 해결될 일에 소중한 돈을 낭비했으니 말이다. 달리 도리가 없을 때 혹은 조사를 할 만큼 해서 어떻게 처리하면 좋을지 정확히 알게 됐을 때에만 전문가를 고용하라.

하지만 자산의 규모가 큰 사람들은 이와는 정반대 주장을 할 것이다. 위에 나열한 것들을 배우는 건 시간 낭비며 전문가를 고용하는 게 낫다고 말이다. 맞는 말이다. 단, 그들에게만 해당되는 얘기다. 매년 수억 원씩 버는 사람들은 그렇게 많은 소득을 올리는 데 가진 시간과 에너지를 모두 쏟아부을 수 있도록 최대한 많은 전문가들을 고용해야 한다. 연간 5억 원도 넘게 버는 이들이 벽체나 욕실을 직접 보수하는 건 바보 같은 짓이다. 하지만 연봉이 5,000만 원 수준인 이들은 욕실을 직접 고치는 게 재정 상황에 훨씬 유리하다. 그렇지 않으면 (자신의 시급에 해당하는) 시간당 2만 5,000원을 훌쩍 뛰어넘는 돈을 써야 하니 말이다. 예를 들어, 미국에서 배관공의 시급은 보통 8만 2,500~16만 5,000원 수준이다. 일반 직장인이 배관공을 부르지 않고 직접 작업하면 스스로에게 8만 2,500~16만 5,000원의 비과세 수고비를 지급하는 셈이다.

그렇다고 전문가들이 아무 짝에도 쓸모없다는 이야기가 아니다. 일상적인 문제들을 직접 처리하라고 하면 겁부터 먹는 나약한 이들이 너무 많다는 얘기다. 이 같은 현상은 법, 회계, 의료, 금융, 홈서비스 등 다양한 분야의 전문가들이 기본적인 문제는 스스로 해결하려고 하는 사람들에게 비관적인 이야기만 늘어놓는 데서 기인하는 면도 있다. 하지만 필자를 믿으라. 자신에게 필요한 일은 반드시 터득해서 직접 처리하겠다는 진실한 의지만 있다면 다른 이들이 전문가에게 맡기는 일상적인 문제의 상당수를 처리할 수 있다. 그리고 그로 인해 어떤 결과가 발생하든 그리 대수로운 것은 아닐 것이다. 혹시 배관을 수리하다 망가뜨려서 바닥에 물이 넘치더라도 그러면 좀 어떤가? 서둘러 수도를 잠근 뒤 그때 배관공을 불러도 늦지 않다. 물론 작업에는 실패했지만 분명 배운 게 있을 것이다. 열심히 노력해서 전문가의 도움이 점점 필요 없어지면 더 좋다. 살아가는 동안 변호사, 회계사, 의사, 자산 관리사 등 다양한 전문가들이 인생을 어떻게 꾸려야 하는지, 또 어떤 걸 혼자 하면 안 되는지 수없이 조언할 것이다. 모두 한 귀로 듣고 한 귀로 흘려라. 그리고 직접 하라.

당신의 삶에서 맞닥뜨리는 모든 결과에 스스로 책임지는 태도를 갖는다면 향후 수십 년간 절약할 수 있는 비용만 해도 수천만 혹은 수억 원에 이를 것이다. 물론 때때로 실수도 하고 전문가의 조언도 필요할 것이다. 하지만 전문가를 찾기 전에 당신이 무엇을 위해 노력하고 있는지, 또 어떤 성공을 원하는지부터 확실히 깨달아야 한다.

'최고'가 아니어도 만족하기

요즘 사람들은 강박관념에 휩싸여 하나같이 '최고'를 원하고, 끊임없이 '최고'를 찾아다닌다. 하지만 (적어도 소비에 있어서) 최고가 아니면 결코 만족할 수 없다고 주장하는 이들은 자신의 인생에서 소중한 순간들을 스스로 놓치고 있는 것이다. '최고'는 터무니없이 비싼 데다 '꽤 괜찮은' 수준에 비해서 그 차이를 눈으로 구분할 수 없는 경우가 많다.

'최고'의 와인은 한 병에 수십 혹은 수백만 원을 호가하는 데 반해 값싼 와인 중에는 8천 원짜리도 있다. 어느 와인을 산 사람이 더 행복하겠는가? 40인치짜리 HDTV의 가격은 25만 원 수준인데 비해 같은 크기의 4K 울트라 HDTV는 250만원을 호가한다. 영상이 아주 미세하게 더 선명하다고 해도 4K 울트라 HDTV를 시청하는 기분이 일반 HDTV를 시청하는 것보다 10배 더 황홀할까? 이 같은 논리는 일상적인 모든 소비에 적용된다. 의사, 변호사, 회계사, 정신과 의사, 컴퓨터, 스마트폰, 자동차, 옷, 액세서리, 피트니스 센터, 경기장의 일등석과 일반석 등 수많은 아이템들을 싼 것과 비싼 것 중에 선택할 수 있다.

  학교 선택 문제가 훌륭한 예시가 될 것이다. 학부모들은 자녀가 최고의 학교에 갈 수만 있다면 천문학적인 비용을 지급하는 것도 마다하지 않는다. 자신들의 형편에 맞지도 않는 집을 사고, 출퇴근하느라 터무니없이 긴 거리를 왕복하며, 더 나은 미래를 보장하거나 창의성을 발휘할 여지라고는 눈 씻고도 찾아볼 수 없는 일들을 한다. 단지 밤마다 '최고'의 학군에서 잠들기 위해서 말이다.

  이 같은 결정을 내린 동기만큼은 칭찬할 만하다. 하지만 대부분이 결정의 의미와 가족의 생활에 미칠 영향에 대해서는 생각해 보지 않았을 가능성이 높다. 출퇴근 시간이 길어지면 (장기적으로 아이들의 성장에 가장 중요한) 집에서 아이들과 보낼 시간이 부족해질 수 있다는 사실에 대해 생각해 봤을까? 집값 때문에 그렇게 큰 액수를 대출받으면 아이들을 대학에 보내기 힘들어질 수도 있는데 고민해 봤을까? 자녀들이 컴퓨터공학, 용접, 전기 기술 등 굳이 '최고'의 학교에서 배울 필요 없는 직종을 선택할 가능성에 대해서도 생각해 봤을까? 알뜰한 생활을 한 덕분에 남은 돈을 벤처 기업이나 부동산 등에 투자한다면 이것이야말로 '최고'의 학교에서도 가르쳐 주지 않는 삶의 기술을 전수하는 훌륭한 방법인데 생각해 봤을까? 자녀들을 당장 '최고'의 학교에 보내기 위해 지금과는 다른 생활을 영위할 수 있는 기회를 놓쳤다는 사실을 인식이나 할까?

자녀들에게 실제로 최고의 학교가 필요할까? 집에서 더 많은 시간을 보낼 수 있고 금전적 자유를 일찍 달성할 수 있다면 자녀가 동네에서 두 번째, 심지어 세 번째로 좋은 학교에 다니더라도 모든 게 보상되는 것 아닐까? 일찌감치 밥벌이에서 해방돼 아이들과 함께할 시간도 늘고 더 여유로워지면 형편에 맞는 학교를 선택해서 생기는 불이익 따위는 사소한 것 아닐까? 생활, 재정 등 모든 면에서 엄청난 혜택이 생긴다고 해도 '평범한' 학교에 보내는 것만큼은 용인할 수 없을 만큼 일반 학교가 끔찍할까?

품질이 떨어지는 아이템들을 구입하라는 이야기가 아니다. 매일같이 선택에 직면한다는 사실을 알아야 한다는 뜻이다. 그러면 대부분의 선택이 ('최고'가 아닌) '탁월한' 정도의 수준에서 이루어져도 충분하다는 사실을 깨닫게 될 것이다.

천천히 그리고 꾸준히 소비 줄이기

사람들은 하루아침에 더 많은 돈을 모을 수 있으며 절약의 달인도 될 수 있다고 믿는다. 하지만 당연히 이는 사실이 아니다. 생활 방식을 의도적으로 완전히 바꾸기 위해서는 많은 시간과 노력을 쏟아부어야 한다. 무슨 일만 생기면 전문가부터 찾는 의존적인 태도를 혼자서도 쉽게 할 수 있다고 자신하는 독립적인 마음가짐으로 바꾸는 데에는 수개월, 심지어 수년이 걸리기도 한다. 자고 일어난다고 달라지는 게 아니라는 얘기다. 일례로 이사할 만한 곳을 찾는 데에만 6개월이 걸릴 수도 있다. 점심식사만 해도 매일 외식으로 해결하다 맛있는 도시락을 싸서 다니는 방식으로 완전히 바꾸려면 수주 혹은 수개월이 걸리기도 한다.

이렇게 비용이 적게 드는 생활 방식을 구축하고 그에 적응하는 일은 투자, 소득 증대 및 사업 개시만큼이나 어려워서 많은 시간과 노력 그리고 계획이 필요하다. 하지만 자산이 거의 없고 소득이 평균 수준인 이들이라면 시작하는 것만으로도 처음부터 엄청난 재정적 효과를 거둘 수 있을 것이다.

결론

부자가 되는 과정은 자신이 쓰는 돈을 면밀히 검토하고 소비에 대해 진지하게 고민해 보는 행위에서 시작한다. 절약하는 습관을 기르고, 어렵게 번 돈을 있는 힘을 다해 지킨다면 부자가 되는 길에 첫발을 내딛는 것이다.

최고를 살 필요가 전혀 없다. 쓸 만한 상품과 서비스만으로도 충분히 행복할 수 있다. 당신에겐 최고가 어울린다고 말하는 광고 메시지에 현혹되지 마라. 당신에게 어울리는 건 최고가 아니라 자유다. 중요한 건 당신의 하루를 다스리는 힘이다. 심하게 비싸면서 제값도 못하는 물건들 대신 그 힘을 손에 넣어라.

당신의 문제를 해결하기 위해 전문가를 부를 필요도 없다. 혼자서도 충분히 삶에 대처하고 일상의 문제들을 처리할 수 있다. 일찍감치 부자가 되려고 노력하고 있지 않은가? 그렇다면 성인답게 행동하라. 싱크대도 직접 고치고, 엔진오일도 직접 교체하면서 무능에서 벗어나 경쟁력을 높여 가라.

무조건 싼 걸 사라는 얘기가 아니다. 일찍감치 돈의 압박에서 벗어나고 싶은 마음이 간절하다면 돈을 쓰지 않겠다는 결심 또한 단호해야 한다는 얘기다. 효율적인 삶을 살고 있고, 자산을 축낼 수 있는 색다른 장난감 따위로 돈을 탕진하지 않는다는 사실에 자부심을 가져라. 겉으로 부를 과시하는 건 남들의 부러움을 사기는커녕 당신의 분별력이 흐려졌다는 걸 공표하는 행위에 지나지 않는다. 잠깐의 물질적 기쁨 때문에 금전적 자유의 획득을 그만큼 늦춘 것이니 말이다. 신호등 앞에 멈춰 섰는데 번쩍이는 새 차의 운전자가 보이면 그가 멋져 보여서 부러운 게 아니라 바보처럼 여겨지는 게 마땅한 반응이다.

당신이 쓰는 돈은 세후고, 당신이 버는 돈은 세전이라는 사실을 명심하라. 따라서 1,000원 더 버는 것보다 1,000원 혹은 그 이상을 안 쓰고 모으는 게 더 효율적이다. 부자가 되는 여정에 나섰다면 자유 시간을 줄여 사업이나 부업을 시작하는 것보다 낭비를 줄이는 편이 같은 효과를 누리면서도 기존의 생활 방식을 최대한 유지할 수 있는 방법이다. 애초에 당신이 절약을 시작한 이유를 명심하라. 바로 자유를 손에 넣기 위해서다.

물론 이 책에서는 금전적 자유를 앞당기기 위한 방편으로 소득을 늘리고 투자 수익을 극대화하는 방법에 대해서도 논의할 것이다. 절약 및 생활 방식 변화에 몰두하다 소득 창출의 기회를 놓쳐서는 안 될 일이다. 저축만으로 수억 혹은 수십억 원을 모아야 한다는 걱정 또한 할 필요 없다. 하지만 중위 임금을 받는 사람들은 대부분 우선 절약을 생활화하고 애써 번 돈을 지키는 데서부터 실질적 발전이 이루어진다는 사실을 깨닫게 될 것이다.

제2장

●

효율적으로
살아가는 법

앞에서 이야기한 것처럼 중위 임금을 받는 월급쟁이들이 금전적 자유를 달성하기 위해 가장 먼저 해야 하는 건 절약이다. 저축을 통해 세후 자산 2,500만 원(혹은 연간 소비 금액)을 확보해야 하는 것이다. 하지만 생각만 한다고 되는 게 아니다. 행동이 뒤따라야 성공을 맛볼 수 있다.

이번 장에서는 보통의 직장인이 1년 안에 한 달 생활비를 200만 원 미만으로 줄이기 위해 취할 수 있는 행동들에 대해 설명할 것이다. 그중에는 사실상 모든 사람들이 실천할 수 있는 전략도 있겠지만 고유한 환경이나 지역에 놓인 이들에게는 실천이 어려운 전략도 포함된다.

하지만 여기서는 그와 무관하게 소비 패턴을 분석하고 절약의 기회를 모색한다는 개념에 대해 소개한다. 절약 및 효율적인 생활을 독려하는 다른 책들과 달리 여기서는 주 1회의 여가 시간이나 모닝커피를 포기하라고 강요하지 않겠다. 대신 가장 크게 방해가 되는 비용이 뭔지, 또 어떻게 하면 이를 일상에서 완전히 제거할 수 있는지 파악할 것이다.

우선 미국 평균 가정의 지출 데이터를 수집 및 분석하고 고정 지출과 변동 지출의 개념에 대해 논의한 뒤 주요 항목별로 지출을 완전히 없애거나 줄일 수 있는 전략을 탐구할 것이다.

우선 지출을 여러 항목으로 분류해서 가장 많은 돈이 나가는 항목이 무엇인지 파악하고 줄일 방법을 고민해야 한다. 혹시 답이 안 나온다고 해도 걱정할 필요 없다! 제12장에 자세히 설명돼 있으니 말이다. 일단 이번 장에서는 보통 직장인들의 소비 패턴을 점검한 뒤 지출에서 1,000만 원 이상 줄일 수 있는 부분들을 찾아보겠다. 여기서는 보통 직장인들을 '애버리지 조Average Joe'라고 부르면서 그가 금전적 자유를 앞당길 수 있는 변화를 단행하도록 도울 것이다.

일반 직장인의
소비 습관

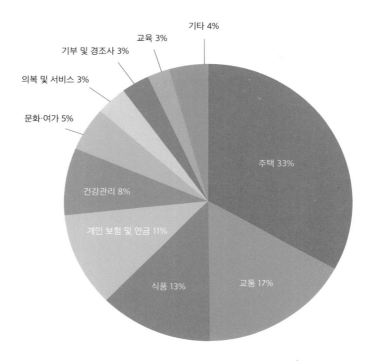

기타 4%

교육 3%

기부 및 경조사 3%

의복 및 서비스 3%

문화·여가 5%

건강관리 8%

개인 보험 및 연금 11%

주택 33%

식품 13%

교통 17%

원그래프를 통해 본 미국인의 평균 개인 지출★

위의 원그래프는 정부 자료를 바탕으로 한 것이므로 당연히 세금이 포함돼 있지 않다. 중산층 직장인의 총 지출에서 세금은 가장 혹은 두 번째로 큰 부분을 차지할 확률이 높다. 세금 관리는 자

★ 이 책에 사용된 자료 원본은 미 노동통계국(Bureau of Labor Statistics)에서 확인할 것.

산을 구축하는 과정에서 중요한 역할을 하지만 보통 직장인으로서는 손쓸 여지가 적으므로 일단은 무시하겠다. 대신 금전적 자유를 추구하고 수익을 창출하는 자산을 구축하는 과정에서 과세율 높은 임금 수익이 과세율 낮은 사업 수익으로 차츰 전환될 것이다.

세금을 제외하면 애버리지 조가 어디에 가장 많은 돈을 쓰는지 확실히 알 수 있다. 사실상 지출의 80%를 차지하는 항목들은 다음과 같다.

- 주택
- 교통
- 식품
- 보험
- 건강관리

나머지 20%는 다음의 항목들에 쓰인다.

- 문화·여가
- 의복 및 서비스
- 기부 및 경조사
- 교육
- 기타

다음 질문에 대해 고민해 보자.

애버리지 조가 지출을 크게 줄여서 금전적 자유를 달성하는 데 걸리는 시간을 수십 년이나 앞당기고 싶다면 중점을 둬야 할 부분은 지출이 가장 큰 항목일까, 작은 항목일까?

답은 뻔하지만 이 질문을 던진 이유는 따로 있다.

당연히 예산에서 가장 큰 부분을 차지하는 지출에 중점을 둬야 한다. 큰 변화가 작은 변화보다 더 많은 영향을 미칠 테니 말이다. 그런데 수많은 자산 관리 전문가들이 문화·여가비를 줄이라고 독려한다는 사실은 놀랍기만 하다. 이 자료에 따르면 일반인의 지출에서 문화·여가비가 차지하는 비율은 극히 적은데 말이다.

이 책은 맥주나 신발, 모닝커피에 들이는 비용을 줄이라고 강조하느라 시간을 낭비하진 않겠다. 정부 자료도 그렇게 말하고 있거니와 상식적으로도 그건 중요한 문제가 아니다. 자산 구축의 중요성을 어렴풋이라도 이해하는 사람이라면 쓸데없는 명품 따위에 모든 돈을 탕진하지는 않을 것이다. 진짜 문제는 의복 비용이 아니라 주택담보대출금 그리고 출퇴근 및 주유에 드는 비용이다. 게다가 가격이 합리적인 마트에서 구입한 건강한 식품을 섭취하기보다는 외식을 지나치게 많이 한다는 사실도 간과할 수 없다. 이런 항목들이 금전적 자유의 조기 달성을 가로막는 장애물인 만큼 우리는 이를 극적으로 줄이는 데 주력할 것이다.

물론 당신의 소비 패턴이 애버리지 조와 완전히 다르다면 앞으로 제시할 방법들과는 다른 방식의 변화를 실천해야 한다. 가장 큰 비중을 차지하는 지출에 집중해야 한다는 사실만 기억하라.

비중이 큰
주요 생활비 줄이기

'고정' 지출과 '변동' 지출이라는 용어에 혼란스러워하는 사람들이 많다. 고정 지출은 바꿀 수 없으니 변동 지출을 줄이는 데 주력해야 한다고 생각하는 것이다.

집세는 보통 고정비로 인식된다. 애버리지 조가 사는 집의 월세가 80만 원이라면 계약이 만료될 때까지 매달 그 돈을 낼 수밖에 없기 때문이다. 그가 내는 월세는 개인 자산 관리에 대한 책이나 글을 읽는다고 해서 당장 바꿀 수 있는 부분이 아니다. 자동차 할부금, 휴대전화 요금, 인터넷 요금 등 다양한 공과금도 마찬가지다. 앞에서 제시한 원그래프 중 고정비가 포함된 항목은 주택, 교통, 개인 보험 및 연금, 건강관리, 교육이다.

반면, 애버리지 조의 외식비 같은 항목은 변동 지출로 분류된다. 패스트푸드를 사먹거나 음식점에 가는 대신 도시락을 싸서 다닐 수도 있으니 말이다. 식품, 문화·여가, 의복 및 서비스, 기부 및 경조사 그리고 기타의 항목에 변동비가 포함돼 있다.

요즘 많은 전문가들이 돈을 효율적으로 모으려면 고정 지출은 내버려 두고 변동 지출을 줄이는 데 주력해야 한다고 주장한다.

하지만 이는 말도 안 되는 조언이다. 오히려 정반대로 해야 지출을 줄일 수 있다. 애버리지 조의 생활에서 과감하고 지속적으로 수정해야 할 대상은 고정 지출이며 손대지 않아도 되는 게 변동 지출인 것이다.

지난 수년간 친구 및 가족과의 외식비로 매달 25만 원씩 썼다고 가정해 보자. 이 습관은 고치기가 상당히 힘들지만 소중한 인간관계를 유지하는 데 아주 중요하다. 그래서 이 지출을 아예 없앤다고 치면 일상은 아주 각박해질 테고 그에 비해 거둘 수 있는 효과는 미미할 것이다. 결과적으로 이 비용을 줄여서 저축할 수 있는 금액이 연간 300만 원에 불과하기 때문이다. 이렇게 전체 예산에서 비중이 적은 변동비를 줄여 전체 지출을 삭감하는 건 비효율적이다.

대신 월세 130만 원의 고급 아파트에서 월세는 같지만 침실이 두 개인 아파트로 이사한 뒤 룸메이트를 구하는 방법에 대해 생각해 보자. 이렇게 하면 매달 65만 원(연간 780만 원)을 절약할 수 있고 일상적인 여가 활동 역시 포기하지 않아도 된다.

아침에 마시는 스타벅스 카페라테 한 잔, 흥겨운 밤 문화, 친구나 동료들과 함께하는 행복한 시간 등 소박한 변동 지출 항목을 제거하려면 강력한 의지가 필요하다. 따라서 처음부터 좋은 습관을 들이고, 뭔가 사고 싶은 게 생길 때마다 오랜 시간 이성적으로 생각해 보는 게 중요하다. 과연 가치 있는 소비인지 아닌지 건별로 결정해야 하는 것이다. 하지만 이는 의지만으로 가능한 일이 아니고 애버리지 조에게 변동 지출의 비중이 적은 걸 고려하면 불필요하기도 하다. 문제는 변동 지출이 아니다. 게다가 변동 지출은 영구적으로 제거하기 가장 힘든 비용이기도 하다. 그보다 비중이 큰 고정 지출에 집중하면 죄책감을 느끼지 않고 소확행을 위해 얼마든지 돈을 쓸 수 있다. 일주일에 5만 원 정도는 친구 및 가족들과 즐거운 시간을 보내는 데 써도 금전적 자유가 멀어지지 않는 만큼 희생할 필요가 없다는 사실을 기억하라.

물론 해도 그만 안 해도 그만인 쇼핑, 외식 또는 문화생활을 위해 매달 수백만 원씩 쓴다면 분명 문제가 있는 것이고 반드시 고쳐야 한다. 하지만 이 책의 궁극적 목표는 금전적 자유의 조기 달성이지 소비 유형 변화가 아니다. 대신 비중이 큰 지출에 메스를 댈 준비만 됐다면 일상적으로 소소한 행복을 주는 항목들까지 제거할 필요는 없다.

작은 것들을 희생시키지 말고 큰 걸 바꿔라.

무엇보다 비중이 큰 주거비용에서 시작해 보자.

집세 관련

주거비용을 제거하는 최고의 방법은 제4장에서 다룰 특별한 형태의 주택 매입을 이용하는 것이다. 하지만 종잣돈 2,500만 원을 모으기 위해 노력하는 사람들은 전세 또는 월세로 사는 경우가 대부분이다.

집세를 전혀 안 내거나 아주 조금만 내고 살 방법이 없는 일반 직장인들에게 선택권은 많지 않다. 집세가 감당할 수 있는 수준이고 직장과도 그럭저럭 가까운 집을 찾은 뒤 룸메이트를 한두 명 구해 비용을 분담하라. 이게 전부다.

예를 들어 보자. 앤드류와 제임스는 정확히 같은 임금을 받고 사회생활을 시작했다. 제임스는 덴버에서 술집도 가깝고 밤 문화를 즐길 수 있는 시내 중심가에 집을 구했다. 반면 앤드류는 직장과 가깝고 집세도 싼 집에서 룸메이트와 함께 살았다. 월세는 앤드류의 집이 55만 원, 제임스의 집이 120만 원이었는데 두 집은 10킬로미터도 채 떨어져 있지 않았다. 1년 후, 앤드류는 싼 집에서 룸메이트와 같이 살고 다른 생활비까지 아낀 덕분에 제임스보다 집세 780만 원, 통근비 200만 원, 문화·여가비 150만 원을 더 모을 수 있었다. 모두 세후 금액이다.

이 같은 시나리오는 미국 전역의 주요 도시에서 계속 되풀이되고 있다. 시내 중심지에서는 어마어마하게 많은 생활비가 든다. 하지만 거기서 몇 킬로미터만 멀어져도 비용이 눈에 띄게 떨어진다. 아무리 그래도 중심가에서 누릴 수 있는 혜택들을 포기할 수 없다고? 아낀 집세의 일부를 차를 대여하거나 콜택시를 부르는 데 쓰고 그래도 남는 돈은 저축하라. 혼자 사는 것도 마찬가지다. 금전적 자유의 조기 획득을 원하는 독신이라면 혼자 사는 데 드는 비용이 룸메이트를 구해 공간과 비용을 나눌 때보다 두 배 더 많다는 사실을 알아야 한다. 한편 가족과 함께 살아 타인과 집세를 분담할 수 없는 경우에는 맞벌이를 함으로써 수익을 보완해야 한다.

출퇴근도 편하고 집세도 싼 집에 사는 건 저축을 시작하기 위해 실천할 수 있는 가장 중요한 일이다. 밤마다 눈을 붙이는 집의 변화보다 지출에 더 큰 영향을 미치는 요소는 없다. 금전적 자유는 얻고 싶지만 지출을 줄일 수 있는 주택을 구입할 능력도 의지도 없다면 직장과 가까운 동네에 룸메이트와 함께 집세가 싼 아파트를 빌려라. 첫 번째 자산을 구입하는 방법은 제5장에서 자세히 다루겠다.

출퇴근 비용

애버리지 조의 삶에서 주택 다음으로 큰 비중을 차지하는 고정 지출 항목은 출퇴근 비용이다. 미국에서 출퇴근은 수조 원의 자산을 공중 분해시킬 만큼 엄청난 비용을 차지하고, 환경을 파괴하며, 심지어 선량한 시민들을 수년간 매일같이 교통사고의 위험에 노출시킨다.

이 같은 주장에 동의하지 않는다고 해도 조의 출퇴근 비용은 고정비가 아니다. 출퇴근을 위해 하루 1시간씩 차에서 보낼지 말지는 순전히 개인의 선택 문제인데도 매일 수백만 명이 그와 같은 선택을 하는 것뿐이다. 출퇴근 비용(과 시간)은 발생하지 않거나 극적으로 줄어야 마땅하다. 사실, 매일 직장을 오갈 때 길에 버려지는 건 기름값뿐만이 아니다. 출퇴근만 아니면 훨씬 더 생산적인 활동이나 행복한 일에 쓰일 시간 역시 허비되고 있다. 평균값을 알아보자.

- 애버리지 조는 매일 출퇴근을 위해 편도로만 26분씩 26킬로미터를 이동한다.★
- 정부 통계에 따르면 자동차를 운용하는 비용은 1킬로미터당 371원이다.
- 보통 직장인의 평균 연봉은 5,500만 원으로 시간당 27,500원 꼴이다. 이 조건에서 매일 차로 출퇴근하는 비용을 환산하면 운전 관련 비용 약 1만 9,000원, 시간 비용 약 2만 4,000원이다.

이 수치를 연간 근무 일수 260일로 환산하면 운전 관련 비용 494만 2,080원, 시간 비용 619만 6,663원을 출퇴근길에 버리는 셈으로, 1년에 무려 1,113만 8,743원이다! 게다가 직장이 특히 먼 경우에는 생각지도 못한 부대비용까지 발생한다. 멀리까지 출퇴근하는 사람들은 다른 이들에 비해 혈압이 높고 행복감이 덜하며 건강도 좋지 않다.★★ 다른 이들보다 심한 스트레스와 불안감에 시달리기도 한다. 그 결과, 대체적으로 더 가난하고 뚱뚱하며 불안한 데다 불행해서 생산력까지 저하되고 만다.

그래도 당신은 이 공식을 깰 수 있다고 생각하는가? 당신만은 예외라고 자신하는 건 어리석은 태도다. 만약 앞으로 10년간 매일

★ 랑거, '여론조사: 미국의 교통(Traffic in the United States)', 인터넷
★★ 퀼스트라, '출퇴근이 당신의 몸에 미치는 10가지 영향(10 Things Your Commute Does to Your Body)', 인터넷

1시간씩 차 안에서 운전하며 보내야 한다면 당신 역시 이 같은 덫에 빠지기 십상이다.

그런데 왜 출퇴근의 폐해에 대해 토로하는 사람은 드물까? 출퇴근이 자산 관리 및 생활 방식 설계를 좌우하는 핵심 이슈로 논의되지 않는 이유는 무얼까? 보통의 직장인들은 장거리 출퇴근을 좋아하지 않는다. 시간과 비용이 많이 드는 데다 건강에도 좋지 않기 때문이다. 하루하루 더 찬란하게 보낼 수 있는 가능성도 차단한다. 금전적 자유의 조기 달성을 조금이라도 중요하게 생각한다면 통근 시간이 긴 생활 방식을 설계할 이유가 없다. 출퇴근 비용에 관해 가장 효율적인 연구를 한 바 있는 재정 전문가는 미스터 머니 머스태쉬Mr. Money Mustache로, MMM이라는 필명으로 활동한다. 기회가 된다면 '출퇴근의 진정한 비용The True Cost of Commuting'이라는 제목의 글을 읽고 출퇴근 비용이 얼마나 말도 안 되는지 실감해 보자. 다음은 그의 연구에서 발췌한 부분이다.

> 66 이 수치들(출퇴근 관련 비용)이 터무니없게 들린다면 실제로 터무니없기 때문이다. 운전으로 인해 얼마나 많은 비용이 발생하는지 깨닫는다면, 그리고 당신의 시급 정도로만 당신의 시간을 소중히 여긴다면 차로 출퇴근하는 자체가 터무니없게 여겨질 것이다. 나는 첫 직장을 구하기도 한참 전에 그 모든 계산을 끝냈으며, 그래서 차로 출퇴근해야 하는 거리에는 결코 살고 싶지 않았다. 너무 많은 비

용이 들기 때문이다. 이 사실에 우선순위를 둔다면 직장 혹은 집을 구할 때 언제든지 다른 선택을 할 수 있다. 이렇게 간단한 결정을 내리는 것이야말로 보통 사람들을 가난에서 벗어나 재정적 독립으로 나아가게 해주는 가장 큰 원동력이다. 내 경우, 자동차보다 자전거를 더 많이 타기 시작하면서 저축 및 생활방식의 행복한 변화가 시작돼 결과적으로 나와 내 아내가 30대 초반에 은퇴할 수 있었다. **"**

여기서 MMM의 접근법(자전거로 출퇴근)은 수많은 미국인들이 콧방귀부터 뀔 해결책임에 분명하다. 하지만 건강한 성인이라면 어디에 살든 한 번쯤 시도해 볼 필요가 있다. MMM은 한여름엔 기온이 38도까지 치솟고 한겨울엔 영하 20도 밑으로 뚝 떨어지는 콜로라도에서도 1년 내내 자전거를 타고 다녔다. 자전거 출퇴근은 비가 오든 눈이 오든 얼마든지 할 수 있다(날씨에 맞게 옷만 잘 갖춰 입는다면!).

자전거로, 혹은 걸어서 출퇴근할 수 있는 여건을 갖추는 것이야말로 자기 시간도 늘리고 출퇴근으로 생길 수 있는 부작용도 방지하는 최고의 해결책이다. 다른 수많은 사람들처럼 이 조언을 귓등으로 흘려버리는 건 어리석은 행동이다. 이 가능성에 대해 고민조차 하지 않아서 금전적 자유를 놓치는 경우가 너무 많다. 매일같이 차량을 이용해야 하는 위치 혹은 환경의 직장에 다니고 있다면 이사나 이직을 통해 얼마든지 다른 선택을 할 수 있다. 하지만 혹시라도 그럴 여건이 되지 않는다면 다른 출퇴근 수단, 그리고 그 수단이 당신의 재정에 미칠 영향에 대해 논의해 보자.

가장 터무니없는 출퇴근 방법은 연비가 리터당 8.4킬로미터도 안 되는 사륜구동 신차를 대출로 사서 편도만 16킬로미터가 넘는 거리를 매일 오가는 것이다. 사실, 사람들은 완벽한 평지나 일반 차량도 안전하게 오를 수 있는 완만한 언덕, 혹은 눈도 거의 내리지 않는 지대에 살면서 사륜구동 차를 구입한다. 이런 어리석은 선택은 연간 수백만 원의 낭비로 이어지고 여러 다양한 방식으로 작용해 결국 재정 파탄을 낳을 수 있다. 다음은 그중 두 가지 가능성을 설명한 것이다.

- 부채 비용: 2013년, 애버리지 조의 신차는 3,691만 6,000원이었다.★ 조는 누구나 그렇듯 대출을 받아 차를 구입했고, 그중 자신의 돈은 차 금액의 5% 미만이었다.★★ 3,691만 6,000원짜리 차라면 184만 5,800원을 보탠 셈이다. 이 정도 금액이면 대부분의 경우 자동차 구매에 따르는 세금과 수수료를 내기에도 턱없이 부족하다. 그렇다면 조는 신차 값보다

★ 힐리, '신차 평균 가격 3만 3,560달러로 2.6% 급등(Average new car price zips 2.6% to $33,560)'

★★ '당신 차에 자금 대기: 자동차 선수금으로 얼마가 필요할까?(Financing Your Wheels: How Much Should I Budget for a Down Payment on a Car?)', 퀴큰

더 많은 대출 잔고를 떠안게 된다. 그가 3,691만 6,000원을 5년 만기 이자율 4.5%로 대출받았다고 가정하면 첫해 이자만 154만 원이다. 5년간 이자로만 지급해야 하는 돈이 440만 원에 이르는 것이다.

- 감가상각: 카팩스Carfax(중고차 거래 사이트)에 따르면 차는 출고되는 순간 가치가 10% 하락하고 1년이 지나면 10% 더 하락한다. 결과적으로 5년 후에는 본래 가치의 60%를 잃는다. 다음은 자동차 가격을 시기별로 정리한 것이다.
- 출시 가격: 3,691만 6,000원
- 출고 후 가격: 3,322만 4,400원
- 1년 후 가격: 2,953만 2,800원
- 5년 후 가격: 1,476만 6,400원
- 총 손실 금액: 2,214만 9,600원

조는 5년 만에 2,000만 원이 넘는 돈을 잃고 마는 셈이다! 심지어 이렇게 빤히 보이는 비용 이외에도 주유비, 등록세, 보험료, 수리비, 엔진오일 교체비, 세차비 등이 줄줄이 새나가게 돼 있다. 이를 모두 합치면 자동차를 소유함으로써 발생하는 평균 비용은 연간 1,003만 4,200원이나 된다.★ 이렇게 많은 돈을 금전적 자유를

★ 미국자동차협회가 2013년에 발표한 '당신의 운전비용' 연구에 따르면 미국에서 자동차를 소유하고 운용하는 비용이 2% 가량 인상되었다. 미국자동차협회 뉴스룸

위해 투자했다면 달성 시기가 훨씬 앞당겨졌을 것이다.

금전적 자유의 조기 달성을 희망하는 사람이라면 이 정도로 재정 손실을 야기하는 차량 구입은 금세 단념할 것이다. 교통비를 줄이는 최고의 방법은 걸어서 혹은 자전거로 출퇴근하는 것이지만 차가 꼭 필요한 사람들은 토요타 코롤라, 닛산 센트라, 혼다 시빅 등 효율적이고 경제적인 중고차를 구입하면 된다. 조기 퇴직을 꿈꾸는 사람이 경차나 소형차 이외의 차를 구입한다면 이는 어떤 구실로도 정당화될 수 없다.

현실적으로 불가피한 이유 때문에 좌석, 구동력, 오프로드 주행 기능, 트렁크 공간 등의 사양이 반드시 고급이어야 하는 사람은 극소수에 지나지 않는다. 이따금 더 강력한 힘과 더 많은 좌석이 필요한 경우가 생기기도 하지만 이럴 때는 차를 대여하는 방법을 이용해 경제적으로 앞서나갈 수 있다.

어떤 차를 사든 켈리블루북Kelly Blue Book이나 에드먼즈Edmunds 같은 자동차 전문 사이트를 통해 구입할 차에 대한 정보를 충분히 확보해야 한다. 차에 대한 자신의 모든 필요조건을 충족시키는 최고의 결정을 내리려면 직접 공부하는 수밖에 없다. 공부는 자산을 늘리고 관리하는 가장 기본적인 덕목인 만큼 이 책에서 계속해서 강조될 것이다.

하지만 아무리 그래도 가장 바람직한 선택은 언제나 직장과 최대한 가까운 곳에 살면서 통근 거리를 줄이고, 주로 도보나 자전거로 출퇴근하는 것이다. 앞서 MMM이 말한 것처럼 이렇게 간단한 결정이 보통 사람들을 가난에서 벗어나 재정적 독립으로 나아가게 해주는 가장 큰 원동력이다. 물론 이 결정만으로 하루아침에 부자가 되는 것은 아니다. 하지만 당신의 소비 습관이 애버리지 조와 비슷하다면 일상의 다른 어느 항목을 바꾸는 것보다 훨씬 빠르게 저축액을 늘려 갈 수 있을 것이다.

출퇴근 비용을 줄이는 건 인생에서 아주 큰 결정이다. 하지만 대부분 다른 사람들은 몰라도 자신은 이런 결정을 시행할 여건이 안 된다며 핑계를 댄다. 직장 근처의 학교들도 별 볼일 없고 자기 형편에 맞는 집도 없으며 동네도 별로 맘에 들지 않는다는 것이다.

물론 이 책의 제안을 빠짐없이 시행할 필요는 없다. 하지만 매일 혼잡 시간대에 장거리를 오가는 비용을 만회하려면 부수입이나 투자 수익을 올려야 한다. 게다가 이렇게 하려면 매일 길고 고달픈 통근과 근로를 마친 이후에 추가적으로 노력을 쏟을 수밖에 없다. 두말할 필요 없이 직접 계산기를 두드려서 평생 출퇴근에 소요되는 비용을 계산해 보라. 총 몇 킬로미터를 오가고 총 몇 시간을 버리는지 말이다. 물론 개인적인 상황을 고려하면 장거리 통근도 나쁘지 않다고 결론 내릴 수 있다. 최악은 그 결론으로 인해 발생하는 비용에 관심을 두지 않는 태도다. 언제나 비용을 파악하고 있어야 한다.

실제로 누구나 마음먹기에 따라 출퇴근 비용을 얼마든지 줄일 수 있고 당신도 예외가 아니다. 그런데 보통의 직장인들 중 대다수가 이런 식의 변화는 불가능할뿐더러 자신은 실현할 수 없다고 우는 소리를 늘어놓는다. 자신이 사는 지역에선 장거리 출퇴근이 어쩔 수 없는 생활의 일부라는 것이다. 하지만 틀렸다. 이 나라의 모든 지역을 통틀어 장거리 출퇴근이 '어쩔 수 없는 생활의 일부'인 지역은 존재하지 않는다. 변화는 언제나 가능하다. 언제나 말이다. 장거리 통근을 하는 모든 사람들이 지금의 집, 지금의 직장을 선택한 데에는 여러 복합적인 이유가 있을 것이다. 이는 개인적 차원에서 내리는 사적인 결정이지만 직장에서 멀리 떨어진 집을 빌리거나 구입하면 중산층은 계속해서 중산층으로, 보통 직장인은 계속 보통 직장인으로 살아갈 수밖에 없다. 같은 동네에 위치한 훌륭한 직장을 다니며 높은 연봉을 받는 사람들도 수두룩한데 모두 제쳐 두고 다른 도시의 그저 그런 직장으로 출퇴근하는 사람들도 수백만 명에 이른다. 그들은 자신의 직장 또는 집이 특별하다고 생각하겠지만 결코 그렇지 않으며 당신의 경우에도 마찬가지다. 장거리 출퇴근이 자신이 처한 환경에선 어쩔 수 없는 생활의 일부이자 고정 비용이라고 치부해 버리는 보통 직장인들이 너무나 많다.

통근 시간을 단축하면 더 행복해지고 건강해지며 경제적으로도 여유로워진다. 금전적 자유의 조기 달성 역시 한층 가까워질 것이다. 보통 직장인이 되어선 안 된다. 직장과 가까운 곳으로 이사하거나, 그게 절대 불가능하다면 집과 가까운 직장으로 이직하라.

먹거리 비용

먹거리에 드는 비용은 애버리지 조의 총 예산 중 12.5%, 즉 8분의 1에 해당되며 지출을 나타내는 원그래프에서 세 번째로 큰 비중을 차지하는 항목이다. 그나마 다행인 건 이 지출 금액의 상당 부분(700만 원 중 300만 원)이 패스트푸드점, 고급 음식점, 술집 등에서 외식하는 비용인 만큼 얼마든지 줄여서 건강과 재정을 돌보고 더 행복해지는 결과를 거둘 수 있다는 사실이다.

보통의 직장인들은 비싸고 건강에도 해로운 음식을 나가서 사먹는 경우가 허다하다. 결국 살림은 거덜 나고 몸은 뚱뚱해질 수밖에 없다. 다행히 본인의 의지만 있다면 외식비를 없애고 매달 1인당 30만 원의 예산 내에서 맛있는 음식을 직접 만들어 먹을 수 있다.

보통의 직장인들이 놓치기 쉬운 비밀은 합리적인 가격(즉, 유기농 전문 마켓 제외)의 슈퍼마켓에서 건강한 식재료를 사서 음식의 대부분을 항상 직접 만들어 먹어야 한다는 것이다. 그러면 지출을 미국인 평균의 절반에도 못 미치는 수준으로 줄일 수 있다. 그렇다고 일절 외식을 하지 말라는 뜻은 아니다. 상사나 동료와의 점심식사 혹은 친구들과 즐겁게 어울릴 기회를 미룰 필요는 없다. 아래의 조언에만 따르면 된다.

- 맛있고 건강한 음식을 언제든지 즐길 수 있게 준비해 둔다.
- 백해무익한 패스트푸드는 완전히 끊는다.
- 기회 있거나, 그럴 만할 때 친구 및 가족과의 외식을 즐긴다.

- 집에 먹을 게 없다는 이유로 외식하지 않는다.
- 과일, 견과, 채소 같은 건강식품을 항상 구비해 둔다.

몸에 좋은 견과, 베리류, 과일, 고기, 생선, 곡물이 보통의 직장인들의 재정을 바닥내지 않는다. 물론 건강한 식품이 이를 테면 라면보다 비싼 건 사실이다. 하지만 돈을 아낀답시고 해로운 음식을 먹는 것만큼 멍청한 짓도 없다. 사람들은 매일 몸에 좋은 음식을 먹어야 하며 건강한 식재료는 결코 생략할 수 없는 필수 구입 항목이 돼야 한다.

이것만 실천해도 당신은 더 행복해지고 건강해지며 생산성이 올라 자연히 더 부자가 된다. 만약 당신이 견과류를 회사 책상에 구비해 뒀거나 도시락으로 싸갖고 다닌다면 과자나 사탕을 판매하는 자판기가 눈에 보여도 금방 꺼내 먹을 수 있는 견과류를 선택할 확률이 높다. 하지만 그렇지 않다면 굳이 자판기에 돈을 쓰고 지방까지 섭취하게 된다. 아몬드나 사과를 먹어서 비만이 되거나 파산한 이는 아무도 없지만 자판기에서 탄산음료나 사탕을 뽑아 먹느라 살이 찌고 돈도 탕진한 이는 수두룩하다.

건강한 식생활을 통해 온갖 질환을 물리치고 목표에 집중할 수 있다. 몸에 좋은 음식이 당신의 예산을 바닥낼 일도 없다. 합리적이고 건강한 방식으로 당신의 식생활에 접근하도록 하라.

개인 보험과 연금

보험의 첫 번째 목표는 당신의 삶과 경제적 목표 달성에 방해가 될 만한 요소들을 제거하는 것이다. 적절한 보험 상품에 가입돼 있다면 두려움 때문에 어떤 결정을 내리는 일은 없어야 마땅하다. 사고가 날까 봐 운전하기가 두려워선 안 되고 특정 질병 하나 때문에 인생 전체가 망가져서도 안 된다. 당신이 사망할 경우 당신의 가족, 상속인 혹은 타인의 삶이 걱정돼서도 안 된다. 보험은 개인의 결정이며, 보험 혜택이 적용되는 범위와 유형은 훌륭한 보험 설계사의 도움을 받아 혼자서도 얼마든지 터득할 수 있다.

일반적으로 보험료를 줄이는 최고의 방법은 공제 금액(본인 부담금)을 늘리는 것이다. 일반 직장인들은 매달 받는 월급으로 근근이 살아가기 때문에 급히 300만 원을 마련하기란 쉽지 않다. 반면 금전적 자유를 손에 넣고 싶은 이들은 빠른 시일 내에 500만 원, 1,000만 원을 모으고, 이 돈을 잘 관리해 언제든지 꺼내 쓸 수 있는 펀드에 투자할 것이다. 따라서 이들에게 공제 금액 300만 원은 별 문제가 되지 않는다.

아무리 큰일이 나도 당신을 재정 파탄에서 보호해 줄 수 있는 보험 상품에 가입하라. 단, 재정 압박 해소에 전혀 도움 되지 않는 사소한 비용 때문에 보험에 가입하는 건 다시 생각해 볼 일이다. 공제율이 높은 자동차 보험에 가입하면 연간 수십만 원을 아낄 수 있다. 하지만 폭우로 당신의 승용차가 파손된 경우엔 높은 공제율로 인해 300만 원을 부담해야 할 수도 있다. 아무리 그래도 이는 장기적으로 당신에게 유리한 게임인데, 보험료가 갈수록 낮아져서 그 비용을 보상받고도 남기 때문이다. 반면, 보험에 전혀 가입하지 않았다가는 엄청난 경제적 재앙에 맞닥뜨릴 수 있다. 병원비 때문에 수천만 원의 빚에 허덕이는 숱한 이들이 산증인이다. 여윳돈을 넉넉히 마련해 놓고 금전적 자유를 향해 순항하고 있는 이들이라면 공제율이 높은 보험 상품에 가입하는 게 공제율이 낮은 상품보다 유리하다.

보통의 직장인들에게 500만 원은 인생에서 감당하기 힘든 변화를 일으킬 수도 있는 큰 금액이다. 따라서 예기치 않게 이렇게 큰 돈이 필요해지는 상황을 막기 위해 하는 수 없이 더 비싼 보험료를 납부하기도 한다. 하지만 당신은 금전적 자유를 꿈꾸고 머지않아 현금 혹은 현금성 자산의 형태로 수천만 원을 모을 예정이다. 그렇게만 된다면 공제율이 높은 보험에 가입하는 것이 더 유리하다. 재정 파탄의 위험을 감수할 필요도 없이 많은 돈을 아낄 수 있는 것이다. 일상적으로 현금을 넉넉히 구비해 두고, 공제율이 높은 보험 상품을 선택하며, 급한 상황이 발생했을 때 유동 가능한 현금 자산을 늘려서 쓸데없이 더 비싼 보험료를 낼 필요가 없도록 하라.

건강관리 비용
건강을 위해 치과의, 건강 관리사 및 다른 전문가들을 주기적으로 찾아가는 건 아주 중요하다. 돈을 아끼기 위해 건강 보험에 가입하지 않는 건 바람직하지 않을뿐더러 위험한 결과를 초래할 수도 있다. 다른 형태의 보험과 마찬가지로 보장 내용이 완벽하면서도 공제율은 높고 보험료는 싼 상품을 선택하는 게 현명하다.

그렇지 않아도 사람의 힘으로 피할 수 없는 질병이 수두룩한데 보통의 직장인들은 몸에 안 좋은 음식을 먹고 운동도 게을리해서 비용이 많이 드는 질병에 걸릴 위험성을 더 높인다. 앞서 이야기한 것처럼 집에서 만든 건강식을 먹기만 해도 일생 동안 건강 때문에 큰 비용을 지출할 확률은 크게 줄어든다. 하지만 그보다 더 중요한 건 격렬한 운동을 주기적으로 함으로써 지금보다 더 건강해지는 것이다. 운동을 하면 수명이 길어진다. 운동하는 이들은 생산성이 높아지고, 보다 명확한 사고를 하며, 운동을 꾸준히 못할 때보다 보기에도 좋아진다. 이 같은 장점들은 곧장 수익 창출로 이어지고, 더 건강하고 행복하며 부유한 삶을 살 수 있는 여건을 갖추게 된다.

이 책의 주제가 재정인 만큼 운동이 우리의 재정에 미치는 영향에 대해 잠시 이야기해 보자. 규칙적인 운동은 가장 효율적으로 더 건강한 삶을 살 수 있는 방법이다. 심지어 무료 혹은 (합리적 가격의 헬스클럽에 등록한다면) 아주 저렴한 비용으로 할 수 있다.

운동은 생활 속에서 건강한 습관들이 자리 잡게 해준다. 운동한 날이면 더 건강하게 먹고, 더 생산적으로 일하며, 잠도 더 잘 자는 걸 느꼈을 것이다. 나가서 운동하라! 그리고 잘 먹어라. 그것만으로 수십억 원을 아낄 수 있다! 아, 만약 자전거로 혹은 걸어서 출근한다면 일석이조의 효과를 누릴 수 있다.

문화·여가비

원그래프에 따르면 애버리지 조가 문화·여가비로 쓰는 예산은 겨우 5%에 불과하다. 만약 주거비와 교통비를 줄이고 저비용의 건강한 식단을 즐긴다면 문화·여가비를 세 배로 늘려 다른 항목들과 비슷하게 만들 수 있다. 조가 가장 좋아하는 추억이나 경험은 이 문화·여가비 항목에 지출한 결과일 확률이 높고, 실제로 그는 삶을 즐기길 원할뿐더러 그럴 자격도 충분하기 때문이다. 당신이 합리적인 예산 내에서 소비하고 있다면 이 항목은 대체적으로 삭감 대상이 되어선 안 된다.

반드시 고쳐야 하는 습관들에 대해선 뒤에서 다룰 예정인 만큼 여기서는 두 가지만 짚고 넘어가도록 하자.

1. 유료 TV: HBO고, 넷플릭스, 훌루 또는 아마존 비디오를 통해 아주 저렴한 비용으로 수천 개의 프로그램을 시청할 수 있다. 게다가 지역 채널들 역시 값싼 수신기만 있으면 미국 전역에서 무료로 시청할 수 있다. 유료 TV는 시간 낭비, 돈 낭비임에 분명하다. 당장 TV를 끊고 그 돈을 더 유익한 일에 쓰도록 하라.

2. 자동결제: 요즘 기업들은 자동결제 건수를 늘리려고 난리다. 왜냐고? 소비자가 요금을 건당으로 지급할 때보다 더 많은 수익을 올릴 수 있기 때문이다. 사람들은 자신이 돈을 내고 있다는 사실을 자주 잊는다. 자동결제 되는 요금이 있다면 고지서를 잘 살

펴보라. 월 혹은 연 단위로 자동 갱신되는 결제 내역이 있다면 최대한 빨리 취소하는 게 좋다. 가입 후 첫 달은 요금을 면제해 주는 상품이 수두룩하며, 혹시 그 상품을 자주 이용하더라도 차후 자동 결제에 재동의해도 늦지 않는다.

의복비

문화·여가비와 마찬가지로 이 항목은 애버리지 조의 예산에서 그리 큰 비중을 차지하지 않는다. 따라서 문화·여가비와 비슷하게 대처하면 된다. 즉, 꼭 필요한 옷만 사서 낭비를 피하고 맘에 드는 옷들 중 가격이 합리적인 상품을 구입하는 것이다.

만약 옷을 좋아하는데 의복비가 전체 예산의 5%도 채 되지 않는다면 늘려도 좋다. 당신의 예산이 합리적인 평균 수준만 유지하고 있다면 이 역시 당신의 재정 상태에 큰 영향을 미치지는 않을 것이다. 심지어 매달 10~20만 원씩 투자해 얻는 기쁨이 상당하다면 계속 그렇게 해도 무방하다.

기부금 및 경조사비

이 항목은 이혼 수당(위자료), 양육비, 피부양인에 대한 선물이나 용돈, 기부금 등을 모두 포함하는 개념이다. 즉, 일상생활의 여러 문제들에서 파생되는 재정 지출이라고 보면 된다.

그런데 얼마나 지출할지는 자신의 선택인 만큼 이 항목은 매우 유동적이다. 특정 기관을 위해 자원봉사를 하거나 기부를 하고 있다면 이 기여 활동에 대해 자랑스럽게 여겨야 마땅하다. 따라서 군이 그 금액을 삭감할 필요가 없다. 만약 당신이 중시하는 명분을 위해 정기적으로 기부하고 있다면 계속하라! 기부 상황을 꼼꼼히 체크해 세금 공제도 챙겨 받도록 하라! 게다가 이런 활동에 참여하기 위해 차를 몰고 가야 한다면 주행 거리만큼 세금 공제를 받아서 교통비 역시 아낄 수 있다.

교육비

소득을 늘리거나 금전적 자유를 앞당길 자산을 구축 혹은 매입하고 싶은 이들에게 교육은 강력한 도구다. 예를 들어, 이 책은 개인의 재정 상태나 금전적 자유의 조기 달성에 관한 정보들을 제공한다. 다년간의 연구 내용이 몇 시간 만에 당신 것이 될 수 있도록 알차게 요약돼 있다. 이처럼 교육을 위한 지출은 기대를 훌쩍 뛰어넘는 보상을 가져올 수 있으며, 매달 몇십만 원씩 투자해 터득한 새 기술 혹은 관점 덕분에 인생이 달라질 수도 있다.

연간 지출액의 2.5%에 불과한 이 항목이 애버리지 조에게는 무시할 만한 수준이지만 이 책의 주요 독자층 중에는 그 비중이 훨씬 큰 사람들도 있을 것이다. 특히, 학자금 대출을 받은 이들에겐 부담일 수밖에 없다. 금전적 자유의 조기 달성을 꿈꾸는 이들이라면 거액의 학자금 대출은 어떻게든 피해야 한다.

취득하는 데 많은 돈을 들였다고 해서 그 학위의 가치가 그만큼 높아지는 것은 아니다. 금전적 자유의 조기 달성을 위해 따고자

하는 학위라면 특히 더 그렇다. 독학, 책과 세미나, 멘토를 통해 얻을 수 있는 지식의 힘을 절대 과소평가하지 말라.

그 외 모든 지출 항목들

'그 밖의' 항목들은 대부분 없어도 무방하거나 상황에 따라 발생하지 않을 수도 있다. 당신의 일상에서 발생하는 그 밖의 비용들을 합리적으로 처리하라. 돈이 어디로 흐르는지 주기적으로 점검하고 장기적인 관점에서 당신의 자산을 늘릴 수 있는 결정을 하라.

이런 일회성 지출에 맞닥뜨릴 때마다 금전적 자유의 조기 달성이라는 최종 목표를 늘 염두에 두고 당신의 행복, 건강 그리고 자산에 중요한 기여를 한다는 확신이 들 때에만 지갑을 열어라. 담배나 중독을 유발하는 약물, TV처럼 앞서 열거한 세 가지를 모두 깎아내릴 수 있는 아이템은 피하도록 하자.

결론

당신이 벌어들이는 돈의 15%를 저축한다고 해서 부자가 되진 않는다. 그것만으로 단 몇 년 만에 자산이 달라지고 인생이 바뀔 리 없다. 결국 당신은 현재의 직장에서 지금처럼 계속 일하면서 인생의 황금기를 보내야 할 것이다.

소득의 50%는 저축해야 한다. 그보다 더 해도 좋다. 돈을 써도 별 행복이 느껴지지 않는 지출 항목은 무엇이든 삭감하라. 그중엔 미국 중산층이 구입하는 아이템의 상당수가 포함될 것이다. 검소하게 생활하고, 자신에게 닥친 난관들을 직접 해결하는 건 물론, 매년 수천만 원을 절약해 더 건강하고 행복하며 부유한 데다 재밌기까지 한 삶을 사는 데 자부심을 가져야 한다.

음식점에서 좀 더 싼 메뉴를 선택한다고 해서 검소해졌다고 할 순 없다. 중형 SUV 대신 새 경차를 사도 마찬가지다. 보통 사람들보다 아주 조금 덜 어리석은 데 불과하다. 덕분에 당신은 65세 대신 55세에 퇴직할 수 있을 테니 일단 축하는 해주겠다. 하지만 진정한 발전은 차를 아예 사지 않을 때에만 이루어진다. 자전거로 출퇴근하고, 소비자 부채를 떠안지 않으며, 가장 좋아하는 취미를 무료로 즐기는 당신의 능력이 자랑스럽게 느껴질 때 말이다. 또한, 포드 F-350 픽업트럭을 갓 뽑아 차체가 바퀴로부터 떠 있도록 개조한 걸 보고는 그 비합리성과 명백한 비실용성에 살짝 어지러워지고, 야구장에서 맥주 한 잔 가격이 1만 원이 넘는다는 사실에 기분이 나빠진다면 당신은 실제로 발전하고 있는 것이다.

금전적 자유의 조기 달성을 위해 당신이 좋아하는 작은 사치와 여가를 희생할 필요는 없다. 이 항목들에 쓰는 비용이 누가 봐도 지나친 수준이 아니라면 말이다. 대신 큰돈은 제대로 써야 한다. 주거비는 따로 발생하지 않거나 적어야 하고, 주요 교통수단은 자전거 혹은 도보여야 하며, 불가피하게 운전이 필요하다면 경차를 이용해야 한다. 합리적인 가격에 구매한 식품들로 만들어 먹는 똑똑하고 건강한 식단을 즐기고, 공제율이 높은 보험 상품에 가입하도록 하라. 금전적 자유의 조기 달성을 막는 장애물은 변동 지출이 아닌 고정 지출(주거비, 교통비, 개인 보험과 연금, 건강관리비, 교육비)이라는 사실을 명심하라. 큰 비중을 차지하는 고정 지출에서 올바른 선택을 한다면 최대 장애물은 제거한 셈이다. 하루에 고작 몇천 원 저축하는 데 만족해선 안 된다. 무슨 짓을 해도 한 달 생활비가 일정 수준을 넘지 않도록 일상을 설계하라. 매달 소득의 50% 이상을 저축할 때만이 진정으로 금전적 자유를 향한 발걸음을 뗐다고 말할 수 있다.

　제1장과 제2장을 통해 당신은 검소함에 담긴 이론을 이해하고 세후 임금의 절반도 안 되는 돈으로 생활할 계획을 세웠을 것이다. 이 모든 게 종잣돈 2,500만 원을 모으는 과정이다. 앞의 내용을 읽고 난 지금, 당신은 중간 수준의 임금을 아껴 매달 꽤 많은 돈을 저축하려면 어떻게 해야 하는지 깨달았으리라 믿는다. 이번엔 그렇게 모은 돈을 효율적으로 활용해 첫 번째 경제 활주로를 건설할 차례다. 당신의 목표는 검소한 생활을 유지한다면 1년 내내 돈을 벌지 않고도 지낼 수 있는 비용을 마련하는 것이다.

　입에 풀칠할 정도만이라도 벌려고 애쓰는 수많은 미국인들과 달리 당신은 이제 새로운 문제에 직면했다. 그것도 좋은 문제에 말이다. 당신의 경제 활주로를 최대한 길게 늘이려면 하루가 다르게 쌓여 가는 저축액을 어떻게 활용하면 좋을지 결정해야 하는 것이다. 금전적 자유의 조기 달성을 추구하는 이가 1년짜리 자산을 구축하기 위해선 다음의 세 가지 과제를 순서대로 완료해야 한다. (1) 100만~200만 원 사이의 비상 자금을 마련하고, (2) '나쁜 부채'(이 용어의 정의는 뒤에서 다루겠다)를 모두 청산해 신용 점수를 올리며, (3) 현금 혹은 현금성 자산의 형태로 1년짜리 경제 활주로를 구축한다.

이 세 가지를 완수함으로써 당신은 2부에서 다룰 자산 창출의 다음 단계를 준비할 수 있다. 집을 사는 데 필요한 돈과 신용, 그리고 재정 파탄의 위험 없이 커리어 기회를 좇을 수 있는 경제 활주로를 갖추는 것 말이다.

이번 장에서 논의할 내용의 핵심은 좋은 부채와 나쁜 부채를 모두 포함하는 부채, 그리고 신용의 개념이다. 나쁜 부채는 재정 위기로 여겨서 즉각 청산해야 한다. 좋은 부채는 금전적 자유를 지연시키기는 하지만 이를 이용해 돈을 더 불릴 수 있다면 당장 갚을 필요는 없다. 나쁜 부채를 청산하고 다른 부채를 관리하는 동안 당신은 자신의 신용 점수와 신용 접근성을 최대한 높이고 싶을 것이다.

'나쁜' 부채 vs '좋은' 부채

나쁜 부채

나쁜 부채는 연체료를 물리거나 신용 점수에 영향을 미치는 고금리(10% 이상)의 부채를 의미한다. 이런 종류의 부채는 당신을 금세 빈털터리로 만드는 건 물론, 신용 점수가 높을 때 생기는 혜택 또한 누릴 수 없게 만든다. 나쁜 부채는 하루 빨리 해결해야 하는 긴급한 문제로, 소액의 비상금을 비축했다면 자산 구축은 잠시 미루고 나쁜 부채를 완전히 청산하는 데 몰두해야 한다. 혹시 불운이 닥쳐도 나쁜 부채를 더 떠안는 일이 없을 만큼만 현금을 남겨 둔 뒤 이미 진 나쁜 빚을 최대한 적극적으로 갚아 나가라.

나쁜 부채에는 다음과 같은 것들이 있다.

- 신용카드 부채(연체 이자가 높다)
- 과태료 및 주차 위반 딱지(연체료가 발생한다)
- 연체되거나 금리가 높은 소비자 부채
- 소액 단기 대출

위와 같은 부채는 당신의 재정 상황을 망가뜨릴뿐더러 신용에도 타격을 입힌다. 이런 부채를 떠안고 있으면서 하루빨리 갚기 위한 조치를 취하지 않으면 미수금 처리 대행업체가 당신을 쫓기 시작한다. 이렇게 되면 당신의 재정 상황은 더 이상 손쓸 수 없는 지경이 되고 마는데, 가용 소득은 부채 원금 및 수수료 명목으로 생기는 족족 압류당하고 결국 더 큰 부채를 떠안게 되기 때문이다.

현재 나쁜 빚을 지고 있다면 사치품을 사들여선 안 되고 외식도 자제해야 한다. 모든 돈 낭비를 중단하고 최대한 빨리 빚을 청산해야 한다. 당장 갚아야 할 나쁜 부채가 있는데 투자를 하거나 부동산 구입을 고민하는 등 재정적으로 큰 변화를 도모해선 안 된다.

나쁜 부채를 갚는 방법에는 여러 가지 학설이 존재하는데 그중 가장 완벽한 두 가지는 다음과 같다.

- 방법 ①: '눈덩이 부채'. 개인 재정 및 반反 부채 전문가 데이브 램지가 주장하는 이 개념은 가장 액수가 적은 빚을 먼저 갚고 또 그 다음으로 액수가 적은 빚을 갚는 식으로 금액의 순서대로 갚아 나가는 방법이다. 이는 채무자가 적은 양의 빚을 갚아 나가는 동안 성취감을 맛보고, 덕분에 빚을 갚는 습관을 들이는 한편 완전히 청산하겠다는 마음가짐을 갖게 된다는 장점이 있다. 하지만 엄밀히 말해 이는 빚을 갚는 가장 효율적인 방법은 아니다. 부채 청산을 위한 한결 효율적인 방법은 두 번째다.
- 방법 ②: 금리가 가장 높은 부채부터 갚도록 한다. 이는 금액이 가장 큰 부채부터 갚을 수 있고, 예금을 좀 더 효율적으로 사용한다는 점에서 눈덩이 부채 이론보다 훨씬 효과적이다. 단, 고금리 부채가 많은 이들은 모두 청산하는 데 수개

월 혹은 수년이 걸릴 수 있는 만큼 다른 부채를 갚기까지 오랜 시간이 걸린다는 단점이 있다.

한 채무자에게 다음과 같은 부채가 쌓여 있다고 가정해 보자.

- 금리 10%에 500만 원
- 금리 8%에 100만 원
- 금리 6%에 50만 원

눈덩이 부채 이론에 따르면 50만 원짜리 빚을 가장 먼저 갚고, 이후 100만 원, 500만 원 순으로 갚아야 한다. 이 채무자는 세 가지 빚 중 두 가지를 신속히 청산함으로써 만족감을 맛볼 테고, 그 자신감을 바탕으로 세 번째 빚 청산에 착수할 것이다. 반면, 500만 원짜리 빚을 먼저 갚으면 지급해야 하는 총 금리가 줄어들어 결과적으로 모든 부채를 좀 더 빨리 갚는 효과가 있다.

부채 청산에 관한 두 가지 팁

팁 ①: 협상을 시도하라. 밀린 병원비나 신용카드 미납 대금 같은 고금리 부채는 협상이 가능한 경우가 많다. 부채 상환이 수년씩 연체된 경우에는 특히 더 그렇다. 수천만 원의 병원 빚을 지고 납입 기한 또한 놓쳤으면서 전화 한 통으로 그 액수를 몇 백만 원, 심지어 몇 십만 원까지 깎는 사람들을 보면 놀랍기 그지없다. 협상을 통해 부채의 액수를 줄이기로 마음먹었다면 채권자에게 전화하기 전에 다음의 팁들을 숙지하도록 하라.

- 연체된 부채 중 대다수는 결국 끝까지 변제되지 않는다는 사실을 명심하라. 따라서 당신이 총 부채 금액의 일부만 갚겠다고 해도 채권자는 감지덕지다.
- 통화가 길어질 수밖에 없다는 사실을 명심하라. 2시간 내내 통화하더라도 부채 금액을 수십 혹은 수백만 원 깎는 데 성공한다면 그만한 가치가 있다.
- 정중한 태도로 임하되 이 전화 통화로 채무액이 줄어들지 않는다면 태도도 달라질 거라는 사실을 분명히 하라.
- 채무자에겐 당신의 부채 삭감 요구를 거절할 권리가 있는 만큼 너무 큰 기대는 하지 말도록 하라.

팁 ②: 스스로 공부하라. 수년을 묵은 나쁜 부채가 있다면(여기서 묵었다는 건 3~4년을 의미한다) 이를 청산할 가장 좋은 방법을 찾기 위해 조사도 하고 전문가의 조언도 구하고 싶을 것이다. 이때야말로 똑똑하게 스스로 공부하면 엄청난 수확을 거둘 수 있는 타이밍이다. 정말 오래된 (몇 년씩 연체된) 부채를 갚는 게 실은 당신의 재정에 나쁜 영향을 미칠 수 있고, 경우에 따라 7~10년씩 연체된 빚은 갚을 필요조차 없을 수 있다는 사실을 알고 있는가? 이와 관련해선 부채마다 미묘한 차이가 존재하는 만큼 오래 방치해 둔 나쁜 부채가 있고, 이를 막 갚으려던 찰나라면 일단 연구부터 하도록 하라.

좋은 부채

나쁜 부채에 더해 이른바 '좋은' 부채도 존재한다. 다음의 예시를 보자.

- 주택담보대출
- 학자금 대출
- 자동차 구입 자금 대출
- 개인 대출
- 저금리로 빌린 현재진행형 대출

위의 부채들은 보통 '좋은' 부채로 인식되지만 명백한 오해다. 이 빚들이 쌓이면 수천만 원, 심지어 수억 원에 이를 수 있기 때문이다. 이 부채 때문에 신용 점수가 크게 떨어지거나 터무니없이 높은 금리를 물어야 할 일이 생기지는 않겠지만 좋은 부채 역시 나쁜 부채와 마찬가지로 만들지 않는 게 좋다. 당신이 만약 금전적 자유의 조기 달성을 원한다면 불필요한 빚을 쌓아 두지는 않을 것이다.

저금리의 좋은 부채를 청산할 수 있는 방법이 두 가지 있다. 첫 번째, 모조리 갚아 버리는 것이다. 단, 주택담보대출은 남겨 둔다. 금전적 자유에 다가가고자 한다면 부채는 거의 혹은 아예 없는 게 가장 유리하다. 부채가 있으면 그 과정이 지체될 수밖에 없고, 금전적 자유를 향한 여정도 빚이 없는 옆 사람보다 몇 년은 더 늦게 시작하게 될 것이다.

두 번째는 부채 상환을 위한 최소 금액만 지급하고, 부채를 떠안은 채 경제 활주로 구축 작업을 시작하는 것이다. 물론 다달이 부채를 갚아 나가야 하는 만큼 한 달 지출이 늘어나고, 결국 1년 동안 나가는 돈도 더 많아진다. 하지만 최소 1년간의 생활비를 마련해 놓음으로써 당신 역시 빚이 없는 옆 사람과 동일한 유연성을 갖추게 될 것이다.

금전적 자유의 조기 달성으로 가는 길을 단축하는 최고의 방법은 이런 부채를 전혀 만들지 않는 것이지만 독자들 중에는 이미 거액의 빚을 떠안은 상태인 이들도 많을 것이다. 그렇다면 이 책의 다음 단계로 넘어가기 위해 반드시 빚을 청산해야 하는 건 아니라는 사실을 기억하라. 부채의 금리가 낮기만 하면(5~6% 미만) 최소 금액만 상환한 뒤, 빚과는 별도로 현금을 모으도록 한다. 예를 들어, 2% 금리로 빌린 자동차 구입 자금 대출을 갚는다고 해도 별로 유리할 게 없다. 하지만 7~8%의 금리를 무는 학자금 대출은 하루빨리 갚거나 차환(새로 꾸어서 먼저 꾼 것을 갚는 것)하는 게 어느 모로 보나 합리적이다. 한편, 그 사이에 해당하는 금리의 대출을 갚을지 말지는 개인의 선택 문제다.

좋은 신용 만들기

신용은 좋은 이유로 수없이 언급되었다. 신용 점수와 신용 접근성은 재정적 기회를 활용할 수 있는 수준을 결정하고 경제 활주로를 더 빨리, 더 길게 구축하는 데 큰 역할을 할 수 있다. 신용에 있어서 대부분의 사람들은 중간 신용과 하위 신용의 두 가지 그룹으로 분류된다.

금전적 자유의 조기 달성을 원하는 이들은 여기 1부의 '신용' 부분을 통해 목표를 이루기 위한 가장 유리한 여건을 확립하고 싶어 하는 만큼 두 가지를 이루고 싶을 것이다. 첫째, 신용 점수를 최대한 끌어올리고, 둘째, 신용 접근성을 최대한 확보하는 것이다.

신용을 향상시키고 유지하기

미국에서 신용 점수는 놀라울 정도로 큰 영향력을 갖는다. 신용 점수가 낮은 사람들은 집도 살 수 없고, 자동차 구입 자금 대출이나 신용카드 발급도 거부당하는 건 물론, 구직조차 쉽지 않다. 신용 점수가 심지어 사는 지역, 교통 및 결제 수단, 커리어 기회까지 결정짓는 게 현실이다. 신용 점수가 높은 이들은 이런 기본적인 선택에 직면할 경우 원하는 대로 하면 그만이지만 낮은 이들은 매일같이 다른 길을 찾느라 고군분투해야 한다.

신용 점수는 그 사람의 재정적 위엄을 반영한다. 그중에서도 부채를 처리할 수 있는 능력을 반영한다. 부채 상환을 늦게 하거나 아예 상환하지 않으면 점수가 낮아지고, 매번 제때 상환해 부채액이 줄어들면 점수는 높아진다.

　신용 점수를 높이는 방법은 간단명료하다. 1단계, 3대 신용평가기관(트랜스유니온TransUnion, 에퀴팩스Equifax, 익스피리언Experian) 중 한 곳에서 당신의 정보를 무료로 구하거나 크레딧 카르마Credit Karma 같은 제3의 웹사이트에서 해당 정보를 찾아 당신의 신용 점수를 확인한다. 모든 거래 내역을 점검한 뒤 혹시 모를 오류를 찾는다. 오류는 항상 발생하는 만큼 이를 해결하면 당신의 점수가 높아질 수도 있다. 신용 점수를 구성하는 요인들과 각 요인의 상대적 중요성, 그리고 각 항목에서 당신의 점수는 어떻게 되는지도 확인한다.

　2단계, 당신의 현재 빚을 확인하고 제때 갚기 시작한다. 부채 액수를 확인한 뒤 자동이체를 걸어 두면 된다. 경우에 따라 채권자에게 연락해 부채 상환 방법에 대해 질문해야 할 수도 있다.

　3단계, 적극적으로 부채 상환을 시작한다. 빚이 적을수록 신용 점수는 올라가게 돼 있다. 현재 부채를 확인하고 금리가 가장 높은 부채부터 갚기 시작하는 한편, 다른 빚에 대해서는 최소액만 변제하거나 '눈덩이 부채' 접근법을 이용해 금액이 가장 적은 것부터 갚는다.

　좋은 부채는 유지하고, 부채는 제때 상환하며, 쉽게 갚지 못할 빚은 애초에 만들지 않도록 한다.

신용 한도 높이기

금전적 자유의 조기 달성을 원하는 이들은 신용 한도를 높여 상당한 유연성을 확보할 수 있다. 대부분의 경우, 신용 한도는 높은 게 낮은 것보다 낫다. 가령 존에게 한도가 500만 원인 신용카드 한 장이 있다고 가정해 보자. 그가 이 한도를 1~2년에 걸쳐 1,000만 원으로 늘리는 데 성공한다면 그로 인한 혜택이 불이익보다 훨씬 많다.

금전적 자유의 조기 달성을 원하는 만큼 존은 늘어난 신용 한도액을 사치품 구입에 사용하는 대신 비상시를 위해 비축해 둘 것이다. 게다가 신용 점수는 신용 사용액의 영향을 받는다. 존이 보통 카드로 한 달에 200만 원씩 쓴다면 그의 신용 사용 비율은 신용 한도액인 500만 원 대비 40%다. 이때 신용 한도액이 1,000만 원으로 늘어나면 신용 사용 비율은 20%로 떨어진다. 결과적으로 신용 사용 비율에 따라 산출되는 신용 점수는 높아지게 된다.

신용카드 사용을 스스로 통제하지 못하는 사람들은 신용 한도가 높아지는 걸 원하지 않을 테지만 이 책은 그런 이들을 위한 게 아니다. 신용 한도액이 아무리 크다 해도 절대 남용하지 않고 신용카드도 두세 개에 불과한 분별 있는 소비자라면 6개월마다 신용 한도 인상을 요구하는 게 합당하다. 쓰고 있는 신용카드 회사에 전화하거나 웹사이트에 방문해 신청하면 되는 일이다. 단, 이를 위해 당신의 신용 보고서에 대한 세밀 조사가 필요한지 알아보라. 만약 그렇다면 일시적으로 당신의 신용 점수가 낮아지고 신용

보고서에도 2년간 기록이 남기 때문이다. 아무리 그래도 결과적으로는 당신에게 유리한지 여부를 파악해야 한다.

금전적 자유로 가는 여정의 주요 3단계

이 시점에서 당신은 효율적인 생활 방식, 그리고 좋은 부채와 나쁜 부채에 대한 전반적 이해에 힘입어 매달 일정 금액을 저축하고 있는 중일 것이다. 게다가 신용 점수를 높이고 신용 한도를 늘리는 방법 또한 알고 있다. 이제 그렇게 쌓인 현금과 지식을 당신의 재정 상황에 직접 활용할 차례다. 첫 1년짜리 경제 활주로를 구축할 때 따라야 하는 3단계 절차는 다음과 같다.

1. 비상 자금 100만~200만 원을 즉시 확보한다.
2. 나쁜 부채를 상환하기 시작해 0원으로 만든다.
3. 약 2,500만 원의 유동 자산을 구축한다.

이 3단계 절차를 완수하고 나면 당신은 더 전망 있는 커리어를 물색하고, 부동산 투자에 뛰어들거나 심지어 6개월~1년을 준비 기간 삼아 정식 사업을 시작할 수도 있다. 하지만 만약 그런 변화에 관심이 없다면 남는 현금으로 소득을 창출하는 자산을 사들여 금전적 자유의 조기 달성에 한 발 더 다가갈 수 있다.

1단계: 비상 자금

"그런데 이건 투자가 아니잖아요!" 야심만만하고 열정 넘치는 한 20대가 의문을 제기한다. 그녀는 예금 200만 원으로 문화·여가비를 충당하고 월급으로 근근이 생활하는 중이다.

비상 자금을 확보하는 건 실천 가능한 방법들 중 최고의 투자다. 첫 예금 100만~200만 원을 확보한 사람과 나쁜 부채를 떠안고 있으면서 비상 자금도 전혀 없는 사람은 마음가짐이 다르다. 소액이라도 비상금이 있는 사람들은 다음 달 집세 및 식비에 아무 문제가 없다는 생각에 편안하게 밤잠을 이룰 수 있다. 100만~200만 원의 비상 자금으로 식비, 집세, 기본적인 교통비를 감당할 수 있을 뿐 아니라 이 돈이 은행에 있으면 소액 부채에 시달릴 일도 없다.

바비를 만나 보자. 25살 바비는 난생처음 혼자 살기 시작했다. 나쁜 부채가 잔뜩 쌓여 있는데 은행 잔고는 0원이다. 돈에 대해 진지하게 생각해 본 적이라곤 없고, 월급은 친구들과 어울리거나 영화관에 가는 데 탕진하기 일쑤다. 어쩌다 여윳돈이 생겨도 값비싼 여행에 다 써버린다. 문제가 뭐냐고? 그가 부모님께 끊임없이 경제적 도움을 구한다는 사실이다. 그는 신용 점수도 너무 낮아서 아파트 임대 계약에도 아버지가 공동으로 서명을 해줘야 했다. 인터넷 요금, 집세, 자동차 할부금, 휴대폰 요금 등 기본적인 공과금도 내지 못해 주기적으로 부모님께 손을 벌린다.

경제적 지원을 해준다는 이유로 부모님은 친구들의 경우보다 바비의 인생에 더 큰 권한을 행사한다. 수시로 바비의 집에 방문하는 건 물론, 일주일에도 수차례씩 부모님과 저녁식사를 함께 하길 원한다. 바비의 집이 당신들 취향의 가구로 채워지고 꾸며져야 하며 냉장고에 맥주를 채워 놓거나 수집품을 모으는 건 금지다. 당연히 바비는 자기 집인데도 편할 리가 없고 부모님이 너무 거리낌 없이 오간다는 사실도 잘 알고 있다. 이는 경제적 독립성이 부족하다는 이유로 감당하기엔 너무나 가혹한 대가다. 바비가 비상 자금을 확보하고 높은 저축률을 유지할 수 있다면 부모님은 아들의 삶에 대한 통제권을 잃고 바비도 부모님 뜻이 아닌 자기 뜻대로 살 수 있을 것이다. 이렇게 경제적 원조가 필요 없어지면 바비는 부모님과 더 동등하고 돈독한 관계를 유지할 수 있고 친구들 사이에서도 더 큰 존중을 받게 될 것이다. 따라서 바비의 목표는 경제적으로 더 독립적인 지위를 향해 나아가는 것이다.

이 여정의 첫 단계는 저축으로 100만~200만 원을 모으는 것이다. 바비는 이 초기 자산 덕분에 부모님께 손 벌리는 당혹스러운 순간을 더 이상 경험하지 않아도 된다. 또한 부모님께 도움을 요청하거나 그렇지 않아도 쌓여 있는 신용카드 대출을 늘리지 않고도 나쁜 부채를 더 만드는 사태를 피할 수 있다.

100만~200만 원의 첫 예금은 경제적으로 마음의 평화를 선사하고, 빈털터리가 겪는 금전적·정신적 부담을 피할 수 있게 해준다. 하지만 100만~200만 원은 대체적인 금액일 뿐 비상 자금의 구체적인 규모는 개인마다 달라진다. 현금 100만~200만 원이 경제적 고난을 초래하는 심각한 문제를 막아 줄 순 없지만 일상의 소소한 문제들에는 대부분 대처할 수 있고, 무엇보다 2단계로 나아가는 원동력이 되어 줄 것이다.

2단계: 부채를 청산하고 신용 점수 올리기

나쁜 부채가 쌓여 있는 한 100만~200만 원 이상의 비상 자금을 구축하는 건 아무 의미가 없다. 1단계 비상 자금 확보의 목표는 나쁜 빚을 더 지는 사태를 막고, 삶의 사소한 문제들에 직면했을 때 재정적 위엄을 보존하기 위해서다. 생각해 보라. 자동차 타이어를 교체해야 하는데 돈이 없다면 나쁜 빚을 질 수밖에 없다. 속도위반 과태료를 낼 돈이 없을 때에도 나쁜 빚과 엄청난 연체료가 쌓이게 된다. 비상 자금이 없다면 말이다.

바비가 자신의 생활비를 스스로 감당하고 비상 자금도 확보할 수 있게 된다면 예금을 이용해 고금리의 신용카드 부채를 갚고 다른 부채들도 해결할 수 있다. 그러면 바비는 부채에서 자유로워짐과 동시에 신용도 빠르게 향상된다. 부모님에게서 그 어떤 지원도 받지 않고 마련한 새 아파트에 들어가 어엿한 성인으로서의 독립된 삶을 시작할 수 있다. 부모님께 손이나 벌리는 응석받이 신분에서 벗어날 수 있는 것이다.

3단계: 1,000만~2,500만 원 자산 구축하기

나쁜 부채를 모두 청산하는 데 성공했다면 이제 처음으로 1,000만~2,500만 원의 자산을 구축할 차례다. 이때 편법을 써선 안 된다. 주택 자산, 퇴직금, 자동차 및 판매할 의향이 없는 다른 자산의 가치는 포함되지 않는다. 1,000만~2,500만 원의 자산은 언제든지 사용 가능한 형태여야 하며 이를 이용해 재정적 지위를 향상시킬 의지가 확실해야 한다.

바비가 중위 임금을 받고 검소한 생활을 한다고 가정할 때 그는 적어도 매달 세후 150만 원을 현금으로 저축할 수 있어야 한다. 이 저축률을 유지하면 1,000만~2,500만 원 사이의 가용 자산은 1년이면 구축할 수 있다. 물론 쉬운 일이 아니다. 자칫 지칠 수도 있는 과정임에 분명하다. 하지만 그 중요성은 말로 다할 수 없다. 이 책의 뒷부분이 존재할 수 있는 기반이자 더 극적인 변화를 가능하게 만드는 전환점인 것이다. 바비는 이 기간에 힘입어 단순히 자급자족하던 수준을 넘어 번창하게 될 것이다. 이 과정이 매달 이루어져야 하고 가끔 고통스러울 만큼 느리게 느껴지기도 하겠지만 12~18개월 후 바비는 1년짜리 경제 활주로를 완성하고 상당히 유리한 지위에 서게 될 것이다.

중위 임금으로 1년짜리 경제 활주로를 확보한 사람은 다음 중 하나 혹은 여러 가지를 선택할 수 있다.

- 첫 부동산에 대한 계약금을 지불한다.
- 현금이 바닥날 걱정 없이 새로운 커리어 기회를 좇는다.
- 의미 있는 자산을 인수한다.
- 최대 12개월간 다른 소득원이나 사업을 구축할 시도를 한다.

단, 1,000만~2,500만 원의 가용 자산을 비축한 사람이라도 생활 방식이 검소할 때에만 위의 기회들을 누릴 수 있다. 실제로 한 달 생활비가 200만 원이라면 2,500만 원의 자산으로 1년 넘게 버틸 수 있다. 하지만 한 달에 400만 원씩 쓰는 사람이라면 훨씬 많은 현금을 비축해야 한다. 이 책이 절약 및 생활 방식의 변화에서 논의를 시작한 이유가 바로 여기에 있다. 검소한 생활 방식을 유지하면 중간 수준의 임금을 받는 사람들도 자산을 좀 더 빨리 구축할 수 있고, 아주 긴 경제 활주로를 만드는 데 필요한 돈도 줄일 수 있다.

1년짜리 경제 활주로를 완성하면 더 많은 기회를 접할 수 있다. 새로운 커리어와 더 높은 임금을 추구할 수 있는 능력이야말로 금전적 자유를 찾아가는 여정에서 자신에게 줄 수 있는 가장 큰 선물이다. 또 다른 좋은 소식은 그 돈을 반드시 은행 계좌에 넣어 둬야 하는 건 아니라는 것이다. 세후 증권 계좌 등에도 얼마든지 보관할 수 있다. 가용 자산이 1,000만~2,500만 원에 근접했거나 이미 넘어섰다면 주식, 채권, 펀드 및 공개 거래되는 다른 증권들을 구입해도 좋다. 이런 종류의 투자를 하면 종종 은행에서 지급하는 쥐꼬리만 한 이자보다 훨씬 많은 수익을 올릴 수 있다.

유동 자금을 주식 계좌에 보관하는 건 너무 위험하다고 믿는 사람들도 있는데 타당한 주장이다. 결정은 당신의 몫이다. 거액의 현금을 언제든지 사용 가능한 은행 계좌에 안전하게 보관할 것인가? 아니면 원금 손실이 날 수도 있고, 그 손실을 메우기 위해 이따금 돈을 더 넣어야 할 수 있다는 사실을 알면서도 어딘가에 투자할 것인가? 높은 수익을 올릴 가능성도 있는 만큼 처음 마련한 자산을 위험에 노출시켜도 괜찮다고 결정하는 건 결국 당신이다. 이 같은 투자를 어떻게 하면 좋을지는 뒤의 제9장에서 더 상세하게 다루도록 하겠다.

부채에 대해 올바른 결정을 내리는 방법의 예

그레그를 만나 보자. 캘리포니아 남부 오렌지카운티에 살고 있는 31살 그레그는 밤에 일하면서 팁을 벌고 낮 시간에는 대부분 투자에 대해 공부한다. 레스토랑 종업원이지만 건강보험에도 가입돼 있고 퇴직 연금 계좌도 갖고 있으니 운이 좋은 셈이다. 하지만 현재 부채가 무려 1,000만 원에 이르고 그중 500만 원은 심지어 고금리다. 고금리 대출은 신용카드를 이용해 받았고 나머지 500만 원은 저금리 학자금 대출이다. 그레그는 언제나 임금의 30%를 모아서 그중 절반으로 부채를 갚는다. 그의 임금은 주당 대략 100만 원으로, 팁 수익이 상당 부분을 차지한다. 1월에서 6월 사이, 그는 495점이던 신용 점수를 650점으로 높이기 위해 나쁜 부채를 부지런히 갚았다. 주식 300만 원과 예금 200만 원을 포함해 자산도 어느 정도 모았다. 그레그의 목표는 연방주택관리국에서 제공하는 소유주 대출을 받아 직장에서 48킬로미터 이내 거리에 두 세대 주택 건물을 매입한 뒤 나가는 돈 없이 사는 것이다. 대출금은 예금으로 매달 갚아 나가고, 룸메이트를 구해 함께 살면서 남는 한 세대는 세를 놓을 생각이다. 그레그는 이미 상당한 돈을 저축한 상태에서 우버 택시 부업을 할 예정이고 자산 관리 업체 운영에 관심이 있어 남는 시간에는 관련 정보를 알아보고 있다.

그레그의 의문: (좋은 빚과 나쁜 빚을 포함해) 부채부터 완전히 청산해야 할까, 아니면 1년짜리 경제 활주로부터 구축해야 할까?

그레그는 이제 진심으로 마음을 잡기 시작한 사람이다. 신용카드 부채, 재산 압류, 심지어 채무로 인한 재판까지 겪을 만큼 과거에는 금전적으로 탈이 많았지만, 이제 현실을 깨닫고 자신의 경제적 지위를 향상시키기 위해 진지하게 움직이기 시작했다. 그 결과 놀랍게도 6개월이 채 안 돼 목표로 하던 신용 점수를 획득했다! 사실, 이런 일이 드문 건 아니지만 심지어 그는 주식 계좌와 예금을 합쳐 500만 원의 자산까지 확보했다.

그가 실천하는 생활의 핵심 원칙은 100% 옳다. 검소한 생활을 하고 추가 소득을 올리며 차액을 투자한다는 기본 원칙을 착실히 실천하고 있는 것이다. 이대로만 계속해 나간다면 그는 금전적 자유를 일찌감치 손에 넣을 것이다. 만약 두 세대 주택을 매입해 집세 없이 살겠다는 목표를 진심으로 이루고 싶다면 금리가 6~7%에 이르거나 신용을 떨어뜨리는 나쁜 부채만 상환하는 게 좋다. 그 후에는 저축에 주력해 두 세대 주택 계약금을 마련해야 할 것이다. 저금리 부채는 연체되지만 않는다면 부동산 매입에 장애가 되지는 않는다. 따라서 본래 목표대로 수익을 창출하는 부동산으로 이사해서 룸메이트 및 세입자가 내는 집세로 주택담보대출금을 갚아 집세에서 완전히 벗어난 뒤 신용 점수에 영향을 미치지 않는 저금리 부채를 갚는 게 현명한 방법이다.

결론

금전적 자유의 조기 달성을 원하는 보통 직장인들은 1,000만 ~2,500만 원의 종잣돈을 마련하는 걸 가장 힘들어할 것이다. 여기에는 희생, 인내, 의지와 에너지, 그리고 다른 무엇보다도 시간이 필요하다. 편법을 쓸 수도 없다. 현금이나 현금성 자산만 해당되기 때문이다. 목표 달성을 위해 기꺼이 사용할 수 있는 자산만 해당되는 것이다. 당신에게 더 많은 기회를 선사하고, 금전적 자유의 조기 달성으로 이어지는 경제 활주로를 신속히 구축할 자산을 확보하는 데 집중하라.

부업, 아르바이트, 프리랜서 작업, 주말 근무가 자산 축적 속도를 한층 가속화해 줄 것이다. 하지만 목표 달성까지의 기간을 결정하는 핵심 요인은 당신의 지출이다. 당신을 행복하게 만들지 않는 것들에 대해선 지출을 모조리 줄여라. 인생을 즐기되, 쓸데없는 지출이 몇 시간 혹은 몇 주씩 행한 고된 노동을 무의미하게 만든다는 사실을 잊어선 안 된다. 당신에게 처음으로 진정한 기회들이 열릴 때까지, 밥벌이를 하지 않고도 온전히 1년을 살아갈 수 있을 때까지 절약하라.

이들을 달성하고 나면 당신은 나쁜 부채에서 완전히 해방되고 1년짜리 경제 활주로 역시 확보함으로써 지긋지긋한 근무 환경에서 벗어날 수 있는 자유와 유연성을 갖게 된다. 이제 다음번엔 어떤 도약으로 금전적 자유에 더 가까이 다가갈지 고민을 시작할 준비가 끝났다.

제2부

종잣돈 2,500만 원을
1억 원으로 늘리기

축하한다! 제로 혹은 마이너스 자산이던 사람이 현금 수천만 원과 1년짜리 경제 활주로를 구축하는 데 성공한 건 놀라운 성과다. 젊은 나이에 이를 달성하는 사람은 찾아보기 힘들다. 그래도 당신은 검소하고 저축에 중점을 둔 생활을 한 덕분에 1년 남짓한 시간에 목표를 이뤄냈다. 아주 인상적이다. 이제 한 번 더 도약할 때다. 순자산 2,500만 원에서 1억 원으로 나아가는 과정에서 실제로 차이를 만드는 요인들이 무엇인지 파악해야 한다. 경제 활주로를 3년, 5년, 심지어 10년짜리로 확장시키고, 남들과 다른 과감한 행동에 나설 때다. 즉, 부자가 될 시간인 것이다.

물론 꾸준히 아끼고 투자하면서 부자가 되는 것도 가능하다. 보통 수준의 임금을 받고, 이를 아껴 평균 수익을 내는 자산에 투자함으로써 금전적 자유에 천천히 다가가는 것이다. 중간 임금을 받고 자산이 전무하다시피한 사람이 아주 열심히 저축만 하면 10~15년 후에는 금전적 자유를 이룰 수 있을지 모른다. 하지만 그건 너무 늦다. 10년이 넘는 시간 동안 기껏해야 5억 원의 자산을 구축할까 말까 한 것이다. 이는 금전적 자유를 빠듯하게 이어갈 수 있는 최소 금액에 불과하다. 하지만 당신은 이보다 잘할 수 있다. 그것도 훨씬 더 말이다. 늘어날 수 있는 것들에 초점을 맞춰 노력한다면 위와 같은 결과를 수년씩 앞당길 수 있다.

여기서는 당신의 주택을 매달 갚아야 하는 부채에서 자산으로 전환시키는 방법에 대해 배울 것이다. 그리고 당신의 소득을 두 배, 심지어 세 배로 늘리는 방법도 배우게 될 것이다. 연간 7,500만 원의 자산을 창출하는 여건을 조성하는 비법 역시 터득할 수 있다.

자산을 늘리는 비법이 2부에서 등장한다면 1부는 대체 왜 있었던 거냐고 반문할지 모른다. 답변하자면 자산을 늘리는 활동의 기반이 되는 2,500만 원(혹은 1년짜리 경제 활주로)을 당신은 1부를 통해 마련할 수 있었다. 그 2,500만 원을 이용해 당신의 집을 수익 창출형 자산으로 바꿀 것이고, 그 2,500만 원을 이용해 소득을 점차 늘려 갈 것이다. 이제 그 방법을 알아보자.

제4장

●

최대 지출 항목을
수익 창출 자산으로 바꾸기

제2장에서 우리는 애버리지 조를 만나 보았다. 그의 지출을 분석한 뒤 집세로 가장 많은 돈이 나간다고 결론지었다. 앞에서 조에게 제시한 유일한 해결책은 좀 더 싼 집으로 이사하고 룸메이트를 구하라는 것이었다. 가엾은 조. 그 조언은 타당하기는 하지만 조가 처한 여건에만 적용되는 것이었다. 그의 경우, 집세에서 완전히 벗어날 수 있는 결정을 하고 싶어도 그럴 만한 여력이 없었기 때문이다.

하지만 더 이상은 아니다. 1부에서는 조가 종잣돈 2,500만 원을 언제든지 쓸 수 있는 현금 및 현금성 자산의 형태로 구축하는 법을 알려 주었다. 조는 습관처럼 저축하고, 부채도 성실하게 상환하는 등 지난 12~18개월간 일관성 있게 행동한 결과 가용 자산을 확보하고 높은 저축률 및 완벽한 신용을 갖게 되었다. 조는 이제 두 사람 살기에도 비좁은 집에서 나와 주택을 매입할 수 있다.

애버리지 조의
주택 딜레마

다시 한 번 애버리지 조를 소개한다. 애버리지 조는 연봉 5,000만 원을 받는 보통 직장인이지만 지금은 1부에서 제시한 전략을 실천한 덕분에 상당한 예금을 보유하고 있다. 최근엔 자신의 재정 상태를 꼼꼼히 분석하기 시작하면서 지출이 가장 큰 항목을 조절해 자산 구축을 도모하겠다는 현명한 결정도 내렸다. 그로서는 소득의 3분의 1씩이나 집세로 나가는 게 영 못마땅하고, 그 지출을 어떻게든 줄이고 싶은 마음뿐이다.

조는 살고 싶은 지역을 이미 정했다. 전문직 종사자이자 아직 젊은 그는 대도시의 온갖 신문물을 누릴 수 있고, 본인의 직장과 미래의 자녀들이 다닐 좋은 학교도 가까운 시내 중심부에 살고 싶다. 마침 그곳에서 그는 기회를 발견했다. 두 세대 주택 한 채가 부동산 시장에 나왔는데 심지어 매매와 임대 중 무엇이든 가능했던 것이다.

조는 유명 기업에서 스프레드시트를 활용해 비용과 지출을 예측하는 일을 한다. 그는 다른 어느 직장인도 하지 않을 일을 하기로 마음먹고 스프레드시트로 자신의 주택비용을 분석해 보기로 했다.

조의 재정 모델

조는 세 가지 다른 방식으로 재정적 영향을 분석해 보았다. 시내에서 가장 마음에 드는 구역의 두 세대 주택에 살 수 있는 세 가지 경우를 분석한 것이다. 그 과정에서 조는 이런 식의 분석이 집을 임대할지, 매입할지, 아니면 '사서 분할(주택을 매입한 뒤 공간의 일부를 타인에게 임대하는 방법)할지'를 고민하는 모든 이들에게 유용하다는 사실을 깨달았다. 그리고 각각의 경우에 드는 모든 비용, 임대료 및 다른 재정적 요인들을 빠짐없이 계산하기 위해 최선을 다했다. 그의 목표는 가장 선호하는 시내 구역에서 최저 비용으로 살 수 있는 방법을 찾아내는 것이다.

조는 다른 사람들도 쉽게 따라할 수 있도록 신중하게 스프레드시트를 작성해 나갔다.★ 심지어 그가 염두에 둔 두 세대 주택에만 한정되는 조건들은 모두 밝은 노란색으로 표시해서 이 스프레드시트를 다운 받아 쓰는 사람은 누구나 노란색 입력 값을 쉽게 변

★ 참고: https://www.biggerpockets.com/files/user/ScottTrench/file/house-hack-vs-buy-sfr-vs-rent

경할 수 있도록 만들었다. 그래야 조의 결론이 다른 사람들이 처한 상황에도 적용될 수 있는지 확인이 가능하다.

이 스프레드시트를 응용할 사람들은 조처럼 숫자를 가지고 노는 엑셀 전문가일 필요가 전혀 없다. 그저 노란색으로 표시된 숫자들을 변경할 수만 있으면 된다!

그럼 이제 이 사례 연구의 결론 및 조의 세 가지 선택들을 알아보자.

사례 ① ┃ 두 세대 주택에 세입자로 들어간다

조는 지금도 세입자인 만큼 이 같은 선택을 하면 집의 위치만 좀 좋아질 뿐 큰 변화는 생기지 않는다.

조의 임대 조건은 아래와 같다.

- 두 세대 주택의 매매가는 3억 원이다.
- 월세는 매매가의 1%에 불과하다.
- 조는 매매가의 0.5%(150만 원)만 월세로 내면 된다. 두 세대 중 한 세대만 사용하기 때문이다.
- 임대료는 3.4%의 물가 상승률에 따라 오른다.

이 경우, 조의 집세는 매달 150만 원, 그래서 첫 해에만 총 1,800만 원이 된다. 이 같은 여건에서 그는 결코 자산을 구축할 수 없는 한편 물가상승률과 함께 임대료도 오르는 만큼 시간이 흐를수록 주거비가 커질 것임은 계산해 보지 않아도 뻔하다. 이 전략대로 할 경우 조는 집을 매입하는 경우와 달리 가진 돈을 전부 쏟아부을 필요가 없고, 대신 남는 돈은 주식 시장에 투자하거나 원하는 대로 쓸 수 있다. 세입자로서 그의 재정 상황은 단기적으로는 유리한 면이 있으며, 첫해의 실제 주거비는 1,800만 원이다.

사례 ② | 두 세대 주택을 단독 주택으로 개조한다

조의 친구들과 동료들 중에는 최근 집을 산 사람이 많다. 그중 두 세대 주택의 한 세대만 매입하거나 작고 합리적인 아파트를 산 사람은 극히 드물다. 대부분 자신들의 형편에 얼추 맞는 집들 중에서 가장 넓고 좋은 단독 주택을 선택했다. 이따금 조는 그들이 실제로 감당할 수 있는 것보다 훨씬 좋은 집을 산 건 아닌지 의문이 들곤 한다.

조 역시 그들과 마찬가지로 가까스로 주택담보대출을 승인받아서 (그리고 감당해서) 넓고 훌륭한 단독 주택에 살 수 있다고 믿는다. 이 경우, 그는 두 세대 주택의 벽을 허물어서 여유 있는 단독 주택으로 개조할 것이다.

조의 단독주택 매입 시 조건은 아래와 같다.

- 두 세대 주택의 매매가는 3억 원이다.
- 매도인이 두 세대 주택을 단독 주택으로 개조하는 데 드는 모든 비용을 부담할 것이다(미국의 전형적인 고급 단독주택을

매입하는 경우와 똑같다고 생각하면 된다).

- 조는 연방주택관리국에 매입가의 최소 3.5%(1,050만 원)를 계약금으로 낼 것이다.
- 조의 30년 만기 주택담보대출은 고정 금리 3.5%다.
- 조의 연간 부동산세는 주택 가격의 1%다.
- 조의 연간 보험료는 주택 가격의 1.5%다.
- 조는 첫 대출 금액의 1%를 연방주택관리국에 주택담보대출 보험료로 매달 내야 한다.
- 주택 가격은 매년 3.4%의 물가상승률만큼 가치가 오를 것이다.
- 조는 자신의 주택을 유지하는 데 매달 평균 25만 원을 쓸 것이다.
- 단순화시키기 위해, 조는 자신의 분석 모델에서 표준 세금만 공제하고 금리나 다른 대출 비용은 적용하지 않을 것이다.

이 조건들을 분석하면서 조는 주택을 매입한 뒤 소유주로서 그 주택에 살 경우, 세입자로 들어가는 경우보다 훨씬 많은 돈이 필요하다는 사실을 깨달았다. 우선 1,050만 원을 내야 하고 주택담보대출, 세금, 보험료 및 유지비 명목으로 첫해에만 최소 2,900만 원이 들어간다. 주택 소유주로서 첫해에 나가는 경비가 무려 4,000만 원에 이르는 것이다.

하지만 이와 동시에 집값이 연 평균 1,020만 원씩 오를 테고,

약 560만 원씩 주택담보대출금을 갚아 나갈 테니 결과적으로 순자산이 늘어나는 이점을 누릴 수 있다. 뿐만 아니라 계약금으로 낸 1,050만 원은 '없어지는' 게 아니라 부동산 자산에 포함되는 것이다. 이런 사항들을 고려하여 그가 모든 경비를 감당하고 부동산 자산을 소유하게 될 경우 주택 소유주로서 (자산을 감안한) 실제 주거비는 1년에 약 1,340만 원으로 줄어든다.

사례 ③ ㅣ 두 세대 주택을 '분할'한다

조는 최근 다음과 같은 새로운 주거 방식에 대해 들었다. 재무 상황이 허락하는 선에서 가능한 한 많은 주택을 매입하되, (이 두 세대 주택처럼) 여러 세대가 거주할 수 있는 주택을 사서 본인은 그중 한 군데에 살고 다른 곳은 세를 놓는 것이다. 이른바 '주택 분할'이라는 이 방식에 흥미를 느낀 그는 실제로 어떤 효과가 있을지 계산기를 두드려 보기 전까지 알 수 없지만 주거비를 극적으로 낮출 수 있지 않을까 하는 막연한 희망을 품었다. 그가 매입 가능한 수준보다 더 좁은 공간으로 이사하는 걸 친구들과 동료들이 약간 이상하게 볼 수도 있는 만큼 이 방식을 선택할 경우 재정적 효과가 상당히 커야 할 것이라고 생각했다.

조가 주택을 '분할'할 때 조건은 아래와 같다.

- 사례 ②의 모든 조건들이 이 두 세대 주택에 적용된다.
- 조는 두 세대 주택에서 다른 한 세대의 월세로 연간 1,800만

원, 즉 매월 주택 가격의 0.5%를 벌어들일 것이다.

- 임대료는 물가상승률과 함께 매년 오를 것이다.
- 주택 소유주가 부담하는 관리비가 월 평균 25만 원이라면, 이 경우에는 세입자 관리로 인해 매달 10만 원이 더 나갈 것이다.
- 단순화시키기 위해, 조는 세놓는 공간에 대한 연간 감가상각의 혜택이 매입 시 내야 하는 양도소득세로 인해 상쇄된다는 사실을 인식하고 이 분석에 포함시키지 않았다(또한 그는 세금 정책이 계속해서 변하는 걸 알고 있기 때문에 알 수 없는 미래의 세금 정책과 관련된 결정을 내리는 건 능력 밖이라고 여겼다).

이런 조건들을 바탕으로 주택 분할 시 계약금과 첫해의 지출액을 포함해 4,083만 6,000원의 비용이 나갈 테지만, 이는 세입자가 지급하는 1,800만 원으로 충당할 수 있다고 조는 분석했다. 결국 내년에 (임대로 발생하는) 조의 총 현금 지출액은 2,283만 6,000원이 된다. 또, 주택을 매입한 만큼 집값이 1,020만 원씩 오르고, 대출 원금은 560만 8,000원씩 줄어드는 혜택도 누릴 수 있다. 게다가 1,050만 원의 계약금은 순수 지출로 계산되지 않는다. 그 결과, 주택을 분할했을 때 첫해 주거비는 마이너스 336만 8,000원이다(마이너스인 이유는 자산을 구축했기 때문이다!).

조의 결론

조의 분석 모델에 따르면, 주택을 분할해서 살면 불과 1년 만에, 세입자로 들어가는 경우보다 2,150만 원, 통째로 사는 경우보다 1,680만 원 더 많은 자산을 구축할 수 있다. 그의 연봉이 5,000만 원인 걸 고려하면 실로 엄청난 금액이다! 그가 소유주 겸 세입자로서 다른 세입자를 관리하는 데 월 5시간씩 투자한다고 가정하면(이는 아주 보수적인 수치로, 대부분의 집주인들은 매달 주택 관리에 훨씬 적은 시간을 투자한다) 무려 30만 원의 시급을 받는 셈인 것이다. 조는 본인이 전설의 재정 전문가이자 엑셀 천재임에도 시급을 이렇게 많이 주는 직장이 있다는 얘기는 들어 본 적이 없다.

주택 분할 결정이 장기적 관점에서 그의 자산 구축에 미치는 영향을 직접 볼 수 있도록 조는 이 세 가지 방안이 그의 순자산에 미치는 영향을 그래프로 구성해 보았다. 조가 작성한 옆 페이지의 그래프를 보라.

조의 그래프대로라면 주택 분할 결정이 30년에 걸쳐 조의 재정에 미치는 영향은 실로 믿을 수 없을 정도다. 주택을 분할해 세를 놓고 살면 세입자로 살 때보다 15억 원, 동일 가격대의 단독주택을 매입하는 것보다 8억 5,000만 원 더 많은 자산을 쌓게 된다. 그렇다. 제2장에서 논의한 대로 대부분의 사람들이 '고정' 비용으로 간주하는 주택의 경우, *자산을 잃지 않는 게 곧 자산을 구축하는 셈이다.*

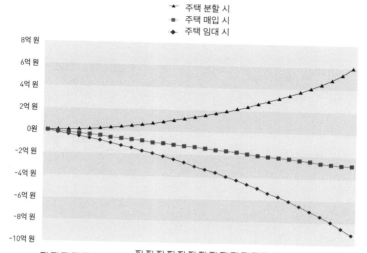

30년간 순자산에 미치는 영향

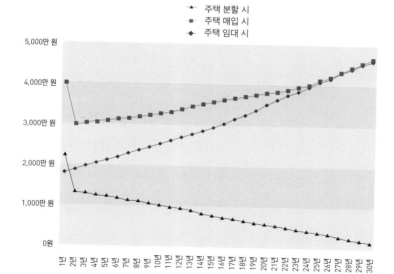

향후 30년간의 현금 지출

흥미롭게도 조는 주택을 매입하는 게 투자 손실이라고 주장한다. 미국인들 대부분의 생각과는 정반대다. 실제로 이런 시나리오에서 주택을 소유하는 건 임대하는 것보다 덜 나쁜 수준에 지나지 않는다. 그럼에도 그럴듯한 단독주택에 산다는 사실만으로 조는 30년에 걸쳐 무려 3억 원을 잃게 될 것이다. 게다가 그의 현금 지출액을 보라! 그의 통장 잔고는 향후 25년간 계속 집세만 내는 경우보다도 (가용 현금은 더 적고, 주택 자산에 묶인 돈은 더 많아) 사정이 훨씬 나쁠 것이다! 아무리 그래도 결론은 분명하다. 주택 분할은 비교도 안 될 만큼 재정적으로 훨씬 많은 이득을 선사한다.

주택 분할 비용

조는 꽤 똑똑한 사람이라 주택 분할의 실제 비용을 빠트리지 않고 계산해 보았다. 그는 세입자가 되거나 단독주택을 매입할 때와 달리 분할 주택을 사면 세입자와 관련한 문제들을 차단하고, 관리하며, 해결해야 한다는 걸 알고 있다. 또한, 소유주로서뿐 아니라 세입자로서도 주택을 유지 및 관리해야 함을 잘 안다. 이는 순수 세입자로서 집주인에게 모든 걸 맡기는 것보다 훨씬 불편한 일이다. 심지어 임대 자산을 매매할 때는 세금도 물어야 하기 때문에 수익의 일부를 깎아먹을 수밖에 없다. 마지막으로 그는 분할 주택에 살면 (두 세대 중 한 세대만 사용할 것이므로) 가용 면적이 두 배인 단독 주택에 사는 것보다 좀 더 구차할 수 있다는 사실도 받아들였다.

조는 이런 비용들이 맘에 걸리지 않을 수 없었지만 감수하기로 했다. 분할 주택을 관리하는 게 여느 집주인이나 부동산 관리인보다는 훨씬 수월하다는 사실을 알고 있기 때문이다. 실제로 그들은 임대 자산 관리를 위해 온갖 장비를 차에 싣고 운전해 가야 하지만 자신의 경우에는 세입자들이 바로 옆에 살고 있다.

또한 그는 주택 소유로 발생하는 여러 가지 의무들을 받아들이기로 했다. 미국에서 주택을 가진 7,500만 명의 소유주 대부분이 하는 일을 할 뿐이라고 스스로를 설득한 것이다. 마지막으로 주거 공간은 우선순위를 어디에 두느냐의 문제다. 남는 한 세대에서 매달 150만 원의 임대료가 나올 테고 이는 미국 평균 월세의 두 배나 되는 금액이다. 게다가 그는 가장 좋아하는 도시의 가장 좋아하는 구역에서 쾌적하게 살 수 있다. 호화롭게 사는 대신 쾌적하게 사는 데 만족하면 향후 30년간 잠자는 동안 새어 나갈 뻔했던 8억 5,000만 원을 지킬 수 있다.

조의 다음 단계

분별 있는 재정 분석가 조는 좋은 투자처를 알아보는 식견을 갖추고 있다. 그래서 주식 시장, 뮤추얼 펀드, 퇴직 연금 계좌 등 시시한 투자 아이템에는 더 이상 기웃대지 않는다. 수익률 200% 달성이 가능한 것이다! 결국 조 같은 재정 전문가는 1,000만 원을 투자하면 200%의 수익률이 발생해 2,000만 원의 자산 증가를 기대한다고 생각하면 된다.

사실, 조가 재정에 문외한이라면 자산을 관리하는 것보다 승률 좋은 주식을 선별하는 데 더 많은 시간을 투자할 것이다. 하지만 조의 자산을 획기적으로 늘리는 데 조금이라도 기여할 수 있는 건 주택 분할 이외에는 없다는 게 자명하다.

조는 주택을 분할할 것이다. 당신이라면 어떻게 하겠는가?

다른 고려 사항

조는 혹시나 하는 마음에 또 다른 퍼즐 조각까지 분석에 대입해 보았다. 앞에서 살펴본 바와 같이 세입자로 혹은 주택을 분할해서 사는 게 단독주택에 사는 것보다 주거비가 덜 드는 만큼 앞의 두 경우엔 남는 현금을 주식 시장 등의 다른 아이템에 투자할 수 있다. 그래서 조는 주택을 매입한 첫해에 현금 부족으로 발생할 수 있는 기회비용을 분석해 보았다.

단독주택 매입자가 손에 쥐고 있는 현금을 장기 수익률 10%의 주식 시장에 몽땅 투자한다고 가정하면 결과는 아주 흥미로운 방식으로 달라진다. 사실 현금 보유량을 놓고 봤을 때 세입자가 주택 소유주보다 우위에 있는 만큼 주식 시장에 투자할 현금도 더 많다. 이 때문에 세입자, 주택 분할자, 단독주택 소유주 간의 실제 자산 차액은 줄어들뿐더러 주택 매입으로 발생하는 거래 비용을 고려하면 중단기적으로는 세를 사는 게 더 유리할 수 있다. 주택을 소유할 경우 대부분의 자산이 집값으로 묶이는 만큼 가용 자산이 최소 금액으로 떨어지며, 이는 투자 기회 상실로 이어져 주택

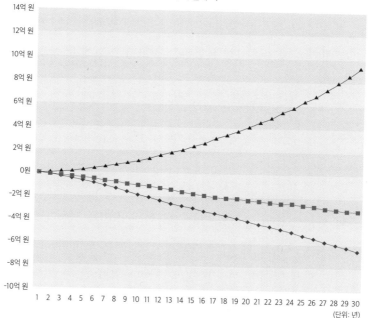

Legend:
- ▲ 주택 분할 시
- ■ 주택 매입 시
- ◆ 주택 임대 시

Y축: 14억 원, 12억 원, 10억 원, 8억 원, 6억 원, 4억 원, 2억 원, 0원, -2억 원, -4억 원, -6억 원, -8억 원, -10억 원

X축: 1 2 3 4 5 6 7 8 9 10 11 12 13 14 15 16 17 18 19 20 21 22 23 24 25 26 27 28 29 30

(단위: 년)

현금 재투자를 통해 30년간 얻을 수 있는 순자산

매입의 이점을 더 무색하게 만든다.

주택을 분할하면 시간이 흐를수록 현금 지출이 최저로 줄어드는 만큼(계약금 1,050만 원 때문에 첫해 지출액만 세입자가 더 적다), 남는 돈을 다른 아이템에 투자해 장기 수익률이 갈수록 높아지는 걸 경험할 수 있다. 이런 식으로 계산한 차이를 위의 도표를 통해 보면 앞서 내린 결론이 맞다는 사실을 다시 한 번 확인할 수 있다.

주택 분할 시의 수익률이 세를 사는 경우보다 낮은 환경도 극히 드물지만 존재하기는 한다. 집값이 가장 비싼 몇 개 도시에서는 중위 임금을 버는 근로자들이 주택을 매입하는 것 자체가 불가능하다. 또한 아주 특수한 환경에서는 단독주택을 매입하는 게 비슷한 가격대의 주택을 매입해 분할하는 것보다 재정에 더 도움이 될 수도 있다.

결론

주택 분할은 중위 임금을 벌고 전형적인 소비를 하는 근로자들이 자산을 구축하는 데 결코 빠트려선 안 되는 단계다. 1부에서 당신이 그렇게 열심히 저축한 것도 주택 분할을 할 수 있는 여건을 마련하기 위해서였다. 주택 분할은 생활 속에서 가장 큰 지출 항목을 제거하고, 자산을 파괴하는 대신 창출할 수 있는 강력한 방법이다. 단, 완벽한 신용, 예기치 못한 상황에도 대처할 수 있는 여분의 현금, 그리고 세입자나 룸메이트의 지원이 없는 달에도 버틸 수 있는 높은 저축률이 뒷받침됐을 때 주택 분할을 훨씬 쉽게 실행할 수 있다. 1부를 절대 그냥 넘겨선 안 된다. 한 번에 한 단계씩 재정적 기반을 차근차근 다져 나가도록 하자.

제5장
•
주택 결정이
재정 상황에 미치는 영향

수많은 미국인들에게 주택은 최대의 지출 항목이다. 앞에서 우리는 중위 임금을 벌고 예금은 1,050만 원에 불과한 사람이 주택 관련 지출을 완전히 없애고 오히려 주택을 이용해 자산을 구축하는 방법에 대해 알아보았다. 금전적 자유의 조기 달성을 원하는 보통 직장인들에게 재정적으로 이보다 더 큰 성과를 이루게 해줄 수 있는 결정은 찾아보기 힘들다. 주택 분할에 실패한 이들이 있다면 평범한 직장인으로서 부자가 될 수 있는 가장 강력한 도구를 놓친 셈이다.

하지만 개인적 상황 때문에, 혹은 금전적 자유의 조기 달성보다 훨씬 중요한 단기 목표 때문에 주택 분할을 할 수 없는 이들도 있기 마련이다. 따라서 이번 장의 목표는 주택을 매입할 수 있는 여러 가지 형태들과 각각이 금전적 자유의 조기 달성에 미치는 영향을 살펴보는 것이다.

　보통 사람들이 처음 내 집을 마련할 수 있는 방법은 보통 다섯 가지가 있으며, 방법에 따라 단기 혹은 장기적으로 재정 상황에 미치는 영향도 달라진다.

첫 내 집 마련을 위한
다섯 가지 방법 및 재정적 영향

방법 ❶ | 호화 주택 매입하기

　첫 번째 방법은 당신의 형편이 허락하는 범위 내에서 가장 비싼 집을 매입하는 것이다. 이렇게 가능한 한 최고의 지역에 위치한 최고급 주택을 사들이면 재정적 한계에 도달할 수밖에 없다. 따라서 이는 내 집을 마련하는 가장 파괴적인 방법이지만 안타깝게도 가장 빈번히 시행되는 방법이기도 하다.

　27살 샐리는 젊고 성실한 전문직 여성으로 연봉이 무려 8,000만 원에 육박한다. 그녀는 지금까지 모아 온 2,500만 원을 선금으로 지급하고 대규모 경기장 바로 옆에 위치한 데다 조망도 좋은 고급 아파트 한 채를 매입했다. 시내에서 수요가 가장 높은 구역에 있는 만큼 좋은 투자처라고 판단했던 것이다. 게다가 이런 형태의 자산은 '언제나 가치가 오르게 돼 있다!' 샐리는 친구들을 모두 초대해 집들이 파티를 아주 성대하게 열었다.

3년 후, 그녀는 아파트 값이 아주 조금밖에 오르지 않았고, 그래서 세입자 신분일 때 다녔던 초호화 여행을 더 이상 감당할 여력이 없다는 사실을 깨달았다. 뿐만 아니라 이제는 지금까지 그래온 것처럼 1~2년마다 더 좋은 차로 바꿔서도 안 되고, 가장 좋아하는 레스토랑에 빈번히 드나들어서도 안 된다. 주택담보대출금을 갚기도 벅찬데 주택소유주연합 수수료도 계속 오르니 일상의 다른 영역들에서 희생하는 수밖에 없는 것이다. 한편, 그녀의 아파트보다 훨씬 수요가 많은 곳에 최근 새로운 아파트 단지가 들어섰다. 이제 친구들도 그녀의 집보다는 신축한 고급 아파트에 있는 다른 친구의 집에 가는 걸 선호한다.

34살 동갑내기 부부인 톰과 낸시는 어린 아들이 한 명 있고 현재 딸을 임신 중이다. 부부의 연봉은 둘이 합쳐 1억 3,000만 원이고 시내 최고의 학군에 위치한 주택을 6억 5,000만 원에 매입했다. 계약금으로 퇴직 자금을 제외한 두 사람의 예금을 몽땅 사용했고, 그래도 부족한 금액은 낸시 부친의 도움을 받았다. 그들은 '인근에 상당히 좋은 학교가 있고 훌륭한 조망까지 갖췄으니' 투자를 잘했다고 확신했다.

몇 년 후, 톰과 낸시는 마침내 약간의 돈을 모을 수 있게 되었다. 그동안 꽤 힘들었다. 주택을 보유하고 유지하는 건 생각보다 훨씬 힘든데 집값은 또 생각만큼 오르지 않아서 다시는 돈을 모을 수 없을 것만 같다. 결국 앞으로도 2~3년은 더 이 집에 살 수밖에 없다. 최근 톰은 지금보다 훨씬 높은 연봉을 주는 데다 톰과 낸시의 부모님 댁과도 훨씬 가까운 도시에 위치한 일자리를 제안받았다. 하지만 불행히도 그 도시에는 낸시에게 지금 받는 만큼 주겠다는 일자리가 없어서 제안을 거절할 수밖에 없었다. 게다가 지금으로선 집을 팔 수 없기 때문에 이사 자체도 불가능하다. 낸시가 일을 그만두고 육아에 전념하고 싶은 마음도 있는 걸 고려하면 더더욱 안타까운 일이다.

톰에게 이런 기회가 다시 올지 누가 알겠는가?

모두가 이런 인생을 꿈꾼다. 열심히 공부하고 좋은 곳에 취직해서 결혼한 뒤 돈을 모아 언덕 위에 있는 하얀 팻말이 꽂힌 집을 사고, 그 구역에서 가장 좋은 학교에 아이들을 보내는 삶 말이다. 하지만 불행히도 이는 '아메리칸드림'이라는 중산층의 무덤으로 가는 지름길이다. 첫 집을 이런 식으로 장만하면 다음과 같은 재정적 선택에 직면하게 된다.

- 퇴직 자금을 제외한 모든 예금을 집에 투자한다.
- 친구들이나 가족들에게서 계약금을 빌린다.

- 세후 임금의 3분의 1이 넘는 금액을 주택담보대출을 갚는 데 사용한다.

이런 사람은 다음과 같은 근거를 들어 자신의 선택을 옹호한다.

- 좋은 구역에 살 수 있다.
- 아이들을 최고의 학교에 보낼 수 있다.
- 중심부에 위치해 고속도로 및 시내 이용이 용이하다.

사람들이 이런 유형의 주택이나 아파트를 매입하는 이유는 근사한 집들이를 열어서 부러워하는 친구들과 동료들을 바라보며 흐뭇한 미소를 지을 수 있기 때문이다. 사람들은 이런 유형의 집을 장만하는 사람들이야말로 제대로 살고 있다고 믿는다. 그렇다면 이게 최악의 계획인 이유는 무엇일까?

사람들이 재정적 한계에 도달하면서까지 집을 장만할 때에는 다른 모든 걸 희생할 수밖에 없다. 사실 주택담보대출을 받는 순간 인생에서 맞닥뜨릴 수 있는 다른 모든 *재정적 기회*를 날려버리게 된다. 이 선택이 불러올 몇 가지 결과를 살펴보자.

- 당신의 커리어: 당신은 하루 중 가장 많은 시간, 일주일 중 가장 많은 나날, 1년 중 가장 많은 주, 인생의 가장 많은 해를 보내는 곳이 어딘지 아는가? 그렇다, 바로 직장이다. 집

을 장만하느라 재정적으로 무리하다 보면 커리어와 관련해 유연한 결정을 내릴 수 없게 된다. 대신 가능한 방안은 딱 두 가지다. 하나는 현재 직장에 머물든가 같은 도시에 위치해 있으면서 지금과 가장 비슷한 연봉을 주는 직장으로 옮기는 것, 또 다른 하나는 엄청난 연봉 인상이나 거액의 계약금을 제안하는 곳으로 이직하는 것이다.

- 재정적 여건의 안정성: 대출을 받기 위해 있는 돈을 탈탈 털어 썼다면 연봉 인상이 이루어지지 않는 한 하루 벌어 하루 살면서 현재 상태를 겨우 유지만 할 수 있다. 게다가 부동산 소유주로서 예기치 못한 유지비가 수시로 발생할 텐데 여분의 돈이 없다면 이런 비용이 재앙이 될 수 있다.
- 문화·여가 비용: 재정적 한계에 도달하면서까지 고급 주택을 매입할 경우 보유 현금은 바닥나고 매달 갚아야 할 돈은 늘어나는 만큼 외식, 휴가, 신차 등의 호사는 포기해야 한다.
- 휴식 시간: 지금까지 설명한 재정적 이유들에 더해 세입자 신분일 때보다 더 많은 시간을 들여 집을 관리해야 한다는 사실 때문에 휴식 시간은 줄어들 수밖에 없다. 이런 상황에서는 집 관리를 전문 업체에 맡길 여력도 없다.

호화 주택의 매입으로 초래되는 결과가 이렇게 명백한데도 사람들은 매번 같은 선택을 한다. 지금까지 설명한 악영향들은 고의적으로 무시한 채 이 같은 매입을 감행함으로써 지역 시장의 부동산 시세에 좌우돼 장기적으로 취약할 수밖에 없는 처지에 스스로를 가두는 것이다.

뿐만 아니라 시내의 터무니없이 비싼 구역을 벗어나 다른 구역에 있는 '합리적 가격'의 주택을 매입했다고 해서 *당신의 여건에 맞는* 합리적인 선택을 한 건 아니라는 사실을 기억해야 한다. 당신이 최대 3억 원까지 어떻게든 마련할 수 있다고 해서 이런 식으로 3억 원짜리 주택을 매입하는 건 실수다. 결국엔 무리해서 7억 5,0000만 원짜리 집을 산 사람과 경제적으로 동일한 대가를 치르게 될 테니 말이다.

이런 식으로 집을 장만하는 건 금전적 자유의 조기 달성을 원하는 사람이라면 피해야 할 가장 바보 같은 실수 중 하나다. 이와 관련해 특히 답답한 건 이런 결정을 하는 사람들은 자존심이 무척 세서 집값이 오를 때마다 사실은 무모하기 짝이 없었던 결정에 대해 자랑을 늘어놓기 바쁘다는 사실이다. 그들은 자신이 그저 운이 좋았다는 사실을 결코 인정하지 않는다! 물론 그들도 위에서 말한 대가들을 치르고 애초에 예상했던 것보다 더 열심히 일해야 했던 끝에 부동산 덕분에 가만히 앉아서 수익을 올릴 수 있게 된 것인데 말이다.

문제는 호화 주택 매입은 집값이 빠르게 오르거나 매입한 지 얼마 지나지 않아 더 많은 수익을 올렸을 때에만 긍정적 효과를 볼 수 있다는 사실이다. 게다가 부동산 시장이 전체적으로 호황을 맞더라도 더 똑똑하게 주택을 매입했으면 재정 상태를 훨씬 탄탄하게 다질 수 있었을 것이다. 불행히도 시세가 아주 완만하게 오르거나 심지어 하락하면 무리해서 호화 주택을 산 사람은 빠져나올 도리가 없게 된다.

요약하자면 있는 돈을 탈탈 털어 고급 주거지를 마련하는 건 바보 같은 짓이요, 향후 원하는 선택을 할 수 있는 능력을 상당 부분 훼손시키는, 하지만 예방 가능한 실수다. 이처럼 알면서도 미래의 발전 기회를 포기하는 선택을 한다면 그렇게 만든 부동산은 놀라울 정도로 훌륭해야 할 것이다. 그런 부동산을 매입한다는 건 앞으로 5~10년간은 돈과 관련된 다른 모든 영역에서 기꺼이 희생하겠다는 의미임을 알아야 한다.

금전적 자유를 일찌감치 달성하고 싶다면 가장 비싼 구역의 가장 비싼 부동산을 첫 집으로 매입해선 안 된다. 스스로를 주택담보대출에, 그리고 미래의 가능성을 제한하는 위치에 가두지 마라. 가까운 미래에 어떤 일이 펼쳐질지는 결코 알 수 없으며 재정적으로 심각한 타격을 입지 않고 이사할 수 있다는 건 상당한 이점이다. 그러니 당신에게 무한한 선택의 가능성을 열어 줄 수 있는 집을 매입도록 하라.

방법 ❷ | 합리적인 가격의 주택 매입하기

자신의 재정 여건에서 얼마든지 감당할 수 있는 금액대의 주택을 매입하는 방법이다. '집을 살 때가 된 것 같아', 혹은 '집세 내는데 지쳤어'라고 느낄 때 이런 식으로 집을 사는 경우가 많다. 물론 가장 비싼 부동산을 매입하는 데 비해서는 돈이 적게 들겠지만 이 방식 역시 부동산 시장의 향방에 따라 운명이 좌우되는 만큼 금전적 자유의 조기 달성이 불필요하게 늦어질 수 있다.

오래전부터 직접 돈을 관리해 온 제프는 집세 내는 데 진저리가 났다. 4년간 성실하게 일해서 3,500만 원의 종잣돈을 모았으니 이제 그중 2,000만 원을 보태 시내의 고급 아파트를 장만하기로 했다. 대출을 이용하면 4억 원까지 마련할 수 있겠지만 3억 이내의 부동산이 마음도 편하고 돈 모으는 데에도 유리하다고 판단했다. 그 주택으로 이사하고 몇 년 후, 제프는 멋진 여성을 만나 결혼을 결심하고 그녀의 고향에 신접살림을 차리기로 했다. 그래서 약간의 수익이 남는 금액에 주택을 팔고 새로운 도시에서 새 인생을 시작했다.

결혼할 준비가 된 애비와 자레드는 새 집을 사서 이사하기로 했다. 그들은 둘이 합쳐 연 1억 2,000만 원을 벌고 그중 5,000만 원을 저축한다. 대출 기관에서는 7억 원 상당의 부동산 매입도 가능하다고 했지만 그들은 4억 원 선에서 합리적인 선택을 하기로 했다. 최고 학군에서 살지는 못하겠지만 좀 더 싼 집에 살아야 돈을 더 많이 모을 수 있고, 인근에 적합한 학교가 없더라도, 아직 아이가 태어나지도 않은 데다 아이가 취학 연령이 됐을 때 이사해도 된다고 판단한 것이다. 몇 년 후, 애비와 자레드는 예기치 않게 세쌍둥이를 갖는 바람에 그들이 매입한 주택에서는 더 이상 살 수 없게 되었다. 결국 수익을 전혀 내지 못한 채 집을 팔았고, 갑자기 많아진 새 가족들을 위해 좀 더 넓고 침실도 많은 주택을 매입했다.

재정 상황을 파악하기 위해 계산기를 두드려 보거나 장기적으로 구체적인 계획을 세운 적은 없지만, 신중한 사람들은 이런 방식으로 주택을 마련하는 경우가 많다. 이들은 앞서 소개한 첫 번째 방식으로 호화 주택을 장만하는 사람들에 비하면 더 큰 유연성을 갖고 인생의 중대 결정들을 내릴 수 있다. 그런데 재정적 한계에 도달한 이들보다는 압박이 훨씬 적다고 해도 이들 역시 앞서 나가지 못하기는 마찬가지다. 거액의 돈을 계약금으로 내고, 주택담보대출을 받아야 할 뿐 아니라 주택 관리까지 해야 하니 말이다. 하지만 합리적 가격의 주택을 매입한 이들은 부동산 가격이 하락하거나 제자리걸음을 하더라도 크게 손해 볼 일은 없다. 빠져나갈 방법들이 존재하는 건 물론, 재정적으로 아직 여유가 있는 만큼 삶의 다른 영역들에서도 유연성을 유지할 수 있다.

금전적 자유의 조기 달성을 꿈꾸는 이들에게는 형편에 맞는 합리적 가격의 주택을 매입하는 게 초호화 부동산을 사는 것보다 훨씬 승산 있는 게임이다. 그 집에서 오래 산다고 가정하면, 동일한 주택을 임대하는 경우보다 소유할 경우 좀 더 앞서나갈 수 있다. 하지만 '형편에 맞다'는 건 상대적인 개념이다. 연간 2억 5,000만 원을 버는 사람은 7억 5,000만 원이 충분히 감당할 수 있는 예산이라고 생각할 수 있다. 이에 비해 연봉이 5,000만 원인 사람에게는 3억 5,000만 원도 벅차게 느껴질 수 있다. 부동산 매입 자금을 얼마든지 마련할 수 있고, 여러 문제들을 처리할 현금도 충분한지를 결정하는 건 당신이다.

방법 ❸ | 똑똑하게 내 집 마련하기

이번엔 아주 저렴한 부동산을 매입하는 방법으로 향후 발생할 수 있는 다양한 문제들에 대비해 탈출 전략을 마련하는 것도 포함돼 있다. 똑똑한 사람들은 혼자서 얼마든지 감당할 수 있고 매입 후에도 수중에 돈이 많이 남는 부동산을 구입한다. 게다가 갑작스레 이사 가야 하는 일이 생기면 팔지는 못하더라도 임대는 할 수 있는 집을 선택한다.

앤지는 돈에 있어서는 언제나 신중했다. 저렴한 차를 몰고 다니고, 성실하게 일해 연봉 6,000만 원을 받는다. 매달 내는 집세가 아까워진 그녀는 집의 위치나 크기가 지금보다 못해지더라도 집세로 나가는 비용을 없애고 갈수록 집값이 오를 만한 부동산을 매입하기로 했다. 몇 달에 걸쳐 투자자들, 부동산 중개인들, 같은 지역의 주택 소유주들을 조사하고 함께 논의해서 조건에 맞는 동네를 몇 개 선정한 뒤 자신의 경제적 능력으로 얼마든지 감당할 수 있는 물건이 나오기를 참을성 있게 기다렸다.

혹시 이사 갈 일이 생기면 임대가 가능해야 하는 만큼 주택담보
대출금을 갚을 수 있는 금액대의 집세가 나올 만한 주택들을 보
고 다닌 끝에 적당한 주택을 매입했다.

2년 후, 승진한 앤지는 2년간 유럽 파견 근무 발령을 받았다.
그래서 살던 집은 세를 놓고 주택 관리인을 고용한 뒤 커리어를
쌓기 위해 해외로 나갔다. 귀국했을 때 그녀는 지난 2년간 월세
로 적지 않은 자산이 쌓였을 뿐 아니라 동네 부동산 시장의 인
기가 높아지면서 보유 주택의 가격도 상당히 올랐다는 사실을
알게 되었다. 이제 그녀는 '살던 집으로 다시 들어갈지', '임대를
유지해 계속 집세를 벌지', 아니면 '집을 팔아서 집값 인상분을
현금화할지'라는 무엇을 선택해도 아쉬울 게 없는 세 가지 방안
사이에서 행복한 고민을 하고 있다.

이 방법을 선택하는 이들은 첫 번째나 두 번째 경우의 사람들에
비해 더 똑똑하고 창의적으로 주택을 매입한다. 이런 방식의 주
택 매입을 고민하는 이들은 재정적 결정의 중대성에 걸맞은 시간
과 노력을 들여 사전 조사를 한다. 그뿐 아니라 다음 단계에 대한
고민도 충분히 한 이후에 최종 의사 결정을 내린다. 이들은 이 동
네에서 최소 몇 년은 살 거라고 계획하지만 마음은 언제든지 변할
수 있다는 사실도 염두에 둔다.

이들은 세 가지 완벽한 조건을 갖춘 주택을 찾기 위해 애쓴다.
즉, 행복하게 살 수 있고, 집세로 주택담보대출금을 갚을 수 있으

며, 언젠가는 이득을 보고 팔 수 있는 집이어야 한다는 것이다. 이들은 경제적으로 무리해서 최고로 비싼 주택을 매입한 뒤 집값이 오르기만 기다리고 있지도, 가만히 앉아서 합리적이고 알뜰한 거래가 성사되기만 바라고 있지도 않는다. 직접 발로 뛰면서 오늘 그리고 미래에도 수익을 창출할 수 있는 재정적 결정을 내린다.

이 방법을 실천하는 사람은 자신이 사려는 지역의 부동산 시장을 완벽히 파악하고, 임대와 매입 중 뭐가 더 유리한지 잘 알고 있으며, 직접 들어가 몇 년간 살다 예기치 못한 일이 생기면 매매나 임대를 하겠다는 비상 계획도 갖고 있다.

이는 부동산을 매입하는 합리적이고 영리한 방법이다. 위의 모든 고민 과정을 거쳐 집을 산다면 재정적으로 과도한 스트레스를 받는 일 없이 커리어와 인생에 몰두할 수 있을 것이다.

하지만 여기에도 근본적인 문제가 존재한다. 내 집을 처음 장만하는 방법으로는 흠 잡을 데 없지만 선택한 지역의 부동산 가치가 오를 때에만 투자 수익을 올릴 수 있다. 결국 자신의 의지만으로 어떻게 할 수 있는 문제가 아닌 것이다.

금전적 자유의 조기 달성을 원하는 사람은 이 방법이야말로 지금까지 제시된 것들 중 처음으로 실행할 만하다고 여길 것이다. 초호화 주택이나 일반 주택은 둘 다 소유주의 재정 상황에 별 도움이 되지 못하며, 집값이 오를 가능성도 희박하고 선택의 자유도 앗아가는 부동산에 거액의 자산을 묶어 두기만 한다. 그럼에도 이 같은 사실을 제대로 알고 있는 사람은 찾아보기 힘들며, 대부분은 오히려 시내 노른자 땅에 위치한 고급 주택을 사는 게 영리한 선택이라고 믿는다. 그들은 자신들의 주택을 '자산'으로 여긴다. 하지만 수익이 창출되거나 가격 인상이 확실시되지 않는 한 주택은 자산이 아니다.

방법 ❹ | 입주 개조를 목적으로 주택 매입하기

이번엔 '부가가치'를 창출할 기회(라고 쓰고 '고칠게 많은'이라고 읽는다)가 많은 부동산을 매입하는 방법이다. 즉, 절망적일 정도로 낙후한 주택에 입주해 손수 완벽한 상태로 바꿔 놓는 것이다. 그렇게 달라진 주택은 비싼 값에 매매를 할 수도 있고, 세를 놓아 수익을 올릴 수도 있으며, 둘 다 싫으면 헐값에 장만한 호화 주택을 맘껏 누리며 살 수도 있다.

애슐리와 남편은 좋은 직장에서 성실히 일한다. 그들은 주택이 보편적인 투자 대상은 아니지만 그와 상관없이 가치를 창출하길 원한다. 그래서 2~3년마다 위치는 좋아도 시설은 낙후한 부동산을 매입해 입주한 뒤 평일 밤과 주말을 이용해 짬짬이 수리를 한다. 그렇게 첫해를 보내고 나면 흉물스럽기 짝이 없던 구조물이 근사한 주택으로 변신한다. 부부는 역시 수작업으로 마무리까지 완료해 새 집이 된 주택을 다른 사람에게 매매하고 또다시 다 쓰러져 가는 부동산으로 이사한다.

애슐리와 남편은 직접 개조한 주택을 대개 비과세로 매매해 수억 원의 부가 가치를 창출한다. 그렇게 얻은 수익의 일부로 다른 부동산을 매입하기도 하고, 또 그동안 원하던 걸 이루기도 한다. 마치 평일 밤과 주말을 통째로 주택 수리에 바친 대가로 상여금을 받는 것 같다. 이런 식으로 주택 매매를 두세 번 정도 진행하자 부부의 통장엔 5억 원이라는 돈이 쌓여 노후 자금이 안정적으로 확보되었다.

이 같은 전략은 일명 '입주 개조'로 일컬어진다. 이 전략의 단점은 매입자가 실제로 그곳에 살면서 시설물을 직접 고치거나 아니면 전문 업체에 수리를 맡겨야 한다는 것이다. 즉, 부가 가치를 위해 품을, 그것도 이따금 많이, 들여야만 한다.

물론 장점은 지역 부동산 시장의 가치가 매입자의 수익 창출 여부를 오롯이 결정하지 않는다는 사실이다. 모든 수리가 완료된 후 주택의 가치가 얼마나 오를지 예상할 수 있다면 매입자는 위험 부담은 적게 안고 큰 수익을 기대하며 매매에 나설 수 있다. 매입자의 편의에 따라 주택 개조에 시간을 적게 들일 수도, 많이 들일 수도 있다는 장점 또한 존재한다. 단, 아무리 당장 수리에 들어가는 집이라고 해도 개조 기간 동안 웬만큼 편안하게 살 수준은 되어야 할 것이다.

게다가 이처럼 개조 주택 매매로 발생한 자본 수익에는 대체로 세금이 붙지 않는다. 1997년의 납세자 조세 감면법Taxpayer Relief Act 이 이렇게 훌륭한 구멍을 만들어 준 덕분에 이 전략은 상당한 강점을 갖게 되었다.

이 같은 방식으로 부동산을 매입하는 건 주어진 상황에서 가치를 창출하고, 자기 손으로 비과세 자산을 만들어 내며, 건축법 및 주택 기본 관리법도 배울 수 있는 데다 불과 몇 년 안에 재정적으로 강력한 보상을 받을 수 있는 완벽한 방법이다. 비록 매입 시점에는 멋진 집들이를 할 수 없더라도 1년 후 근사하게 변신한 집을 자랑할 수 있다면 훨씬 뿌듯할 것이다!

방법 ❺ | 분할 주택 매입하기

주택 분할은 처음 혹은 두 번째로 부동산을 장만할 때 가장 많은 이득을 볼 수 있는 방법으로, 즉시 임대가 가능한 투자형 부동산을 매입해서 본인은 그중 한 세대 혹은 한 침실에 사는 것이다. 소유주는 드는 돈 전혀 없이 혹은 아주 저렴하게 살면서 집세를 받아 주택담보대출금을 갚아 나갈 수 있다. 누군가의 주거비를 자산 창출 도구로 활용하는 셈이다.

20대의 미혼 남성 가레트는 집세로 나가는 돈이 제일 많다는 사실을 깨닫고 이제 세 살이는 그만두기로 결심했다. 신중하게 검토한 결과 신도시에 위치한 부동산 중 수리는 좀 필요하지만 자신의 경제력으로 감당할 수 있는 두 세대 주택을 발견했다. 꽤 합리적인 조건에 계약을 하고 그중 한 세대에 입주해 수리를 시작했다. 친구들 중 이 부동산을 매입한 걸 반겨 주는 이가 아무도 없어서 집들이도 조촐하게 치렀다. 몇 달 후, 그는 두 세대 주택의 다른 세대를 엄선한 세입자에게 임대했고, 그들의 집세로 주택담보대출금을 갚아 나갔다.

덕분에 가레트는 세입자 입장의 동료들에게는 여전히 최대 지출 항목인 주거비를 전혀 들이지 않고 살 수 있게 되었다. 뿐만 아니라 자산 구축에도 성공했다.

가레트는 이후 3년간 이 같은 거래를 두 번 더 했다. 다세대 주택을 매입해 각 세대를 임대한 것이다. 이제 가레트는 100% 임대 수익으로 장만한 근사한 집에서 친구들과 함께하는 파티의 대부분을 주최하며, 잠자면서도 돈을 버는 꿈같은 현실을 살고 있다.

노련한 투자자 킴은 최근 동네에서 불미스러운 일들이 발생해 집값이 떨어졌다는 사실을 알게 되었다. 그래서 부모님 집 인근의 침실 많은 저택을 매입한 뒤 이따금 아버지의 도움을 받아 수리를 해나갔다. 얼마 뒤 그녀는 주택의 여러 침실을 친구들에게 임대해 주택담보대출금을 갚을 수 있게 되었다. 그리고 몇 년 후, 킴의 집은 임대료가 상승한 건 물론, 그녀가 직접 주택을 개조한 덕분에 집값도 몇 억이나 올랐다. 게다가 그녀는 집세를 내주는 훌륭한 룸메이트들 덕분에 지금도 여전히 들어가는 비용이 전혀 없이 근사한 주택에 살고 있다.

드류와 캐롤은 자녀들이 이제 초등학교에 입학하는 젊은 부부다. 인근의 최고 학군에 위치한 근사한 집을 사는 대신 두 번째로 좋은 학군에 위치한 두 세대 주택을 매입함으로써 자녀 교육과 가정 경제를 동시에 챙겼다. 건너편에 사는 다정한 세입자들로부터 집세를 받아 아주 빠른 속도로 저축을 할 수 있었다.

집세를 보태 주택담보대출금을 갚을 수 있었던 덕분에 부부는 불과 3년 만에 시내에서 단연 최고의 학군에 위치해 집값도 비싼 세 세대 주택을 매입할 수 있게 되었다. 자녀들은 가장 좋은 환경에서 중학교에 입학했고, 부부는 동료들과 달리 최고의 동네에 살면서 매년 가족 여행까지 떠난다. 심지어 캐롤은 자녀들과 더 많은 시간을 보내기 위해 최근 직장도 그만뒀다. 이 모든 게 가능해진 건 부부가 이웃들보다 더 높은 연봉을 받아서가 아니다. 주택과 관련된 이들의 모든 비용, 그리고 약간의 여유 자금을 부부의 두 세대 주택 및 새로 매입한 세 세대 주택의 다른 두 세대에서 나오는 집세로 마련하기 때문이다.

주택 분할은 처음으로 내 집을 장만하는 사람들에게 가장 적합한 방식이다. 앞서 소개한 조의 사례에서 보았듯 주택 분할은 투자형 부동산을 매입해 그중 한 세대에 살고 다른 세대는 임대해서 주택담보대출금을 갚아 나가는 방식이다. 이렇게 하면 소유주는 여느 단독주택 소유주나 세입자에 비해 훨씬 적은 비용으로, 혹은 비용을 전혀 들이지 않고 집을 살 수 있다. 주택담보대출을 직접 갚지 않으면서도 소유주로서의 이점은 모두 누리는 셈이다. 게다가 임대, 단독주택 매입, 혹은 투자를 위한 부동산 매입보다 훨씬 안전하다.

주택 분할 방식으로 첫 번째 집을 장만한 사람은 단기 또는 장기적으로 모든 경제적 보상을 받을 수 있는 데다 앞서 소개된 다른 방법들로 주택을 매입한 동료들보다 훨씬 유리한 환경에서 원하는 결정을 내릴 수 있다. 게다가 자신의 뜻에 따라 계속해서 그 집에 살 수도 있고, 아니면 언제든지 팔아서 완벽한 수익을 창출할 수도 있다. 이렇게 호사스러운 선택지들은 앞에서 설명한 다른 방식들을 이용해 첫 번째 집을 장만한 이들에게는 허용되지 않는다.

다음 단계로 넘어가 보자. 분할 주택은 *매입 시점에 이미 투자형 부동산의 가치를 갖고 있어야 한다.* 만약 전문 부동산 투자자들이 고려할 만한 투자형 부동산을 매입한다면 당신은 유리한 입지를 선점하는 셈이다. 게다가 주택 분할은 앞에서 설명한 입주 개조 전략과 함께 시행할 수 있다. 손을 좀 봐야 하는 투자형 부동산을 매입해 개조함으로써 부동산 가치와 집세를 함께 올릴 수 있다. 매입자에게 유리한 상황이 되는 것이다!

분할 주택 소유주는 심지어 이웃을 선택하는 혜택도 누릴 수 있다! 보통 새로운 동네로 이사 가면 이웃이 어떤 사람들일지 우려되는 경우가 많다. 하지만 이 경우엔 불법적으로 차별만 하지 않는다면 입주를 원하는 사람들 중 가장 친절하고 조용한 사람들을 선택하는 한편 맘에 들지 않는 이들은 (내보내거나 재계약을 거절하는 방법으로) 쫓아낼 수 있다. 이는 타운하우스를 소유하고 있는데 보너스로 이웃을 선택할 수 있는 능력, 거기에 집세를 받아 주택담보대출금을 갚아 나갈 수 있는 혜택까지 추가된 것과 마찬가지다.

앞서 설명한 것처럼 주택 분할은 시내 노른자 땅에 위치한 최고급의 신축 타운하우스를 매입하거나 부가 가치를 창출할 수 있는 부동산을 매입하는 방법으로도 진행할 수 있다. 세련된 생활 방식을 중시해 위치와 시설이 모두 좋은 부동산을 찾는 투자자는 첫 번째 방법으로 수익을 올릴 테고, 잠재적 부가 가치가 높고 집세가 매입 금액보다 많이 나오기를 원하는 투자자는 두 번째 방법으로 수익을 올릴 것이다. 두 경우 모두 집을 임대하거나 단독주택을 산 사람들보다 많은 돈을 벌 수 있다. 주택 분할은 여러 변화가 예상되는 동네에 기꺼이 살면서 집수리도 직접 할 수 있는 젊은 층, 그리고 자녀들이 최고의 학교에 갈 수만 있다면 다세대 주택에서라도 얼마든지 살겠다고 하는 가족들에게 특히 적합하다.

이제 대부분의 사람들이 하는 방식대로 주택을 매입하면 어떤 결과를 맞이하게 되는지 확실히 깨달았을 것이다. 많은 사람들은 감당할 수 있는 수준에서 가장 넓고 최고로 근사하며 위치도 제일 좋은 부동산을 매입하는 것이야말로 꿈의 실현이라고 믿는다. 하지만 그 주택을 사는 순간 다른 꿈들은 모조리 희생되고 만다. 소득의 30% 이상이 주택담보대출금을 갚는 돈으로 빠져나가고 나면 저축할 수 있는 돈은 얼마 남지 않는다. 이들은 그 '사랑스러운'

집에 매달 엄청난 유지비를 대야 하는 만큼 경제 활주로도 점점 짧아질 것이다. 자신을 이렇게 가혹한 상황에 처하도록 만들어선 안 된다. 금전적 자유에 좀 더 가까워지거나 실제로 도달할 때까지 기다렸다가, 처음 혹은 두 번째로 마련한 집이나 분할 주택에서 나오는 집세로 장기 거주 목적의 집에 대한 주택담보대출금을 갚아 나가야 한다. 시작부터 재정적으로 삐걱거려서는 안 될 노릇이다!

분할 주택을 매입하기 전에 던져야 할 질문들

여기서는 특히 자산 구축 초기에 진행하는 첫 번째 내 집 마련 방법으로 주택 분할을 선택할 때 누릴 수 있는 이점을 알고 있다는 전제 아래 훌륭한 물건을 고르는 방법에 대해 알아볼 것이다. 첫 집으로 분할 주택을 선택할 만큼 분별 있는 사람이라면 실제 매입에 앞서 다음의 네 가지 질문을 스스로에게 던져 보아야 한다.

1. 종래의 재정 상황으로 감당할 수 있는 부동산인가?
2. 그 집에 살 마음이 있는가?
3. 수익이 발생할 것인가?

4. 집값이 상승할 가능성이 있는가? 그 가능성은 타당한가?

미국 내 대부분의 도시에서는 주택 분할을 통해 보통의 세입자나 단독주택 소유주들보다 더 큰 수익을 내기가 쉽다. 하지만 매입자가 간절히 원하는 특정 구역에 위치해 있으면서 집세도 나오는 임대 부동산을 매입하기는 쉽지 않을 수 있다. 가장 어려운 문제는 투자 위치를 결정하는 것이다. 직접 거주하면서 열심히 관리할 목적으로 임대 주택을 매입하는 건 단순한 재정적 투자가 아니다. 매입자가 적어도 앞으로 몇 년간은 그 지역에서 살고, 일하며, 투자할 테니 말이다. 위의 네 가지 질문에 어떻게 답해야 하는지 살펴보도록 하자.

질문 ❶ | 종래의 재정 상황으로 감당할 수 있는 부동산인가?
다음은 '내가 이걸 감당할 수 있는가?'에 대한 두 가지 보충 질문이다.

- 당신이 가진 돈은 얼마인가?
- 당신이 원하는 지역의 부동산은 얼마인가?

집을 처음 장만하려는 사람들이 거래를 성사시키려면 현금이 필요한데 이는 생각만큼 큰 금액이 아닐 수도 있다. 사람들 중에는 주택 매입 금액의 20% 이상이 확보돼 있어야 한다고 믿는 이들도 있는데 사실이 아니다. 신용 점수도 좋고 직장도 훌륭한 사람들이 연방주택관리국의 대출을 이용하면 적게는 3.5%의 돈만 있어도 주택 매입이 가능하다. 3억 원짜리 집을 살 경우 1,050만 원만 있어도 되는 것이다.

하지만 첫 주택 혹은 분할 주택의 매입을 앞두고 있다면 계약금을 제외하고도 수백 혹은 수천만 원의 자금을 보유한 상태를 바랄 것이다. 주택 수리나 유지 문제가 생길 때마다 이 여유 자금을 이용해 해결해야 할 테니 말이다. 따라서 3억 원짜리 첫 주택 혹은 분할 주택을 구입하기 위해 6,000만 원이나 갖고 있어야 하는 건 아니지만, 언제 발생할지 모를 문제들에 대비해 적어도 수천만 원의 자산을 보존할 수 있는 방식으로 매입을 진행하고 싶을 것이다. 1부의 목표가 종잣돈 2,500만 원 모으기였던 이유를 알겠는가?

질문 ❷ ㅣ 그 집에 살 마음이 있는가?

첫 주택 혹은 분할 주택을 매입하더라도 그곳에 살고 싶은 마음이 생기지 않으면 생활의 기본적인 목표들을 달성할 수 없다. 현재 당신의 삶에서 벌어지는 일들을 고려해 위치와 시설을 받아들일 수 있을 만한 부동산을 사야 한다. 원하는 도시의 부동산이 너무 비싸다면 어떻게 해야 합리적 가격의 투자형 부동산을 매입할 수 있는 여건을 마련할 수 있을지 파악하고 다른 도시로 이동하거나 검색 반경을 넓히도록 하라.

다행히 각 도시에는 연봉 5,000만 원 정도 버는 사람이면 부동산 매입이 가능한 변두리 동네들이 있다. 게다가 이 동네들 중에는 시내로 이어지는 자전거 도로가 잘 닦여 있는 데다 택시/콜택시를 이용하더라도 비용이 1만 원 미만으로 나오는 곳들도 많다. 이런 동네를 찾아보자. 원하는 도시에는 당신의 기준에 부합하는 부동산이 없어서 다른 곳으로 가야 한다면 말이다. 또, 집값이 아무리 극단적으로 비싸더라도 원하는 도시에 살겠다고 결정할 경우 금전적 자유가 상당히 멀어진다는 사실을 이해한다면 그래야 한다.

질문 ❸ | 수익이 발생할 것인가?

첫 집을 장만하면 현금 유동성 분석을 해봐야 하는데 이때 두 가지 경우를 상정해야 한다. 첫 번째는 당신이 그 집에 사는 경우고 두 번째는 살지 않는 경우다. 우선 분할 주택의 진정한 분석은 투자형 부동산의 관점에서 실시해야 한다. 당신이 그곳에 살지 않고 관리인을 고용하더라도 꾸준히 수익을 내야 하는 것이다.

위치도 괜찮고 매매가도 2억 4,000만 원으로 저렴하게 나온 두 세대 주택이 있다고 가정해 보자. 이 주택의 각 세대 집세는 월 120만 원으로 합치면 240만 원이다. 연방주택관리국에서 대출을 받을 경우, 원금, 이자, 세금 및 보험을 모두 합친 주택담보대출금을 갚으려면 월 150만 원을 내야 한다. 그 밖의 추가 비용은 다음과 같다.

- 수리 및 유지: 월 5만 원
- 가스, 전기, 상하수도: 월 18만 원
- 시설물 관련 투자(매우 유동적): 월 20만 원
- 세입자 미확보로 인한 손해비용(월세의 5%): 12만 원
- 부동산 관리(소유주가 살지 않아 직접 관리할 수 없는 경우): 월 20만 원

이때 이 주택에서 나오는 수익은 월 240만 원이고 주인이 이곳에 살지 않을 경우에 드는 비용은 225만 원이다. 매달 약간의 수익이 발생하는 만큼 소유주는 다른 곳에 살고 싶을 때 언제든지 이사할 수 있는 유동성을 갖게 된다.

한편, 주인이 그곳에 사는 경우에는 수리 및 유지비가 적게 들고, 관리비도 따로 들어가지 않는다. 이 책의 1부를 읽은 소유주가 기본적인 일들은 직접 처리할 테니 말이다. 이럴 경우 수리로 인한 인건비는 완전히 사라지고 실제로는 재료비만 든다. 하지만 집세가 한 세대에서만 나온다는 단점도 있다. 결과적으로 총 지출 비용이 180만 원가량 되는데 그중 120만 원은 집세로 충당된다. 결국 소유주의 지갑에서 60만 원이나 나가야 하지만 그래도 분할주택을 선택하는 게 세를 살거나 단독주택을 사는 것보다 훨씬 유리하다는 건 분명한 사실이다.

질문 ❹ │ 집값이 상승할 가능성이 있는가? 그 가능성은 타당한가?

부동산 투자나 주택 매입에 관한 정보들을 많이 찾아봤다면 노련한 투자자들은 집값이 상승하면 '금상첨화'라고 한다는 사실을 알고 있을 것이다. 투자형 부동산을 매입할 때 이는 보통 중요한 고려사항이 아니라는 뜻이다. 하지만 소유주로서 그 집에 살 경우의 수익 창출 여부를 검토해 보는 게 현명한 것과 마찬가지로 집값이 오를 가능성이 꽤 큰 투자형 부동산을 물색하는 것도 장기적으로 훌륭한 보상을 안겨 줄 것이다.

분할 주택에 입주해 살고 있는데 집값이 오르면 (소유주 겸 입주자를 우대하는 특별 세법으로 인해) 일반적인 투자자들보다 훨씬 큰 수익을 낼 수 있다. *당신이 그 집에 2년 넘게 살다가 팔게 되면 자본 소득세가 거의 공제되는 것이다.* 좁은 다세대 주택을 찾는 사람들에게 이 세금 혜택은 특히 더 강력한 이점으로 작용한다. 집값 상승이 수익 부동산 및 소형 주거용 부동산 모두와 관련이 있기 때문이다. 다세대 주택의 경우, 임대 수익이 늘면 투자자들도 그만큼 더 많은 돈을 주택에 투자할 테니 집값이 덩달아 오르기도 한다.

혼합형 부동산인 두 세대부터 네 세대까지의 주택은 지역 시장의 호황으로 인해 집값이 오를 수도 있다. 다음과 같은 기회들을 열어 주는 부동산을 택하도록 하라.

- 인위적 수익 인상: 부동산에 가치를 더하는 행위의 스펙트럼은 상당히 넓다. 완전히 폐허가 돼 재건이 필요한 부동산부터 페인트칠만 다시 하면 되는 부동산에 이르기까지 모든 게 포함된다. 이중 조금만 손보면 되는 부동산을 선택할 경우는 남는 장사를 한 것이거나 적은 비용으로 빠르게 부가가치를 창출할 수 있을 것이다. 결과적으로 당신의 자산 가치가 늘어나거나 집세를 더 받을 수 있게 된다.
- 시장 가격 인상: 당신이 원하는 지역의 부동산을 매입함으로써 누릴 수 있는 이점 중 하나는 대체적으로 그곳이 다른 사람들 역시 살고 싶어 하는 곳이라는 사실이다. 해당 지역에 살고 싶은 당신만의 이유가 다른 사람들에게도 널리 적용된다면 이는 그 자체로 집값 인상의 가능성을 높여 준다. 지역 시장에서 어떤 일들이 벌어지는지 주시하고 과도기에 있는 구역, 혹은 새 사업으로 앞날이 밝은 구역의 부동산을 매입하도록 하라.

주택 혹은 분할 주택 소유주로서 이 두 가지 경우의 집값 인상을 모두 경험할 수 있다면 단기간에 엄청난 수익을 거두게 될 것이다. 혹시 수익이 약간에 그쳤다고 해도 소유주는 세금을 거의 공제받거나 유예받아 이 주택을 매매하고, 그 돈을 더 많은 수익을 창출하는 부동산에 다시 투자할 수 있다.

결론

주택 분할은 상당히 넓은 범위의 미국인들이 활용할 수 있다. 종래의 '살 것인가, 임대할 것인가' 논쟁의 답은 (매번은 아니어도) 대개 '그 집에 오래 살 작정이면 사는 게 낫고, 곧 이사할 거면 임대가 낫다'는 식이었다. 이 말이 사실이라면 주택 분할은 손익분기점을 빨리 넘길 수 있어 매입자에게 유리하다. 재정적 독립이 아직 요원해 보인다면 주택 분할만큼 그 기간을 빠르게 단축할 수 있는 방법은 없을 것이다.

첫날부터 유동 현금을 창출하는 임대 부동산을 매입해 분할한다면 1~2년 안에 당신은 세 살이를 하는 동료들과는 비교도 안 되게 높은 재정적 유연성을 갖게 될 것이다. 당신이 매입하는 지역에 발이 묶이는 것도 아니다. 사실 재정적 측면에서 보면 일반 주택 소유주들 및 세입자들보다도 훨씬 자유로워진다.

그게 어떻게 가능하냐고? 당신이 이사 나가더라도 투자형 부동산인 당신의 주택에서 돈이 나오기 때문이다! 당신은 아무런 계약에도 묶여 있지 않으므로 새로운 세입자를 구하기만 하면 도시 반대편, 심지어 나라 반대편으로도 이사할 수 있다. 세입자는 계약 기간을 다 채워야 이사할 수 있는 만큼 계약 결정을 내리기 전에 항상 이를 고려해야 한다. 하지만 소유주는 원하면 언제든지 세입자를 들여 놓고 자신은 이사 나갈 수 있다.

첫 집으로 수익을 창출하는 부동산을 매입하면 그 즉시 주거비가 극적으로 줄어들거나 완전히 사라지는 건 물론, 저축률도 오르는 효과를 누릴 수 있다. 게다가 위치가 좋은 주택인 경우엔 집값이 오를 가능성도 있다. 진정 이 전략이 다양한 시장의 대다수 사람들에게 효과적이라는 데에는 의심의 여지가 없다.

결정은 당신의 몫이다. 첫 집이 당신을 재정적 풍요로 이끌어주게 할 것인가? 아니면 선택 가능한 주택들 중 제일 근사하고 넓고 위치도 좋은 집에 사는 게 이 순간의 다른 결정들은 물론이요 향후 맞닥뜨리게 될 모든 결정들보다도 중요한가?

당신의 첫 번째 집을 수익을 창출하는 자산으로 전환하고 크게 도약하라.

제6장
•
돈을 더 많이
버는 방법

　이번 장은 언제든지 모든 이들이 서로 읽고 싶어서 달려들 부분이다. 돈을 더 많이 버는 방법을 알고 싶지 않은 사람은 없고, 하루빨리 높은 연봉을 받고 싶지 않은 사람도 없다. 그래도 무작정 소득을 늘리는 데에만 연연하는 건 아주 비효율적이다. 특히 주택과 관련한 지출을 줄일 수 있는 효율적인 생활 방식을 구축하기도 전에 말이다. 하지만 집세로 나가는 돈이 없는 데다 전반적으로 검소한 생활까지 하고 있는 분할 주택의 소유주는 여기서 비용을 더 절감한다 해도 그로 인한 효과를 체감할 수는 없을 것이다.

스스로 미국 중산층의 흥청망청한 소비 패턴과는 거리가 아주 멀고, 상당히 검소하다고 느끼는데 이 시점에서 예산을 더 삭감 한다면 삶에서 느끼는 기쁨에 큰 타격을 입을 수도 있다. 하지만 아무리 그래도 금전적 자유를 위해 더 큰 변화를 감수할 준비가 돼 있다면 이제 당신의 소득을 늘리는 방향으로 중심을 옮겨 갈 때다.

이번 장은 다른 부분과 마찬가지로 아주 특정한 상황에 놓인 사람들을 위해 쓰였다. 금전적 자유를 하루빨리 이룰 수 있길 소망 하는 사람이라면 여기에서 도움을 얻을 수 있다. 이 여성은 별다른 열정을 느끼지 못하는 직장에 다니고 있다. 자신의 일이 끔찍이 싫은 건 아니지만 돈이 걸려 있지만 않다면 당장 그만둘 것이다. 게다가 금전적 자유의 조기 달성이라는 목표를 신속히 달성하기 위해 생활 방식도 완전히 바꾸고 그 어느 때보다 열심히 일할 마음도 굴뚝같다.

물론 자신의 일을 사랑하며, 보람 있고 가치 있는 봉사를 통해 이 사회, 나아가 이 나라를 이롭게 하는 사람들도 수없이 많다. 그들은 아마 그 일을 영원히 행복해할 것이다. 하지만 이 책을 읽는 독자들은 그런 이들이 아니다. 당신이 건강관리, 교육, 군사, 공무, 혹은 이 나라를 안전하게 지켜주거나 복지를 제공하는 수없이 많은 직종 중 하나에 종사하며 또 그 일을 사랑한다면 당신의 헌신에 감사하는 바다. 하지만 그와 같은 직종에서는 연봉이 빠르게 오를 가능성이 희박하다. 그리고 연봉의 빠른 인상이 불가능하다면 금전적 자유의 조기 달성 역시 불가능하다. 당신의 커리어가 높은 소득으로 이어질 확률이 낮다면 검소하게 생활하고 부업으로 투자를 하며 자유 시간을 이용해 소득원을 확대하는 방식으로 금전적 자유를 향해 나아가야 한다.

대신 이번 장에서 염두에 둔 독자층은 젊고 이상이 높은 근로자들(혹은 대학 졸업 예정자들)이다. 자신의 재능이 아직 다 발휘되지 못했고, 따라서 그에 걸맞은 대우를 받지 못한다고 느끼는 이들 말이다. 또한 자신의 커리어나 해당 분야에서 특별한 즐거움을 느끼지 못하는 이들도 유익한 정보를 발견할 수 있을 것이다.

이때 기본 개념은 *당신의 현재 직장(심지어 커리어)에서 소득이 중상류층 혹은 그 위 수준까지 오를 가능성이 있는 근로 여건의 직군으로 이직하기다.*

개인적으로 필자는 《포춘》 지 선정 500대 기업 중 한 곳에서 재정 분석가로 커리어를 시작했다. 하지만 3개월이 채 안 돼 이런 일을 하면서 내 남은 커리어는커녕 남은 20대조차 보내고 싶지 않다는 사실을 깨달았다. 게다가 3개월을 더 보내기도 전에 소득 전선의 전망 또한 그리 밝지 않다는 사실도 알게 되었다. 그래서 필자는 어떻게 했을까? 연봉 5,000만 원의 직장을 그만두고 금전적 자유의 조기 달성과 부동산 투자라는 내 꿈을 좇기 시작했다. 나는 재정 분야에서의 경력을 이용해 직원이 두 명에 불과한 작은 기술 관련 벤처 기업에 입사했다. 당시에는 연봉을 낮춰 이직했지만 기회를 잡기 위해 일단 감수했다(이 책을 쓰고 있는 지금 필자는 그 기업의 매출을 관리한다). 이 같은 변화를 단행하고 누구보다 열심히 일한 덕분에 2년 만에 연봉을 세 배로 올릴 수 있었다.

이런 성과는 누구나 올릴 수 있지만 1부에서 목표를 달성해 나쁜 부채를 모두 청산했고, 검소한 생활을 하며 최소 1년짜리 경제 활주로를 확보한 사람이라면 위험 부담이 훨씬 덜하다.

만약 당신이 위의 조건들을 채우지 못한 데다 가진 돈으로는 1년도 못 버틴다면 당신의 소득을 상당히 늘릴 수 있는 기회들 중 (분명 전부는 아니더라도) 일부는 단념해야 할 것이다. 임금이 좀 삭감되더라도 1년짜리 경제 활주로가 있다면 예금이 거의 없다시피한 상황보다 견디기가 훨씬 수월하다. 마찬가지로 임금이 대폭 깎이거나 수수료만 받고 일하더라도 수년간 지속될 경제 활주로가 구축된 상태라면 지낼 만할 것이다. 만약 경제적 대비책도 없이 더 높은 소득만을 좇는다면 부채에 허덕이는 등의 경제적 재앙을 맞게 될 수 있다.

돈을 더 많이 버는 게 중요한 이유는?

금전적 자유의 조기 달성이라는 목표와 관련해 더 많은 돈을 벌어야 하는 이유는 수익을 창출하는 자산을 매입하기 위해서다. 이 책에서 다루는 모든 내용의 핵심은 금전적 자유를 하루빨리 손에 넣는 데 있다. 싸구려 액세서리를 더 사거나 사치스러운 생활을 계속할 수 있게 하려는 게 아니다. 호화로운 생활을 뒷받침할 더 많은 소득을 원하는 이들은 여기서 설명하는 전략이 오히려 불리하다고 느낄 것이다. 이 계획대로 하다 보면 적어도 처음엔 가용 소득이 일시적으로 줄어드는 경우가 많을 테니 말이다.

돈을 더 많이 버는 게 중요한 이유는 그만큼 더 많이 모아서 적절히 짜인 계획에 따라 투자하기 위해서다. 그것도 유동성 있는 순자산 및 자산 수익을 창출해 금전적 자유의 조기 달성을 앞당길 확률이 높은 방식으로 말이다. 기본급을 올리는 방법으로 당장 소득을 늘려야 한다고 전전긍긍할 필요 없다. 대신, 향후 3~5년간 소득이 늘어나게 해줄 잠재력이 가장 높은 직업, 기회, 커리어가 무엇인지 자문해 보라. 당장 돈을 더 많이 버는 게 목표가 아니라는 사실을 잊어서는 안 된다. 진짜 목표는 당신의 소득을 현재와는 비교도 안 되는 수준까지 빠르게, 그리고 꾸준히 늘려서 다른 방법들보다 훨씬 일찍 재정적 목표를 이루게 해줄 기회를 찾는 것이다.

돈을 더 벌 시간을 내는 방법

소득을 늘리는 기본 원칙은, 파급력이 커서 소득이 늘어날 확률이 높은 업무에 적절한 시간을 들이는 것이다. 그렇다면 돈을 더 벌기 위해 집중할 시간은 어떻게 확보할 수 있을까?

월급쟁이들은 자신의 시간을 돈과 맞바꾸는 만큼 시간을 더 효율적이고 생산적으로 사용해야 돈도 더 많이 벌고 극심한 생존경쟁도 피할 수 있다. 따라서 연봉을 신속히 올리고 싶은 월급쟁이들은 자신이 더 많은 소득을 벌기 위해 어느 누구보다도 시간을 효율적으로 쓰고 있는지 꼼꼼히 분석해 봐야 한다. 혹시 시간을 투자해도 재정 상황이 나아지지 않는다면 차라리 그냥 즐기거나 다른 이들을 위해 봉사하는 게 낫다. 그대로 계속하는 건 시간 낭비일 뿐이다.

애버리지 조를 기억하는가? 그는 친절하게도 5,000만 원의 연봉과 소비 패턴, 주택 취향까지 공개한 데 이어 일하는 평일에 시간을 보통 어떻게 쓰는지 역시 공개해 주었다. 자신의 시간을 집계하는 방법이 궁금한 이들은 제12장을 참고하면 된다. 여기서는 애버리지 조의 평일 시간을 쪼개 그의 전망에 가장 큰 영향을 미칠 만한 항목을 찾아볼 것이다. 이를 위해 연방 정부의 자료를 한 번 더 사용하겠다.

다음 페이지의 그래프에서 두 번째로 큰 부분을 차지하는 것이 수면이다. 사람들 중에는 이 시간에 외식을 즐기는 이들도 있지만 여기서는 외식에 대해서는 다루지 않겠다. 대신 우리의 목표에 충실하기 위해 애버리지 조가 잠자는 시간은 좀 더 생산적인 활동에 쓸 수 없다고 가정하자. 그리고 걸어 다니는 시간을 가장 효율적으로 활용해 추가 소득을 창출할 수 있는 방법을 분석해 보자. 그래프에서 가장 큰 부분을 차지하는 것은 '일과 관련 활동'으로 '일과 통근'이라고 요약할 수 있다. 여기에 소요되는 시간은 하루

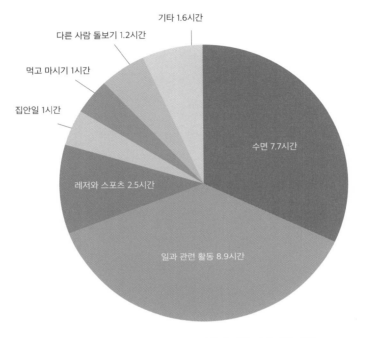

기타 1.6시간

다른 사람 돌보기 1.2시간

먹고 마시기 1시간

집안일 1시간

레저와 스포츠 2.5시간

수면 7.7시간

일과 관련 활동 8.9시간

자녀를 둔 25~54세 근로자들의 평일 시간 사용 내역

* 이 자료는 18세 미만 자녀를 둔 25-54세 근로자들의 근무일을 바탕으로 작성되었다. 공휴일 및 주말을 제외한 평일만 포함됐으며 기준 연도는 2014년이다. 각 활동을 위한 이동 시간도 포함되었다.

출처: 노동 통계국(Bureau of Labor Statistics), '미국인들의 시간 사용 조사'

8.9시간이다.

이를 제외한 남은 부분은 다음과 같은 활동들로 구성된다.

- 레저와 스포츠: 조는 TV를 보거나 다른 매체를 이용해 영상
  물을 보면서 여가 시간의 대부분을 보낸다.

- 먹고 마시기: 조가 음식을 지금보다 훨씬 빨리 먹을 수 있을 지는 몰라도 이 항목은 줄일 만한 여지가 별로 없다.
- 집안일: 애버리지 조가 집안일을 더 효율적으로 할 수도 있 겠지만 가족이 있거나 깨끗하고 정돈된 집을 좋아한다면 이 항목 역시 줄이기 힘들다.
- 다른 사람 돌보기: 조는 금전적 자유의 조기 달성에 심하게 연연하는 것은 아니기 때문에 친구들이나 가족들이 그를 필 요로 하면 언제든지 달려간다. 여기에도 개선의 여지가 없다.
- 기타: 애버리지 조는 독립된 개인으로서 충족해야 하는 독 특한 성향과 취미가 있다.

이제 피할 수 없는 문제를 해결해 보자. 이 그래프에서 가장 큰 조각이 무엇인가? 깨어 있는 시간의 절반 이상을 차지하는 조각 은 어떤 것인가? 애버리지 조가 더 많은 소득을 올리지 못하도록 발목을 잡고 있는 조각은 또 무엇인가?

누가 봐도 정답은 '일과 통근'이다. 그렇다, 이 항목에 개선의 여지가 있다. 조는 매일 밤 2시간씩 넷플릭스 보는 걸 중단하고, 다른 활동들에서도 기름을 빼 좀 더 효율적인 저녁을 만들어 갈 수 있다. 한결 효율적인 일상을 구축할 수 있는 것이다. 하지만 조 가 좀 더 높은 소득을 추구하는 데 평일을 몽땅 바칠 수 있다면 이 렇게 낸 시간들은 자투리에 불과하다.

이것이 더 많은 소득을 올리기 위한 첫 번째 방법으로 '부업' 혹은 '투잡'을 시작하라고 제시하는 여느 책들의 문제점이다. 이제 행복한 시간도 갖지 말고, 일주일에 한 번 하는 데이트도 하지 말고 오로지 부자가 되기 위해 달려가라고 종용하는 셈이기 때문이다. 자산을 구축할 수 있는 확실한 기회나 해결할 문제가 있는 사람들에게는 효과가 있을 수도 있겠다. 하지만 9시부터 5시까지 근무하는 보통 직장인들은 그 시간을 빼면 실질적으로 낼 수 있는 시간이 없다. 가진 시간의 5~10%만 들이면서 부자가 되겠다고 하는 건 헛웃음이 나올 만큼 터무니없다.

게다가 시간은 아주 중요한 한 가지 측면에서 돈과는 다르다. 조에게 모든 시간의 가치가 똑같지는 않은 것이다. 조가 사랑하는 사람들을 만날 수 있는 시간이 정해져 있다면, 또는 최고의 능력을 발휘할 수 있는 시간이 정해져 있다면 그 시간들은 다른 시간들보다 훨씬 중요하다. 이게 어딜 가든 (세후라는 조건 하에!) 1,000원은 언제나 1,000원인 돈과는 완전히 다른 점이다. 돈은 어떤 형태로 존재하든 모으는 게 항상 이롭다. 하지만 모든 시간은 동등하게 누려지지 않는다.

애버리지 조가 가장 명민하고 생산성이 높은 시간은 평일 근무 시간일 확률이 높다. 개인의 성향과는 무관하게 이 8시간 안에 다른 생산 활동들도 대부분 이루어지고, 소득 창출 기회도 대부분 실현되는 것이다. 아무리 아침형 인간이라도 은행에 가려면 오전 9시까지 기다려야 하고, 아무리 올빼미족이라도 오후 5시가 지나면 은행은 문을 닫는다. 생산성이 가장 높은 시간은 사람마다 다르겠지만 고용주들은 계속 정신을 못 차리거나 비생산적인 근로자들을 해고하기 일쑤다. 그들은 직원들이 가장 효율적으로 사고하고 또 일할 수 있을 만한 시간대에 일을 하게 만든다. 결국 수많은 데이터와 개인 사례에서 도출할 수 있는 결론은 확실하다. 만약 효율적으로 소득을 늘리고 싶다면 평일 낮에 돈을 더 벌 수 있는 기회가 있어야 한다. 현재의 커리어에서 실현 가능한 것보다 훨씬 더 많은 돈을 더 빨리 벌고 싶다면 당신은 직장, 어쩌면 커리어까지 바꿔야 할 것이다. 따라서 오늘날 미국에서 소득을 늘려 금전적 자유를 하루빨리 달성하려는 사람들에게 최악인 직업은 월급 받는 전문직이다. 그중에서도 금융, 회계, 컨설팅, 마케팅 등 특정 기술에 대한 경력을 쌓게 해주는 대가로 임금 인상은 더딘 전통 직업군이 특히 심하다.

돈 많이 주는 직장의 문제점

당신이 평균 수준의 임금을 받는 월급쟁이라면 지금 하는 일을 계속해서는 소득을 늘릴 수 없을 것이다. '포춘 500 기업'에서 근무하는 한 젊은 재무 전문가의 전형적인 진로를 따라가면서 확인해 보자.

↓ 재무 분석가: 연봉 5,280만 원. 1~2년

↓ 1급 재무 분석가: 연봉 6,050만 원. 1~2년

↓ 2급 재무 분석가: 연봉 6,820만 원. 1~2년

↓ 고위 재무 분석가: 연봉 7,810만 원. 1~2년

↓ 재무 관리인: 연봉 9,240만 원. 1~2년

↓ 고위 재무 관리인: 연봉 1억 230만 원. 1~2년

↓ 재무 담당관: 연봉 1억 1,770만 원. 1~2년

↓ 고위 재무 담당관: 연봉 1억 3,420만 원. 1~2년

↓ 재무 부사장: 연봉 1억 5,950만 원. 1~2년

↓ 재무 고위 부사장: 연봉 1억 8,150만 원. 1~2년

↓ CFO(재무 부문 최고 책임자): 연봉 2억 7,500만 원 이상. 5년 이상

이는 빠른 승진 속도만큼 상당히 성공적인 커리어 사례다. 한 젊은 대학 졸업생이 20년도 채 안 돼 굵직한 국제 기업의 CFO로 자리매김하면서 어마어마한 연봉을 벌어들이니 말이다. 그런데 여기서 오점을 찾을 수 있겠는가? 바로 '20년도 채 안 돼'라는 부분이다. 이는 가장 잘된 경우의 시나리오라는 사실을 기억하라. 현실에서는 이 직업을 가진 사람들이 이렇게 환상적인 속도로 성공가도를 달리거나 20년 안에 '포춘 500 기업'의 CFO로 등극하는 일은 거의 벌어지지 않는다.

물론 성과급도 나올 테고 나중에는 오랜 경력으로 인한 전문가 대우도 받을 수 있다. 하지만 단언컨대, 이 커리어에 머무는 한 10년이 지나도 최고 연봉이 1억 원을 넘지 못한다.

이 커리어에서 진로는 회사가 결정하고 승진은 전적으로 상관

의 추천에 달렸다. 그런데 이 회사와 상관들의 목표는 분석가의 성공이 아니다. 성공해야 하는 건 분석가가 소속된 팀이다. 즉, 큰 포부만큼이나 눈부신 활약을 하는 직원이 있더라도 끌어 내려서 제자리에 돌려놔야 하는 것이다. 경력이 몇 년에 불과한 초보 분석가는 선배들보다 높은 직급과 연봉을 받을 수 없다. 그건 가당 치도 않은 일로, 만약 그런 일이 벌어졌다간 사내 기강이 무너지고 조직 구조 자체가 위기에 빠질 것이다.

이 세계에서 가장 중요한 건 경력이다. 능력이 특출하게 뛰어난 사람이 있다고 해도 대기업의 전통 있는 계열사에서 근무한다면 10년 안에 책임자나 부사장 같은 고위직에 등극하기는 하늘에 별 따기 만큼이나 힘든 일이다. 이보다 더 재밌고 소득도 더 높은 커리어를 좇는 게 어떨까? 지극히 주관적인 관리자가 눈곱만큼의 연봉 인상으로 이어지는 업무 평가를 통해 당신의 재정적 미래를 결정하도록 내버려 둬선 안 된다.

대신 소득이 극적으로 늘어나기를 원하는 사람들은 업무의 객관적인 양을 기준으로 보상받아야 한다. 수많은 기업체에서 숙련된 전문가들이 수년 동안 매일같이 요청받은 일을 처리해 왔다. 이들의 핵심 경쟁력은 수천 혹은 수백만 근로자들의 다양한 능력들에 비해 차별성이 없었고, 따라서 빠른 승진 기회도 주어지지 않았다. 이들은 게임의 법칙을 빠르게 받아들였고 직속상관을 기쁘게 할 마음에 좁은 분야의 업무를 완벽하게 처리했다. 더 많은 일을 자발적으로 맡아서 하는 경우는 없었고, 추가 업무 지시 역시 피하기 위해 온종일 바빠 보이려 노력했다.

이유가 무엇인가? 옆 사람보다 더 많은 실적을 내더라도 보상받지 못하기 때문이다. 사실, 월급쟁이의 삶에서 다른 이들을 넘어서는 건 오히려 징계로 귀결되는 경우가 많다. 옆 사람보다 두 배 더 많은 일을 할 수 있는 팀원이 있다면 어떻게 될까? 그저 두 배 더 많은 일을 할당받을 뿐이다! 그렇다고 임금을 두 배 더 많이 받을까? 절대 아니다. 임금은 당연히 생산성이 아니라 경력에 따라 책정된다. 해당 기업체 혹은 산업에 종사한 연차, 즉 근속 연수를 반영하는 것이다. 사람들은 이를 '당연한 권리'라고 부른다.

물론 회사가 위태로울 때면 이들도 태도를 바꾸고 자기 자리를 지키기 위해 필요한 업무를 얼마든지 맡아서 처리한다. 하지만 호황기에도 근무 환경이 이렇다면 의욕이 떨어질 수밖에 없다. 월급쟁이들은 수년 또는 수십 년의 경험을 통해 너무 열심히 하지 않는 법을 터득한다. 그저 자기 일을 하고, 어려운 질문을 너무 많이 하지 않으며, 사무실에서 정중하고 유쾌한 태도를 유지하고, 주어진 업무를 정해진 시간 안에 완료한 뒤 집에 갈 뿐이다. 이들 중에는 심지어 20대와 30대 초반에 회사 책상에 앉아서 '죽치는 시간'을 늘리는 게 돈 모으는 지름길이라고 생각하는 사람도 있다.

돈을 버는 족족 써 버리는 개인의 경제관과 함께 아주 놀라운 소비 패턴이 퍼져 나가고 있다. 상당히 많은 미국인들이 현재 직장의 업무에 특화되면서 의존도가 높아지고 나약해져 스스로 가까운 미래를 헤쳐 나갈 의욕조차 잃어버리게 되었다. 이들은 매일 수동적으로 출근하고, 주중에 너무 시달린 나머지 모든 의욕을 잃어 주말에는 TV를 보거나 이따금 친척들을 만나러 가는 것 이외에는 아무것도 하지 못한다. 아무리 커리어를 위해서라지만 끔찍한 방식이 아닐 수 없다. 그런데 한편으로는 친숙하게 들리지 않는가?

이렇게 열정과 포부가 서서히 고갈돼 가면 성과에 대한 갈증 역시 줄어들어 회사 책상에 가만히 앉아 쉽게 거둘 수 있는 소소한 성취에 만족하게 된다. 그리고 어느 순간 3월의 광란으로 불리는 농구 시즌이 극도로 중요해지고 사내 대화에서는 판타지 축구 게임이 최고의 화두로 등극한다. 사람들은 회사에서 나눠 주는 야구 경기 입장권을 서로 갖겠다고 아우성치고, 매주 수요일에는 누가 가장 우스꽝스러운 넥타이를 맸는지 선발하는 주간 콘테스트가 열린다. 이들은 심지어 금요일 오후 4시 정각에 직원들 중 최초로 주차장을 빠져나갈 계획을 은밀히 세우기도 한다. 사람들의 기발한 창의력이 이런 곳에 발휘되고 있다. 월급 받는 직장에서는 창의력이 서서히 질식해 가고 있기 때문이다.

전문직이랍시고 수십 년을 이런 식으로 보내야 하는 끔찍한 운명을 일찌감치 금전적 자유를 달성한 사람들은 쉽게 피할 수 있다. 하지만 이는 여전히 대다수의 화이트칼라 노동자들에게는 운명처럼 받아들여진다. 최고의 교육을 받고 최고의 성취를 이룬 사람들이 대체 무슨 일을 하고 있는 것인가? 바로 이런 일이다. 세상의 경쟁에서 이기는 최고의 방법은 높은 연봉을 받는 것뿐이다.

무수히 다양한 분야에서 자신의 재능을 펼칠 기회도 갖지 못한 채 말이다. 그들의 능력, 포부, 욕구는 점차 숨통이 막히고 파괴돼 간다. 그들은 상관한테 지시받은 업무를 상관한테 지시받은 방식대로 완료하는 것 이외엔 자신이 하는 일에 통제권을 전혀 갖지 못한다. 사업을 시작해 대기업을 건설하고, 불어나는 자산으로 세계로 진출하는 등 성공을 측정하는 기존의 모든 척도에 따라 성공했다고 평가받는 이들의 비결은 보통 사람들보다 좀 더 영리한 게 아니다. 그저 성공 가능성이 실제로 존재하는 게임을 했을 뿐이다! 이 게임에서 그들은 평일과 생산성에 있어 적어도 약간의 통제권은 갖고 있다! 그런 게임을 하라! 당신의 상관을 웃게 하는 게 곧 성과인 게임 말고.

돈을 더 많이 버는 방법

검소함과 마찬가지로 소득을 늘리기 위해서는 현재의 생활을 분석해 군더더기를 가차 없이 잘라내야 한다. 여기에는 검소한 생활 방식을 구축하는 법에 대한 부분과 마찬가지로 지극히 개인적이고 삶의 주요 결정에 즉시 영향을 미치는 조언들이 담겨 있다. 돈을 더 많이 벌고 싶은 이들은 돈을 더 많이 저축하고 싶은 이들처럼 불편하거나 낯설 수도 있는 일들을 해야만 한다. 변화를 감행하고, 수개월, 심지어 수년 동안 성과가 보이지 않을 수도 있는 행동들을 해야 하는 것이다. 무엇보다 자신의 생활 방식과 커리어에 큰 변화를 일으켜야 한다. 금전적 자유의 조기 달성이라는 목표가 없는 사람들은 이런 행동 혹은 이런 행동을 하는 이유를 이해할 수 있을 리 없다.

이쯤 왔으면 위의 그 어떤 주장에도 놀라서는 안 되며, 모든 게 그 자체만으로 타당하게 여겨져야 한다. 계획들 중 일부는 당장에 실현될 가능성이 없다고 해도 말이다. 게다가 소비를 줄이는 방법과 달리 여기서 제안하는 변화들 중 성공을 보장할 수 있는 건 아무것도 없다. 검소한 생활을 다룬 부분이 '연간 2,500만 원을 모으는 단계별 가이드'였던 것과 달리 이 부분은 '연소득 1억 원을 넘어서는 단계별 가이드'가 아니다. 야구 경기장에서 1만 원짜리 맥주 한 잔을 안 마시면 확실히 1만 원이 굳지만 매출이 높고 객관적 실적이 뛰어나다고 해서 반드시 소득이 인상되는 건 아니다. 하지만 성과에 따른 객관적 보상을 받을 수 있는 체계를 확립하거나 수요가 상당히 높은 기술을 터득하면 소득도 늘어날 것이다.

소득을 늘리기 위해
필요한 변화들

자신의 시간과 재능으로 더 많은 소득을 올리기 위해 중위 임금을 받는 월급쟁이들이 할 수 있는 일들은 다음과 같다.

1. 가장 인기 높은 기술을 터득한다.

2. 나의 미래 소득을 통제한다.

3. 나의 일, 생활 방식 그리고 투자 간의 시너지를 발견한다.

방법 ❶ | 가장 수요가 많은 기술 터득하기

가장 수요가 많은 기술을 터득하는 방법에 대한 자료들이 요즘엔 차고 넘친다. 그 어떤 기술도 쉽게 터득하는 건 불가능하지만 당신보다 재능이 떨어지는데도 기술을 배워서 연봉 1억 원 이상인 직업을 새로 구하는 사람들도 많다.

이는 커리어를 신속히 변경하는 최고의 방법 중 하나다. 4년제 대학 등록금을 빚으로 떠안지 않고도 연봉 5,000만 원 고지를 넘을 수 있는 직업들이 무수히 많다. 다음은 몇 가지 예시들이다.

- 도급업 (전기 기술자, 수리공, 배관공, 목수, 용접공)
- 소프트웨어 개발자 (웹사이트, 어플리케이션 등)
- 부동산 중개인 또는 주택담보대출 중개인

1년이 채 안 되는 훈련 기간만 거치면 시작할 수 있으면서 초봉도 평균보다 높은 일자리들이 이밖에도 많다. 이 같은 커리어와 기술들이 특히 좋은 이유는 부업이 가능해서 추가 소득을 올릴 기회가 되기 때문이다. 또한 평범한 사람이 말하자면 변호사나 의사가 되는 것보다도 빨리 금전적 자유를 달성할 수 있도록 도와준다. 변호사나 의사는 준비 기간만 수년에 이르고 그동안 빚도 엄청나게 쌓일 수 있다.

　게다가 이런 기술들은 온종일 배우는 데 매달리지 않아도 터득이 가능하다는 최고의 강점을 자랑한다. 소프트웨어 개발자가 되기 위해 다니던 직장을 그만둘 필요는 없다. 수없이 다양한 경로를 통해 무료 또는 (대학 학위보다) 비교적 저렴한 비용으로 배움이 가능하다.

　클레이는 바로 이 방법을 이용했다. 부동산 중개인의 조수로 일하던 그는 30대 중반에 소프트웨어 개발자가 되었다. 직업을 바꾸기로 마음먹은 뒤 몇백만 원을 들여 소프트웨어 프로그래밍 훈련 캠프에 등록했고 이후 9개월간 실력 있는 웹 개발자로 거듭나기 위해 열심히 공부했다. 그 결과, 부동산 기술 회사의 인턴십에 지원해 합격했다. 직업을 바꾸겠다는 결심을 한 지 1년도 채 되지 않은 지금 클레이는 정규직 개발자로서 5년 이내에 억대 연봉에 진입할 가능성이 확실한 진로를 걷고 있다.

　이런 기술을 터득하려면 혹독한 훈련 과정을 거쳐야 하지만 오늘날의 경제에서 고용 기준은 단연코 실적이다. 클레이는 그 일을 얼마든지 해낼 수 있는 자신의 능력만 증명하면 되는 것이다. 심지어 소프트웨어 엔지니어는 학위가 있어야 하는 것도 아니다! 워낙 수요가 많은 데다 코드를 쓸 줄 안다는 사실만 입증하면 된다. 게다가 소프트웨어 엔지니어는 근무 시간과 장소가 확실히 정해져 있는 여느 직장인들과 달리 자신의 상황에 따라 탄력적으로 일하는 특전도 누릴 수 있다.

만약 당신이 현재 직업의 전망에 회의적이라면 평일 저녁과 주말을 이용해 수요가 많은 새로운 기술을 터득한 뒤 서서히 가시적인 성과를 내면서 신용을 쌓아 가도록 하라. 원하는 방향으로 크게 도약하는 방법이 될 수 있다. 그렇게 몇 개월에서 1년 정도 보내고 나면 이 분야가 자신과 잘 맞는지 알게 되고 직업을 완전히 바꿀 준비도 돼 있을 것이다. 이후 새로운 직업에 종사하면서 당신만의 색깔 있는 이력을 구축해 가면 시너지 효과까지 누릴 수 있다.

어떤 기술을 터득할지, 갈고닦은 실력을 어떻게 증명할지는 전적으로 당신이 선택하고 노력할 문제다.

방법 ❷ | 자신의 미래 소득 통제하기

대부분의 정규직 근로자들은 안정과 일관성을 제공받는다. 대기업의 우수 사원들은 월급이 매번 어디서 나오는지, 계속 지금처럼만 하면 미래가 어떤 모습일지 잘 알고 있다. 가장 잘된 경우의 시나리오를 제시받고 그대로 모든 게 순조롭게 풀리면 몇 년 후 자신들이 어디서 어떻게 살고 있을지 아는 것이다. 바로 이 예측 가능성이 이런 직업의 문제점이다. 당신이 무엇을 어떻게 해도 당신의 소득은 가장 잘된 경우의 시나리오를 뛰어넘지 못한다는 사실이 월급 받는 직업의 치명적인 단점이다. 당신이 종사하는 산업이나 직업에서는 스스로 소득을 조절하는 게 불가능하다면 바꿀 방법을 모색해야 한다. 단순히 평균 임금에 그치지 않고 그것을 훨씬 뛰어넘는 액수의 돈을 벌고 싶다면 말이다.

엘리는 '포춘 500 기업'에서 재무 분석가로 첫 사회생활을 시작했다. 그녀가 직속상관과 처음으로 임금 협상을 한 건 일을 시작하고 6개월 후였다. 이후로도 같은 분석 업무를 수년간 계속해 온 그녀는 이 경력이 업무 평가에도 반영되리라 기대했다. 실적에 따라 임금이 책정될 거라고 생각한 것이다. 세상 물정을 몰라도 너무 몰랐다.

임금이 2% 인상됐을 때 그녀는 예의상 미소를 띤 채 가만히 앉아 있을 수밖에 없었다. 직무 능력 평가에서 최고점인 100점을 받았고, 업무가 생길 때마다 자발적으로 도맡아 했으며, 먼 길 가는 것도 마다하지 않으면서 회사 내 모든 부서의 사람들과 교류하고 친분을 쌓았다. 심지어 추가 업무를 성공으로 이끌어 연간 수십억 원의 비용을 절감시킨 성과를 올린 것도 그녀다.

솔직히 엘리는 지루했다. 일은 너무 쉽고 별다른 압박도 받지 않았다. 같은 팀원들이 하는 일은 뭐든지 더 빨리 처리할 수 있다는 걸 알게 되면서 더 이상 배우려 들지도 않았다. 즉, 재무 분석가로서 그녀는 회사 내에서 누가 봐도 단연 최고였다. 그런데 그녀의 노력 혹은 잠재력이 전혀 보상받지 못하고 있는 것이다.

그럼 이제 뛰어난 성과에 대한 재평가가 이루어질 때일까? 결코 그렇지 않다. 엘리의 임금은 2% 인상되었다. 물론 이는 회사가 엘리한테 못할 짓을 한 것이고 이보다는 후하게 보상하는 회사도 얼마든지 있을 수 있다. 하지만 자신의 기술 분야나 (값비싼 MBA 과정을 이수하는 등) 이력을 바꾸지 않는 한 대기업, 심지어 중소기업에서도 5,000만 원이던 연봉을 2~3년 만에 1억 원 이상으로 인상시킨다는 건 거의 불가능한 일이다.

엘리를 포함해 일반 기업에 다니는 거의 모든 이들이 느끼는 문제점은 소득을 자신의 의지대로 조절할 수 없다는 것이다. 그들은 잠재력도 마음껏 발휘할 수 없고 항상 다른 누군가에 의해 업무 평가를 받는다. 어쩌면 그녀는 그냥 입 다물고 2% 임금 인상안을 받아들인 뒤 만면에 미소를 띠고 다른 사람들처럼 엑셀 시트나 계속 처리하는 게 나았을지 모른다. 정중한 미소를 잃지 않고 임금을 눈곱만큼 인상해 준 데 대해 상관에게 감사를 표한 뒤 밥벌이를 계속할 기회를 준 것으로 고마워했어야 하는지 모른다.

하지만 대신 그녀는 문제에 정면으로 맞섰다. 물론 책임은 그녀에게 있었다. 기업도, 그녀의 상관도, 인사팀의 어느 누구도 아닌 그녀 자신이 임금 인상이 더뎌도 좋다고 서명했던 것이다! 그녀는 기업의 연봉 정책과 자신이 걷게 될 길을 알면서도 입사했다. 규칙이 확실하고 결과도 분명히 명시돼 있는 게임에 합류하겠다고 스스로 결정 내렸던 것이다. 물론 인맥이 든든하거나 실적이 좋거나 여러모로 시의적절한 사람들은 연봉 인상 속도가 조금 더 빠를 수도 있다. 하지만 연봉 5,000만 원 미만이던 대기업 직원이 이렇다 할 변화도 없이 3~5년 만에 1억 원이 넘도록 인상받는 일은 결코 벌어지지 않는 게 현실이다.

엘리가 소득 면에서 진정한 발전을 이루고 싶었다면 다른 게임에 합류했어야 했다. 돈을 벌 기회가 한정돼 있지 않고 실적이 소득으로 직결되는 게임 말이다. 만약 당신이 유능하고(실제로 그렇다) 공정하게 임금을 받고 싶다면 성과의 객관적 평가에 따라 돈을 받거나, 실패할 경우 빈손으로 집에 가는 방식을 원할 것이다. 여기서 객관적 평가의 기준은 매출 및 보유 고객 수가 될 테고 가능한 분야로는 마케팅이나 금융, 회계 등을 들 수 있을 것이다. 소득을 늘리려면 성과를 객관적으로 보상해 주고 잠재력이 무한한 직업을 가져야만 한다. 물론 뜬구름 잡는 소리로 들릴 수도 있다. 실적에 따라 돈을 받고 싶지 않은 사람이 어디 있겠는가! 문제는 그런 요구를 했다간 상관의 비웃음을 살 수 있다는 것이다. 실제로 당신이 새 프로젝트로 10억 원의 비용 절감을 달성했더라도 그 비용의 10%를 달라고 요구한다면 당신의 상관은 폭소를 터뜨릴 게 분명하다.

그렇다면 어떻게 해야 임금에 실적이 반영될 수 있을까? 실적에 따라 책정되는 임금의 장점은 소득에 이론상 한계가 없다는 점이다. 하지만 단점도 많다. 실적을 못 내는 사람은 임금을 거의 받지 못한다는 게 그중 하나요, 영업사원이나 도급업자처럼 수수료를 받는 근로자들은 대기업에서 실적 좋은 직원들에게 제공하는 풍부한 혜택들을 누릴 수 없다는 것도 단점이다. 마지막으로 수수료를 받는 영업사원, 컨설턴트나 도급업자들은 전문성을 쌓아서 정해진 임금을 뛰어넘는 수익을 올리기까지 수개월, 심지어 수년이 걸린다는 사실 역시 치명적이다.

따라서 현재 중간 수준의 임금을 받고 있지만 실적이 반영된 임금을 받고 싶다면, 그로 인해 현재의 임금은 더 이상 보장되지 않고, 기본급 역시 지금보다 못한 수준으로 떨어질 수 있는 위험 또한 있음을 알아야 한다. 또한 초반에는 평소보다 더 오래, 더 열심히, 더 영리하게 일해야 지금까지 편하게 받아 온 정해진 임금을 뛰어넘을 수 있다는 사실도 받아들여야 한다.

그럼 여기서 잠시 멈춰 보자. 이제 가장 중요한 포인트가 등장할 차례다. 이 부분, 이번 장 그리고 이 책에서 말하고자 하는 게 실로 여기 모두 담겼다 할 수 있다. 만약 돈을 더 많이 벌거나 금전적 자유를 일찌감치 달성할 시도를 해보고 싶다면 *기존 직업에서 나오는 일정한 수입은 포기해야 할 수도 있다.*

물론 이게 절대적인 진리는 아니다. 엄청난 연봉 덕에 많은 돈을 버는 건 물론, 연봉 협상을 통해 상당한 성과급까지 손에 넣는 사람들도 얼마든지 있다. 하지만 이런 사람들은 오랜 경력으로 능력이 이미 입증된 경우가 많다. 수년간 여러 성과를 내면서 명성을 쌓아 온 것이다. 그들의 목표는 금전적 자유의 조기 달성이 아니라 전문가로서의 성취감, 권력, 몸담은 분야에 대한 영향력이다. 분명한 건 1억 5,000만 원 이상의 연봉을 받는 사람들은 실적이 반영된 임금으로는 이 정도 소득을 보장받기가 무척 어렵다는 사실이다. 이 주장이 그들에게는 적용되지 않는 것이다.

상식적으로 생각해 보자. 현재 당신의 진로에 향후 3~5년 사이에 억대 연봉을 달성할 기회가 존재하는가? 만약 그렇다면 그 길에 머물러라! 당신은 소득을 스스로 통제할 수 있고 가장 수요가 많은 기술도 터득했다. 주택을 분할해 살면서 검소한 생활을 하고 1억 5,000만 원의 연봉을 받고 있다. 이런 사람은 빠른 시일 내에 금전적 자유를 획득할 것이다. 하지만 다른 조건이 모두 동일해도 연봉이 5,000만 원에 불과한 사람은 그럴 수 없다.

소득을 늘리고 싶은데 현재 직업에서는 아무리 잘 풀려도 원하는 만큼 벌 수 없다면 변화를 단행해야 한다. 현재 회사에서 (이를테면 영업처럼) 실적에 따라 임금이 달라지는 부서로 옮기거나, 아예 다른 회사로 옮기는 게 방법이 될 수 있다. 단, 실적에 따라 성과급을 더 받거나 덜 받을 수 있는 자리는 기본급이 삭감될 수 있다는 사실을 기억해야 한다. 그렇다고 이를 임금이 더 낮은 직업을 찾아봐야 한다는 뜻으로 해석해선 안 된다. 소득을 늘릴 기회가 존재하는 직업을 찾되, 덕분에 기본급이 줄어들 수 있다는 사실도 받아들여야 한다. 당신에게는 얼마든지 가능한 이야기다. 단기적으로 임금이 줄어도 버틸 수 있는 비상금을 일찌감치 마련해 놨고 자산 소득도 확보해 뒀으니 말이다.

앞에서 말했듯 영업사원이나 컨설턴트 혹은 도급업자들이 소득 기반을 구축하는 데에는 몇 개월, 심지어 몇 년까지 걸리기도 한다. 따라서 고액의 일정한 연봉을 받다가 실적대로 매겨지는 연봉을 받는 일자리로 갈아타면 당장은 소득이 줄어들 위험성이 크다. 그리고 새로 시작한 일이 잘 풀리지 않거나 꿈꾸던 소득 증대가 실현되지 않을 가능성도 당연히 존재한다.

하지만 실적에 따라 임금을 받았을 때 소득이 줄어들 위험성은, 있을 수도 있는 다른 위험성에 견줘 볼 필요가 있다. 재무 분석가 엘리를 기억하는가? 엘리는 회사에서 제시한 진로를 그대로 따라가면 자신의 잠재력에 비해 수입이 적을 것이란 사실을 안다. 그 길에 머물면 저임금에 시달리는 회사 책상 붙박이밖에 될 수 없고, 그 상태에서 금전적 자유에 다가가는 방법은 한 달에 100만~200만 원씩 10년을 모으는 것뿐이다. 이 역시 진짜 위험하지 않을 수 없다. 엘리는 자신이 진짜 유능한 인재인지 결정할 필요가 있다. 유능한 인재들은 '마케팅 분석 2팀'에 머물지 않는다.

연봉 2% 인상을 위해 뼈 빠지게 일하는 사이 당신의 꿈이 천천히 파괴될 위험성 역시 아주 큰 데다 실적대로 보상받는 일로 전환하고 1~2년간 파산 상태로 지내는 것보다 훨씬 절망적이다. 하지만 종잣돈 2,500만 원을 확보해 둬서 1~2년은 예금만으로 살 수 있다면 이런 건 문제도 되지 않는다. 금전적으로 바닥날 걱정 없이 일을 추진할 수 있는 것이다. 이렇게 재정적 청사진을 마련해 둔 이들은 자신의 잠재력을 발휘하지도 못하고 사는 게 영혼을 잠식하는 직장을 잃는 것보다 훨씬 두려운 일이라는 사실을 명확히 이해할 수 있다.

실적대로 임금을 받는 업무들 중 가장 쉽게 입문할 수 있는 게 영업이기는 하지만 그렇다고 꼭 영업사원이 될 필요는 없다. 특정한 성과를 낼 때마다 연봉이 인상되거나 성과급을 따로 지급하는 회사에 취업할 수도 있다. 하지만 그렇게 되더라도 실적을 반영한 임금은 보통 단기적으로는 기본급이 더 낮은 건 물론 별도의 혜택이나 기업 특전 역시 적다는 사실을 알아야 한다.

방법 ❸ | 일, 부업, 투자 사이의 시너지 발견하기

소득을 늘리는 건 해본 중 가장 어려운 일이 될 수도, 아니면 식은 죽 먹기가 될 수도 있다. 둘 중 어느 쪽이 될지를 결정하는 건 시너지다. 시너지는 두 가지 이상의 활동을 동시에 진행함으로써 가각의 활동을 따로 진행할 때보다 훨씬 큰 효과를 생성하는 걸 의미한다. 또, 살림이나 야근, 전문 기술을 활용한 높은 시급의 프리랜서 업무 등 당신이 어떻게든 할 수밖에 없는 일에 직접적으로 연관되는 프로젝트를 당신의 기술력과 성공 확률을 높이는 방식으로 진행하는 걸 의미하기도 한다.

퇴근 후 집 지하실에 처박혀 온라인 사업에 몰두한 결과 부자가 된 사람들의 사례를 듣고 자기 얘기가 될 수도 있다고 생각하는 이들이 너무나 많다. 너무나 많은 사람들이 누구는 주택을 분할했고, 누구는 프리랜서 컨설턴트가 됐으며, 누구는 전자상거래 사이트를 개설했다는 등의 수많은 사업 아이디어를 듣고 다닌다. 그들은 이런 얘기를 들으면 벌떡 일어나 자신의 '열정' 혹은 가장 큰 흥미를 일으킨 아이디어를 좇아 뭔가를 시작한다. 하지만 불행히도 대부분의 경우 이는 금전적 자유를 효율적으로 앞당길 수 있는 방법이 아니다. 앞에서 등장한 재무 분석가 엘리는 남는 시간을 이용해 모던 아트 작품을 판매하는 전자상거래 사이트를 개설했다. 어리석은 선택이 아닐 수 없다. 웹사이트 개설은 기업 재무와 겹치는 부분이 거의 없기 때문이다. 만약 엘리가 소프트웨어 엔지니어나 웹 마케터였다면 그녀는 온라인 사업으로 자신의 직업과 시너지를 낼 수 있었을 것이다. 하지만 재무 분석가인 엘리에게는 회계장부 정리나 소기업을 위한 재무 컨설팅 등의 부업이 유리하다. 그녀의 전문 기술을 활용할 수 있는 일이기도 하고 높은 시급을 벌면서 더 많은 경험도 쌓을 수 있는 일이니 말이다.

성공 확률을 높이고 싶다면 당신의 현재 생활 환경 및 직업과 시너지를 일으킬 수 있는 진로를 선택하라! 과거에 직업을 완전히 바꾸는 데 성공했다면 구축해 놓은 전문 기술과 핵심 경쟁력을 새 직업이나 새 사업의 기반을 잡는 데 활용하는 것도 좋지 않겠는가? 물론 당신의 일에 진저리가 나고 당신과 비슷한 이력을 가진 이들에게는 소득을 늘릴 기회가 없다고 느낀다면 직업을 완전히 바꿀 때임이 분명하다. 하지만 전문가로서의 경력과 훌륭한 소득을 고려할 때 대부분은 좋은 기회를 찾을 수 있을 것이다.

(부동산 중개인 조수였다 소프트웨어 엔지니어로 전향한) 클레이는 이 같은 경우의 좋은 사례다. 그는 직종을 부동산 중개업에서 소프트웨어 개발로 바꿨지만 하는 업무는 부동산 투자 사이트 관리

다. 새롭게 갖춘 기술적 전문성에 부동산 분야에서의 오랜 경력이 더해져 시너지를 일으킬 수 있는 것이다. 덕분에 그는 담당 업무와 관련해 유일무이한 능력을 자랑하고 부동산 지식이 부족한 다른 소프트웨어 개발자들은 자칫 놓칠 수 있는 사안들까지 고려하는 강점을 지녔다.

당신이 저지를 수 있는 최악의 실수는 완전히 다른 두 가지 일을 동시에 진행하는 것으로, 자칫하다가는 당장 꿈을 포기해야 하는 재앙으로 이어질 수 있다. 그보다 당신의 직업과 시너지를 일으킬 수 있는 일을 선택하도록 하라.

부업

돈 관리 비법에 대해 글을 쓰거나 가르치는 많은 사람들이 금전적 자유의 조기 달성과도 관련 있는 '부업'의 개념에 대해 이야기한다. 그들이 사용하는 '부업'이라는 단어는 사업을 시작하거나, 두 번째 직업을 갖거나, 혹은 프리랜서로 일하는 걸 의미한다. 여기서 목표는 생활비를 훌쩍 뛰어넘거나 정규 수입을 대체할 수도 있는 규모로 소득을 늘리는 것이다.

부업이 성과를 거두는 경우도 있어서 전 세계적으로 셀 수 없이 많은 부업 사례가 존재한다. 하지만 부업은 차선책으로 여겨져야 한다. 부업이 재정 상황에 미칠 수 있는 영향은 본래 직업에 중대한 변화를 일으켜 거둘 수 있는 효과에 비하면 미미한 수준에 지나지 않는다.

열정 vs 임금

미국 청년들은 '당신의 열정을 좇아라'라는 말을 귀에 못이 박히도록 듣는다. 이 문구대로라면 당신이 사랑하는 일을 할 때 돈은 따라오게 되어 있다.

물론 실제로 그런 사람들도 있겠지만 아닌 사람들이 더 많은 게 현실이다.

당신이 소프트웨어 개발이나 건축 혹은 비즈니스 분석에 열정을 느낀다면 무슨 수를 쓰든 그 열정을 좇아라. 돈은 자연히 따라오게 돼 있다. 정치과학이나 예술사, 문학, 비디오게임 등에 열정을 느끼는 것 역시 훌륭하다. 하지만 그 분야에 완벽히 헌신하면서 험난한 미래에 대비하는 게 좋을 것이다. 심지어 거기에 온 열정을 쏟아붓고 깨어 있는 대부분의 시간을 바칠 준비도 되어 있어야 한다. 워낙 경쟁이 치열한 데다 그나마 밥벌이가 되는 일자리도 거의 없기 때문이다. 수학보다는 역사를 좋아하지만 이른바 열정이 담긴 책을 밤늦게까지 읽는 경우는 없다면 이를 직업으로 삼아선 안 된다. 대신 뭔가 시장성이 있는 것을 좇아야 한다. 역사에 재미를 느끼는 사람은 수백만 명에 이르지만 특정 사건이나 인물, 혹은 문화 분석을 통해 성취감을 느끼는 사람은 수백, 심지어 수십 명에 불과하다.

여기 좋은 소식이 있다. 당신은 상당히 이른 나이에 금전적으로 자유로워질 것이다. 임금 걱정 없이 당신의 열정을 좇으면서 인생의 대부분을 보낼 수 있다. 단, 당신의 소득은 성장이 가능한 직업에서 나와야 한다. 같은 맥락에서 아직 당신의 열정을 발견하지 못했다면 더 이상 찾는 일을 멈춰라. 현재 가능한 분야들 중 임금이 가장 후한 곳을 선택해 기술을 터득하거나 직업을 찾아라. 힌트를 주자면 당신이 뛰어난 실력을 갖추게 되고 그에 따라 후하게 보상해 주는 직업이라면 그게 무엇이든 사랑하게 될 것이다.

세상이 해양 생물학 혹은 18세기 영국 역사를 향한 당신의 열정을 인정해 고소득 직장을 선사해 줄 거라고 착각해선 안 된다. 그런 열정은 자유 시간에 탐구하거나 밥벌이에서 일찌감치 해방된 이후에 즐길 노릇이다. 전문가가 되려면 온종일 노력을 쏟아부어야 하는 만큼 수요가 좀 더 높은 직업을 찾는 게 좋다. 그리고 이같은 결정은 대학 재학 중에 내리는 경우가 대부분이다. 시장성도 거의 없는 주제를 공부하기 위해 4년의 시간과 수천만 원의 비용을 들일 필요가 없다. 당신만의 시간에 돈 들이지 않고 재미삼아 공부하는 것도 얼마든지 가능한데 대학은 애초에 왜 가는 것인가? 그보다 직업 시장에서 당신이 좀 더 우위에 놓일 수 있는 학위를 취득해야 한다. 시장에서 별 효용 가치가 없는 학위는 매몰비용만 발생시킨다. 소득을 늘리고 싶다면 실제로 돈이 될 만한 뭔가를 처음부터 다시 배워야 한다.

당신의 열정을 직업으로 삼아도 좋다. 단, 그 열정에 시장성이 있거나 최고의 자리에 오르기 위해 무엇이든 할 준비가 돼 있다면 말이다. 그게 아니면 수요가 높고 성장 가능성이 충분한 직업을 찾아야 한다. 만약 잘못된 선택을 했다면 처음부터 다시 시작

하고, 임금이 낮은 직업을 선택한 바람에 금전적 자유의 조기 달
성이 지연됐다는 사실을 받아들이라.

자신의 소득을 통제할 수 있는 사람이 그렇게 적은 이유는?

전 세계 어디서나 좋은 사람, 똑똑한 사람, 전문성을 갖춘 사람
들은 노력의 대가로 꾸준히 임금을 받는다. 평일이면 정시에 출근
하고, 상관과 좋은 관계를 유지하며, 적절한 복장을 갖추고 적절
히 행동하면 월급도 받고 2~3년에 한 번씩 승진해서 2~4%의 연
봉 인상도 받을 수 있다. 여기에 잘못된 건 전혀 없으며 수백만 명
의 사람들이 이런 식으로 사회에 커다란 기여를 한다. 하지만 이
사람들 중 대다수가 반평생을 일에 헌신해도 늘그막에는 별로 대
단할 것 없는 액수의 돈을 손에 쥐고 퇴직하는 게 현실이다.

이것이 40년 월급쟁이 생활의 흔한 결말이다. 소비를 극단적으
로 줄이면 이보다 훨씬 빨리 퇴직하는 것도 가능하기는 하지만 말
이다. 그런데 검소한 생활을 하면서 적극적으로 소득도 늘려 가
는 사람들은 금전적 자유를 더 빨리 이룰 수 있다. 몇 푼 안 되던
자산이 밥벌이에서 완전히 해방되는 수준까지 불어나는 데 10년,
7년, 심지어 5년이면 족한 것이다. 고소득과 높은 저축률의 합이
야말로 금전적 자유를 빠르게 끌어당길 수 있는 비법이다.

수십 년간 묵묵히 월급을 모으고 그 돈을 다시 투자하며 자산을
관리하는 게 내키지 않는 이들은 직업을 바꿔야 한다. 질질 끌면
끌수록 금전적 자유로 가는 여정은 더 힘들어지고 더 길어질 뿐이

다. 게다가 전문성이 높은 사람일수록 뒤늦게 직업을 바꾸면 전문성을 키우는 데 들인 세월을 허비한 셈인 만큼 더 좋을 게 없다. 그러니 여러 분야에 걸친 성공의 원칙을 근본적으로 이해하고 기회가 열려 있는 틈새시장을 집중 공략하라.

하지만 가장 힘든 건 부인할 수 없는 진리를 인정하는 것이다. 만약 중간 수준의 임금을 받는 화이트칼라 근로자로서 자신의 일에 별 열정을 느끼지 못한다면 직업을 바꿔야 한다는 진리 말이다. 이쯤 되면 이 주장을 뒷받침하는 논리가 명백해진다. 하지만 당신은 스스로에게 이런 질문을 던질 것이다. '그런데 왜 사람들은 직업을 바꾸지 않지? 왜 내 주변의 가방끈 긴 인재들은 장시간 회사에 매여 일만 잘할 뿐 새로운 시도 같은 건 고려조차 하지 않는 거지? 자신의 일을 그리 좋아하는 것 같지도 않은데 그렇다고 그만두지도 않잖아. 그런데 왜 나만 그만둬야 해? 왜 나만 그렇게 극단적인 선택을 해야 하지?'

이 질문들에 답하기 위해 사례를 들어 설명하겠다.

똑똑한 사람들은 공짜 돈을 거부한다

재무 분석가인 엘리는 재무 계획 및 분석 분야의 전문가다. 생활 속 비즈니스(그리고 기업체의 비즈니스)를 살피고 계산기를 두들겨 기업체나 개인의 재무 모델에서 가장 중요하고 영향력이 큰 변화를 만들 수 있는 부분이 어딘지 결정한다.

엘리와 비슷하거나 좀 더 수준 높은 실력을 갖춘 재무 설계사 및 분석가의 대다수는 대기업에 근무하고, 돈은 거의 모으지 못하며, 기업 혹은 개인의 수익에 아주 미미한 영향을 끼칠 뿐인 분석 작업을 한다. 투자 은행 세계에 몸담고 있는 이들이 정작 자신의 수익에 있어서는 제자리걸음이라니! 하지만 이는 직업 때문에 금전적 자유를 좇을 시간이 도저히 나지 않기 때문이다. 사실, 엘리의 동료들 중 대다수는 회사 책상에 쭈그리고 앉아 나스닥에 상장된 거대 기업들의 주식을 사들이며 수익을 극대화하는 데 혈안이 되어 있다.

엘리는 결코 그런 사람들 중 하나가 되고 싶지 않다. 대신, 이른 나이에 금전적으로 자유로워져서 온갖 기회들을 마음껏 좇고 싶다. 엘리는 그녀보다 훨씬 똑똑하고 스프레드시트도 훨씬 잘 다루며 비즈니스에 대해서도 훨씬 해박한 경영학 석사들이 정작 자신들의 자산은 효율적으로 운용하지 못하는 걸 보고 놀라움을 금치 못했다. (자신의 소비 패턴 같은) 기본적인 데이터를 보면서도 훤히 드러나 있는 가장 큰 문제점을 파악하지 못하는 그들에게 경악하고 말았다. 그들은 기업체를 운영하면서 드러나는 수많은 문제점들은 포착하면서도 개인적인 생활 속의 똑같은 오류는 보지 못하는 것이다.

그녀는 1,500줄짜리 스프레드시트를 작성할 수 있는 경영학 석사와 함께 일한다. 모든 비용을 10원 단위까지 표기해 미래에 대한 아름다운 전망을 내놓지만 자신의 재정 문제에 관해서는 아주 큰 그림도 분석하지 못한다. 이런 사람들은 전문가로서는 알짜배

기다. 하지만 자신의 재정 문제에 있어서는 초보적인 실수들을 저지른다. 엘리도 처음에는 이런 전문가라면 자신이 모르는 걸 알 거라고 선의의 해석을 했다. 하지만 이내 이 재정 전문가들이 사실 자신의 기본적인 재정 상황을 이해하기는커녕 자산 축적도 전혀 중요하게 여기지 않는다는 사실을 깨달았다.

엘리의 회사에는 직원들이 회사 주식을 15% 할인가에 매입해 즉각 귀속시킬 수 있는 프로그램이 있다. 10만 원짜리 주식을 8만 5,000원에 매입한 뒤 팔아서 1만 5,000원을 남길 수 있다는 뜻이다. 연간 한도 금액만 지키면(예를 들어, 2,125만 원으로 2,500만 원 가치의 사주를 매입한다) 처벌받을 일도 없다. 말하자면 즉시 15% 이윤을 남길 수 있는 기회가 존재하는 것이다.

유일한 애로 사항이 있다면? 그녀의 돈이 '펀드'로 유입돼 해당 분기 동안은 묶여 있어야 한다는 점이다. 그녀의 월급 통장에서 돈이 자동 인출되고 (사실, 분기 동안에는 돈이 펀드에 보관돼 있다 분기 말에 주식을 매입한다) 정해진 날짜에 주식을 한꺼번에 사들이기 때문이다. 이때부터 그녀는 주식을 팔아 15%의 수익을 거둘 수 있다. 물론 주식 전망이 좋다고 판단되면 좀 더 갖고 있을 수도 있다.

엘리는 즉시 이 프로그램의 원리를 파악하고 자신의 자금 한도 내에서 최대의 주식을 매입하기 위한 준비에 착수했다. 그런데 이내 아주 놀라운 사실을 깨달았다. 그녀의 동료들 중 이 프로그램에 대해 아는 이가 거의 없을뿐더러 거액의 돈을 투자하려는 사람은 심지어 아무도 없었던 것이다! 뭔가 꺼림칙한 게 있을 거라고 그녀는 생각했다. 하지만 교육 수준도 높고 경험도 많은 동료들과 한 명씩 얘기를 나눠 봐도 그런 건 없었다. 그들이 이런 프로그램에 대해 알지 못하는 건 그저 알아보려 들지 않았기 때문이다! 자신들의 이윤을 어떻게 현금화할지 고민하고 싶어 하지도 않았고 쉽게 돈 벌기 위해 약간만 신경 쓰는 것조차 귀찮았던 것이다.

엘리는 개척자가 되기로 결심했다. 프로그램에 서명하고, 대폭 할인된 사주의 매입금이 빠져나간 월급을 약 15주간 받았다. 그렇게 한 분기가 지나고 그녀는 주식을 팔아 꽤 훌륭한 자본 수익을 올렸다. 첫 분기에 약 531만 3,000원으로 주식을 매입해 625만 원에 팔았고, 그 결과 93만 8,000원을 벌었으니 훌륭하다. 이 프로그램이 돈이 된다는 게 확인된 것이다. 별로 골치 썩을 일도 없으니 공짜 돈이나 마찬가지다. 그녀가 할 일이라곤 본래 임금보다 조금 적은 돈으로 위험 부담도 없이 13~15주간 버텼다 93만 8,000원의 수익을 거두는 것뿐이다.

크게 흥분한 그녀는 이 같은 성공 스토리를 동료들에게 들려주면서 이제 이 프로그램에 동참하는 이가 급증할 거라고 생각했다. 그래서 프로그램에 어떻게 가입하는지, 궁금한 건 누구에게 물어봐야 하는지 등 자세한 설명을 무려 30분에 걸쳐 늘어놓았다.

하지만 그녀의 조언을 실행에 옮기는 이는 아무도 없었다. 그녀가 직원 사주 매입 프로그램의 혜택을 누리도록 권고한 동료들 중 단 한 명도 행동으로 옮기지 않은 것이다. 급기야 공짜 돈을 거부하는 이유를 묻는 그녀에게 동료들이 다양한 핑계들을 쏟아 냈다.

핑계 ① | "지금보다 적은 월급으로는 3개월간 살 수 없어."

엘리는 이런 경우를 단 한 번도 생각해 본 적이 없었다. 그녀는 소득의 절반 이상을 저축해 이 프로그램에 참여하기 전에 이미 1년간 살 수 있는 돈을 구축해 둔 것이다.

핑계 ② | "매매 시점에 주가가 떨어질까 봐 두려워!"

엘리 역시 그녀가 주식을 보유하는 2시간 사이에 주가가 폭락할 수도 있다고 생각했다. 하지만 모든 가능성을 고려해도 주가가 그렇게 짧은 시간에 대폭으로 상승하거나 하락할 리는 없었으며, 설사 그런 일이 생기더라도 다음번에 다시 수익을 낼 확률도 높다고 결론지었다.

핑계 ③ | "귀찮아."

엘리는 당황스러웠다. 하루 중 가장 긴 시간, 일주일의 가장 많은 나날, 일생에서 가장 긴 세월을 그녀 옆 작은 책상에서 보내는 이들이었다. 이들은 회사에서 조금이라도 높은 지위를 차지하려고 세력 다툼을 하고, 승진 및 임금 인상을 위해 차곡차곡 스펙을 쌓아 나간다. 자신의 상품 가치를 높일 수 있는 경영대학원에 등록하고자 수천만 원 심지어 수억 원의 빚을 내는 것도 마다하지 않는 사람이 바로 이들이다.

반면 그녀가 설명한 프로그램은 불과 30분이면 모든 과정이 끝나는 데다 즉시 연 375만 원의 수익을 낼 수 있다. 그들은 어쩌면 그렇게 (재무를 관리하는) 자신의 커리어에만 혈안이 돼 있고 개인 자산을 손쉽게 불리는 데에는 무관심할 수가 있다는 말인가?

핑계 ④ ┃ "수익 나면 세금 내야 되잖아!"

절망한 엘리가 쏘아붙였다. "수익이 나면 당연히 세금을 내야지. 그럼 다음에 월급 오르거든 나한테 넘겨. 내가 기꺼이 인상분에 대한 세금을 내주고 나머지는 가질게!"

실제로 이런 일들이 벌어진다. 사람들은 이 같은 핑계들을 대면서 연 375만 원의 수익을 거부한다. 그것도 수십 년의 경험을 자랑하고 최고 수준의 비즈니스 교육을 받은 전문가들이 말이다. 똑똑한 사람들이 등잔 밑의 공짜 돈을 보지 못하는 것과 마찬가지로 이렇게 똑똑한 사람들이 그들의 발목을 잡는 게 직장이라는 사실을 깨닫지 못한다. 이들은 최소한의 노력으로 자신의 자산에 큰 차이를 만들 수 있다는 사실을 직접 확인했다. 모든 얘기를 들었고, 연간 수백만 원의 수익을 올릴 수 있는 2시간의 절차에 대한 설명도 들었다. 그런데도 자신들의 이득을 늘리는 데 꼭 필요한 일들을 행동으로 옮기는 걸 거부했다.

얼마 지나지 않아 엘리는 직장을 그만뒀다. 그녀는 다른 사람들이 직장을 관두지 않는 이유가 직원 주식 매입 계획을 통해 공짜 돈을 벌지 않는 이유와 같다는 사실을 깨달았다. 뭔가 새로운 시도를 하는 게 두렵거나, 유동 현금이 잠시라도 줄어드는 걸 감당할 수 없거나, 혹은 너무 게을러서 자가 교육이 안 되는 것이다. 이런 문제들이 이 나라의 수백만 시민들을 괴롭히고 있다. 머릿속으로는 재정적 독립을 추구하고 더 많은 소득의 기회를 좇는 이들이 자기도 모르게 자신의 발목을 잡고 이리저리 휩쓸려 다니는 것이다.

문제는 이들이 바보가 아니라는 사실이다. 엘리의 동료들은 하나같이 똑똑하고 성실하다. 그런데 돈을 벌기 위해 그렇게 열심히 일하는 사람들이 일단 입금만 되면 아무 생각 없이 방치해 두는 게 문제다. 사람들은 돈을 관리하지 않는다. 자신의 친구들이나 동료들도 돈을 관리하지 않는다는 이유로 말이다. 원하는 걸 원하는 때에 하면서 의도대로 살아가는 건 이들에게 '정상'이 아니다. 현금을 일시적으로 묶어 두고 625만 원어치의 주식을 531만 3,000원에 매입한 뒤 3개월 내에 팔아서 수익을 남기는 것 또한 정상이 아니다. 이들에게 정상이란 아침 8시에 출근하고 5시에 퇴근하며, 말도 안 되는 회사의 새로운 정책에 대해 불평하고, 임금 협상을 한 뒤에는 돈을 적게 준다며 또다시 불평을 시작하는 생활이다. 더도 말고 덜도 말고 딱 회사에서 주는 만큼만 벌고, 또 그만큼만 쓰고 사는 게 정상이다.

엘리와 함께 일하는 이들은 시험이나 법률 문서 혹은 사업 계획안에서 사소한 실수 하나도 놓치지 않고 찾아내는 사람들이다. 그런데 개인적인 생활이나 예산에 있어서는 너무 커서 심지어 아이들도 볼 수 있는 구멍을 몇 개씩 갖고 있다. 이들 중에는 자신의 일을 사랑하는 사람도, 그렇지 않은 이들도 있겠지만 10년 이내처럼 가능한 기간 안에 월급에 의존하지 않고도 지낼 수 있는 여건을 만들 계획은 어느 누구에게도 없다. 사실 엘리는 유료 TV 회사에서 근무한 적이 있었다. 2017년에 그곳에서 일한 직원들은 회사가 언제 망할지 모르는 만큼 임금 없이도 살 수 있는 금전적 자유의 조기 달성을 위해 나아가고 있었다.

지나가는 아이를 붙잡고 애버리지 조의 지출 및 시간 사용 내역에서 가장 큰 부분을 차지하는 게 무엇인지 물어보라. 답은 간단하다. 지출 내역에서는 주택과 교통비, 시간 사용 내역에서는 일과 커리어 그리고 수면이다. 누가 봐도 어렵지 않게 알 수 있다. 수백만 전문가들이 파악할 수 없는 뭔가가 아니라는 얘기다.

하지만 엘리보다 뛰어난 분석가들이 간단한 데이터에서 기본적이고 명확한 결론조차 도출하지 못하는 경우가 많다. 엘리보다 뛰어난 분석가들이 수억 미국인들의 생활에서 수집한 데이터들을 합산해 효과가 있는 건 무엇이고 또 없는 건 무엇인지 알아내는 것조차 하지 못한다. 심지어 세계 최고의 분석가들조차 치열한 경쟁을 피해서, 중간 관리자가 선택한 삶이 아닌 자신이 선택한 삶을 살고자 하는데 대체 발목을 잡고 있는 게 무엇인지 보지 못하는 것이다.

당황스럽게도 똑똑한 사람들은 돈을 많이 못 버는 이유가 다름 아닌 자신의 직업/커리어라는 사실을 전혀 알지 못한다. 그리고 소득이 달라지길 바란다면 이는 가장 먼저 바꿔야 하는 현실이다. 회사에 엄청난 기여를 하고 있는 한편, 승진 가도를 달리는 것 이외에는 그 어떤 꿈도 좇을 줄 모르는 똑똑한 전문가가 되어서는 안 된다. 예측 가능한 임금 상승밖에 보장하지 못하는 표준화된 커리어에 의존해서도 안 된다. 5년 만에 정신이 번쩍 들어 능력보다 적게 받고 있다는 사실을 깨닫는 일도 없길 바란다. 당신 스스로가 자신을 보통 회사의 월급쟁이에 끼워 맞추고 있음을 안다면 너무 적게 번다고 불평할 자격도 없다.

손해를 두려워 말고 목표를 기억하라

건강관리, 생명 보험, 퇴직 연금 프로그램, 귀속 주식 옵션, 유급 휴가 등은 대기업에서 일하거나 급여 소득을 올릴 때 누릴 수 있는 특전의 일부다. 미국인들은 건강관리, 생명 보험, 퇴직 연금 프로그램, 귀속 주식 옵션, 유급 휴가 등을 원한다. 이런 혜택들이 물론 좋기는 하지만 나무를 보다 숲을 못 보는 실수를 해서는 안 된다. 이런 특전은 소득 인상 기회에 비하면 아무것도, 정말 아무것도 아니다.

이런 혜택들로 인해 직원들은 자신의 직업이 안정적이라고 착각한다. 하지만 그건 잘못된 생각이다. 그들의 목표를 파악하라. 쓸모가 있는 한 그들은 당신이 이직할 생각을 못하도록 확신을 줘야 한다. 당신이 그저 현실에 안주하면서 회사에 계속해서 이윤을 창출해 주도록 만들어야 한다. 이직해서 새로운 기회를 좇는 게 당신에게는 더 소모적이고 어렵다고 느끼도록 해야 하는 것이다.

건강관리 혜택이나 퇴직 연금 프로그램, 귀속 예정인 주식 옵션과 쌓여 있는 유급 휴가를 잃기 싫은 마음에, 엘리가 박차고 나온 직장에서도 여전히 일하고 있는 가난한 바보들이 많다는 사실을 떠올려 보라. 출중한 사람들을 회사의 중간 관리직에 오래 붙잡아 둘수록 회사로서는 얻을 게 놀라울 만큼 많아진다. 많은 이들이 자신의 직업을 좋아하지 않는다. 그런데 왜 그만두지 않느냐고 물으면 그들은 "3월에 있을 진급 발령을 기다리고 있다"든가 "2년만 더 있으면 주식이 완전히 귀속된다"는 등의 얘기를 늘어놓는다. 이들은 실현되지 않는 특전이나 약속들을 바라보면서 말 그대로 자신이 싫어하는 일을 수년씩이나 해오고 있다. 그 특전이라는 것도 돈으로 환산해 보면 모두 합쳐 몇백만 원에 불과하다. 수많은 산업체에서 그 정도 보상은 단 한 번의 매출로 충당할 수 있다. 이 같은 혜택 구조와 승진 계획에 눈이 멀어 인생에서 가장 중요한 시간을 별 볼일도 없는 뭔가와 맞교환하는 어이없는 상황이 발생하고 만다.

온갖 특전의 노예가 되어서는 안 된다. 이들은 객관적 성과에 따라 임금이 인상되는 능력, 기업의 생산량에 따라 임금이 인상되는 능력, 자기 의지에 따라 일하거나 일하지 않는 능력에 비하면 아무것도 아니라는 사실을 기억하라. 물론 이 특전들이 전혀 무가치하다는 얘기가 아니다. 분명 유용하기는 하지만 다가올 기회들보다 높은 우선순위를 차지해서는 안 된다는 얘기다. 표준 특전이라고 해도 반드시 고용주로부터 제공받아야 하는 것도 아니다. 직접 보험에 가입해서 의료비용을 절약할 수도 있고, 회사에서 제공하는 것과 별도로 퇴직 연금 계좌를 만들 수도 있다. 이 특전들을 포기하는 순간 모든 걸 잃는다는 착각의 늪에 빠져선 안 된다. 안정이 아닌 기회를 좇아라. 안정은 고용주가 제공하는 화려한 특전 패키지가 아니라 꾸준히 길어지는 당신의 경제 활주로가 보장해준다.

결론

어려울 게 전혀 없다. 소득을 늘리고 싶기는 한데 수익을 창출하는 자산에 투자할 현금이 없다면 선택할 수 있는 건 다음의 몇 가지뿐이다.

- 나가서 연간 수천만 원의 수익을 올릴 수 있는 새로운 기술을 터득하라.
- 실적에 따라 무제한 보상을 제공하는 직장을 구하라.
- 사업을 시작하라.
- 프리랜서가 되거나 부업을 시작하라.
- 창의력을 발휘해 당신의 직업과 시너지를 일으켜라.

물론 순자산이 거의 없거나 종잣돈 2,500만 원이 전부인 사람들은 이 방법들 중에서도 뭐가 더 유리할지 알아볼 것이다. 사실, 부업으로 사업을 시작하거나 프리랜서가 되는 게 온종일 일해서 소득을 늘리는 것보다 경제적으로 더 큰 성과를 낼 수 있을지는 미지수다. 물론 이런 규칙에 예외가 되는 사례들도 수없이 많다. 그러니 당신에게 어떤 방법이 맞을지, 어떻게 해야 가장 큰 성과를 낼 수 있을지 결정하는 건 당신의 몫이다.

두려움 없이 기회를 좇을 수 있는 재정 환경을 만들어라. 잠재력이라고는 없이 지루한 직장의 화려한 혜택들에 발목 잡히지 않을 수 있는 재정 환경을 만들도록 하라. 똑똑하고 재능도 있지만 꿈을 좇기 위해 새로운 도전을 하기에는 지나치게 게으르고, 겁도 많으며, 경제적으로도 무능한 수백만 명 중 한 사람이 되어선 안 된다.

크게 성공할 확률이 낮기는 하지만 그래도 현재 직장에 계속 머물면서 더 많은 소득을 올리겠다는 의지가 확고하다면 최소한 현재의 일과 시너지를 낼 수 있는 기회를 좇도록 하라. 한편 실적에 따라 임금을 받거나 다른 기회를 이용해 소득을 통제할 수 있게 된다면 성과도 더 좋아지고 만족감도 커질 가능성이 높다. 기회비용이 기본급 삭감으로 이어지는 경우가 많다는 사실을 기억하고, 이런 기회들의 장점을 마음껏 누리려면 저축을 해야 한다는 사실도 명심하도록 하라. 1부에서는 당신의 소득을 늘리는 방법에 대해 이야기했다. 쌓아 둔 돈이 많고 월 지출이 적은 사람일수록 위험 부담 없이 기회를 좇을 수 있기 때문이다.

　물론 소득이 늘거나 시너지를 일으켜서 추가 수익을 낼 가능성 따위 없는 직업을 선택했다면 자존심은 접어 두고 새로운 기술을 터득해 처음부터 다시 시작해야 한다. 가까운 미래에 높은 소득을 올릴 수 있길 바란다면 말이다. 이번엔 좀 더 현명하게 생각해서 프리랜서로 일할 수도 있고, 높은 소득 및 다양한 기회도 보장해 주는 직업을 선택하도록 하라.

제7장

소득을 늘릴 수 있는 직업으로 갈아타기

이제 당신은 여러 가지를 분명히 깨달았을 것이다. 이를테면 추가 소득을 올릴 시도도 하지 않고 일반 직장에서 그냥 온종일 일하다가는 하루빨리 부자가 될 수 없다. 부업을 해서 큰돈을 버는 것도 가능하겠지만 이는 극히 드문 일이다. 따라서 필요한 변화들을 단행해 다른 직업을 갖는 게 훨씬 효과적인 계획이라 할 것이다. 하루의 대부분을 보낼 수 있을 만큼 열정을 느끼고, 소득을 늘려 갈 수도 있는 직업으로 말이다. 그리고 이 같은 변화는 빠르면 빠를수록 좋다.

이번 장에서는 직업과 관련해 좀 더 폭넓은 조언을 들려주겠다.

앞부분에서 논의된 내용들에 비하면 그리 놀라울 건 없다. 그래도 여전히 중요하기는 마찬가지고 간과되는 경우가 많은 만큼 더 주의 깊게 들어야 하는 얘기들이다. 가장 기본적인 것들을 제대로 하지 못하면 성공의 가능성도 그만큼 줄어든다는 사실을 기억하라. 검소하고 효율적인 생활 방식을 구축하면서 형성된 습관들이 돈을 더 많이 벌겠다는 목표와 더불어 시너지를 일으킬 수 있음을 명심하라. 이번 장의 목표는 소득을 늘릴 수 있는 직장에서 성과를 내는 데 도움이 될 만한 기본 원칙들을 알려 주는 것이다. 성공의 원칙 중에는 사업과 직업에 공통적으로 적용할 수 있는 원칙들이 존재하며 그리 복잡하지도 않다.

더 이상 발전 가능성이 없는 직장을 떠나 빠른 시일 내에 소득 증가가 보장되는 직업을 갖기로 마음먹었다면 앞으로 더 재밌어질 것이다. 이제 그저 출근해서 시키는 대로만 하면 되는 게 아니라 결과가 중요한 세계에 들어선 것이다. 실적대로 보상받는 이 새로운 세계에서 앞서나가고 싶다면 사회생활을 시작한 이래 어쩌면 처음으로 진짜 실적이라는 것을 내야만 한다. 실적을 내는 건 회사에 그저 왔다갔다 하는 것과는 차원이 다르다. 상사가 시키는 대로 하고 그 대가로 돈만 받으면 그만이라는 월급쟁이들도 수없이 많다. 하지만 실적대로 보상해 주는 임금을 받으려면 객관적으로 평가할 수 있는 결과를 내야 한다. 창의력을 발휘해 남다른 결과를 생산해야만 남과 다른 임금을 받을 수 있는 것이다. 당신이 어떤 일을 어떻게 하는지가 실적과 무관한 임금을 받을 때보다 훨씬 중요해졌다. 통과 아니면 낙방만 존재했던 세상에서 실적과 임금이 무제한 늘어날 수 있는 세상으로 옮겨 온 것이다.

돈을 더 많이 벌기 위한
다섯 가지 전략

1. 성취율이 높은 환경 속으로 들어가라.
2. 끝없이 읽고 공부하라.
3. 끊임없는 발전을 도모하라.
4. 사소한 결정에 시간을 끌지 말라.
5. 행운이 날아들 수 있는 여건을 만들어라.

전략 ❶ | 성취율이 높은 환경 속으로 들어가라.

연봉도 높고 부가 소득도 내는 새 기술을 터득하기로 했든, 아니면 실적대로 임금을 받기로 했든 당신의 주위에 항상 최고의 인재들이 가득하길 바랄 것이다.

포부도 크고 젊은 인재들이 위계질서 확실하고 승진 코스도 정해져 있는 기업에 들어가면 잠재력을 펼칠 수가 없다. 해야 할 일이라고는 상사와 좋은 관계를 유지하고, 제시간에 출근하며, 이따금 늦은 저녁까지 책상 앞에 앉아 적절한 타이밍에 온갖 노력을 쏟아붓는 모습을 보여 주는 것뿐이니 말이다. 그렇게만 하면 정해

진 스케줄에 따라 승진하면서 서열 높은 자리로 올라갈 수 있다. 하지만 머리도 좋고 종전까지 계속 뭔가를 성취하며 살아온 이들에게 이런 환경은 영혼을 잠식하는 결과를 낳을 뿐이다. 포부를 없애고 역경을 제거해 사람들이 직장에서 실로 훌륭한 성과를 내고 빠르게 성장하는 걸 가로막는다.

그보다는 다른 회사 동료들보다 성과의 수준도 훨씬 높고 끊임없이 뭔가를 성취하는 사람들이 많은 환경에 처하도록 하라. 당신이 종사하는 분야에서 진정 뛰어난 사람들을 만나야 한다. 나의 멘토는 조슈아 도킨(내가 다니는 회사 '비거포켓'의 설립자이자 CEO)과 브랜든 터너(팟캐스트 공동 진행자이자 20대에 자수성가한 부동산 재벌)다. 이들은 대단한 업적을 이룬 사람들이다. 나는 이들을 만나기 전부터 그들에 대한 자자한 소문이나 그들의 팟캐스트를 들어왔기 때문에 내가 종사하고 싶은 분야에서 사업을 시작해 명성을 쌓았다는 사실을 잘 알고 있었다. 이들과 함께 일할 기회가 제 발로 찾아왔을 때 나는 절대 놓치지 않고 신속하게 배워서 소득을 늘리고 내 명성까지 쌓는 성과를 모두 거두었다.

그렇다고 일반 기업의 직원들에게선 배울 게 없다는 뜻이 아니다. 그들의 지위가 부가 수익을 창출하는 결과를 신속하게 생산할 수 있는 자리는 아니라는 뜻이다. 그들이 성취할 수 있는 건 한 단계 진급하거나 몇 달 단위로 임금 인상을 받는 것뿐이다. 물론 이런 성취가 오랜 기간 쌓여 큰 차이를 만들 수도 있겠지만 현재의 자리에 머문다면 10년 이내에 소득을 두세 배로 늘리는 건 불가능하다. 그리고 이는 결코 그들이 무능해서가 아니다. 환경이 그렇게 만드는 것이다.

이렇게 주변 사람들과 함께 당신을 둘러싼 물리적 공간, 사용할 수 있는 도구 및 장비들에 대해서도 생각해 보자. 비좁은 공간에서 잡담하기 좋아하는 사람들과 다닥다닥 붙어 일하는 게 당신의 생산성에 도움이 될 리 없다. 그보다 오랜 시간 동안 중요한 일에 집중할 수 있도록 쾌적한 공간과 편의용품이 갖춰진 작업 환경을 구축하도록 하라.

뿐만 아니라 작업을 제대로 하려면 필요한 도구들도 갖추고 있어야 한다. 혹시 회사에 구비된 장비들이라고는 모두 구식이고 심지어 사내 인터넷 사용도 금지돼 있는가? 아니면 최신 장비들과 원하는 모든 정보를 열람할 수 있는 환경이 갖춰져 있는가?

당신의 직장 환경은 어떤가? 당신이 존경하는 사람들, 모방하고 싶고 배울 것도 많은 사람들로 채워져 있는가? 작업에 필요한 최신식 도구 및 장비가 완비된 쾌적한 작업 공간을 갖추고 있는가? 당신에게 성공을 요구하는 환경 속으로 들어가기 위해 할 수 있는 모든 일을 해야 한다. 당신의 커리어에서 진정 앞서나가고 싶다면, 그래서 소득을 대폭 늘리고 싶다면 그 밖의 환경은 용납되지 않는다.

전략 ❷ | 끝없이 읽고 공부하라
당신의 커리어를 통해 돈도 더 많이 벌고 더 큰 성공도 거두고 싶은가? 가까운 서점에서 해당 커리어와 관련된 책을 구입해서 읽어라. 그리고 그 다음 주에 또 다른 책을 읽어라. 이를 계속 반복해야 한다. 당신의 경력은 그리 길지 않겠지만 데이브 램지(미국의 유명 사업가)의 경력은 길다. 그리고 그는 저서 《안트러리더십Entreleadership》을 통해 어떻게 그 위대한 기업을 세웠는지, 어떻게 그 훌륭한 리더들을 고용하고 훈련시켰는지 낱낱이 밝히고 있다. 당신은 한 개인으로서, 그리고 전문가로서 어떻게 하면 급격히 성장할 수 있는지 그 방법은 잘 알지 못할 것이다. 하지만 대런 하디는 안다. 그 역시 저서 《컴파운드 이펙트The Compound Effect》에서 개인의 역량을 기하급수적으로 키울 수 있는 비법을 공유했다. 당신은 다른 이들을 어떻게 관리해야 하는지 알지 못한다. 하지만 《1분 경영One Minute Manager》의 저자 켄 블랜차드는 안다! 피터 드러커와 짐 콜린스도 마찬가지다. 그들도 자신의 책을 읽는 사람이면 누구에게든 살아오면서 축적된 지식의 정수를 아낌없이 선사한다. 행동 경제학, 투자, 부동산, 영업, 조직 개발, 기업 전략, 브랜드 구축, 소비자 서비스 등 어느 분야든 상황은 같다.

　경험은 과연 중요할까? 당연하다! 시간과 경험이 쌓여 갈수록 당신은 더 좋은 리더가 될 것이다. 하지만 당신이 모든 걸 경험할 순 없다! 개인적으로 얼마나 많은 업적을 이루었든 당신에게는 여전히 배울 게 많다. 그리고 얼마든지 배울 수 있다. 업계 최고로부터 말이다. 업계 최고의 인물에게서 매일같이 배움을 얻어라. 업계에서의 생산성과 리더십의 기본 원칙을 터득해 끝없는 자기 발전을 도모하라.

비즈니스와 관련된 결정은 어렵지 않다. 당신보다 앞서 어떤 뛰어난 인물이 어떤 결정을 내렸는데 그게 당신의 상황에도 적용된다면, 또 문제에 봉착했을 때 참고할 만한 리더 다섯 명의 경험을 알고 있다면 말이다. 당신과 비슷한 다른 사람 혹은 다른 기업들이 비슷한 프로젝트를 수행하는 중에 겪었던 수많은 문제들에 대해 알고 있어도 마찬가지다. 또한 다른 여러 기업들에는 이미 갖춰져 있지만 당신의 기업엔 아직이거나 당신의 팀에선 실행되지 않은 새 체계를 구축할 때 비용 문제를 피해 가기 위해 필요한 간단한 방법을 알고 있어도 결정이 어려울 건 없다.

성공 전문가 브라이언 트레이시는 이렇게 말한다. "하루 한 시간씩 공부하면 3년 후엔 그 분야에서 최고가 될 겁니다. 5년 후엔 국내 권위자가, 7년 후엔 당신 분야에서 세계 최고로 손꼽히는 인물이 될 수 있습니다." 일주일에 책 한 권씩 읽는 건 얼추 하루 한 시간씩 공부하는 셈이다. 이렇게 하면 미국인을 통틀어 수입 상위 1%에 속할 수 있다(2013년도 경제정책협회 연구에 따르면 연간 4억 2,837만 9,600원을 벌어야 상위 1%에 진입할 수 있다★). 다시 말해, 일주일에 한 권의 책을 온 마음을 다해 읽으면 당신 분야에서 최고의 교육을 받고, 누구보다 똑똑하며, 또 최고의 역량을 갖춘 고

★ 소메일러, 프라이스, 와제터, '미국의 주, 대도시 및 시골 지역에서 나타나는 소득 불균형 (Income inequality in the U.S. by state, metropolitan area, and county)', 인터넷

소득 전문가가 될 수 있다. 향후 몇 년 이내에 비즈니스 세계의 상위 계층에 입성하라. 그것도 비용을 들이지 않거나 값싼 독학으로 말이다.

당신이 이 책을 읽고 있다는 사실도 고무적이다. 당신의 직업에 충분한 가치가 있고 스스로 탁월해지고 싶은 열정을 느낀다면 이 책을 다 읽은 후 나가서 또 다른 책을 사 읽는 걸 무한 반복하라. 이렇게 쉽고 간단하며 확실한 방법을 많은 이들이 실천하지 않는 다는 게 놀라울 따름이다.

책 이외의 다른 여러 방법을 통해서도 양질의 독학을 할 수 있다. 팟캐스트, 온라인 강의, 훌륭한 블로그, 다른 온라인 발행물 등이 책만큼이나 알찬 교육 기회가 될 수 있다. 습관으로 길들이 기만 하면 최고로부터 배우는 방법은 문제도 아니다.

전략 ❸ | 끊임없는 자기계발을 도모하라

요즘 같은 경제 상황에서는 출근하고 열심히 일하다 집에 가는 게 더 이상 오늘 하루도 성실하게 보냈다며 뿌듯해할 일이 아니 다. 전국 각지에서 이런 나날을 수년씩 보내 온 정직하고 성실한 이들이 하루아침에 해고당하면서 말하자면 저을 노도 없이 바다 한가운데 버려지고 만다. 지금 열심히 터득하고 있는 기술이 무엇 이든 불과 몇 년 안에 무용지물이 될 수 있다고 해도 결코 틀린 말 이 아니다. 따라서 특정 소프트웨어나 장비를 사용할 수 있는 능 력이 아니라 요즘 시대에 맞는 최신 기술 및 새로운 기술을 터득하는 능력에서 당신의 가치를 찾아야 한다.

요즘 같은 세상에서는 인간이 일상적으로 수행하는 사실상 모든 업무가 소프트웨어 혹은 기계에 의해 자동화될 수 있다. 이는 위기에 처하지 않은 직업이 거의 없다는 의미인 동시에 새로운 기회가 끊임없이 창조되고 있다는 의미이기도 하다. 오늘날의 세상에서 뒤처지지 않고, 넘치는 기회들을 적극 활용하려면 지속적인 임금 인상을 요구할 자격이 있는 일꾼이 되도록 끊임없는 발전을 도모해야 한다. 똑똑하게 일하고, 꾸준히 배우고, 실험하면서 스스로 발전하지 않으면 자기도 모르는 새 일자리를 잃고 마는 게 현실이다.

사실, 수백만의 사람들이 최근 깨달은 바와 같이 꾸준한 자기계발은 단순히 일자리를 지키기 위해서도 필요하다. 이 책에서 우리는 금전적 자유의 조기 달성이라는 목표, 그리고 이 목표를 하루빨리 이루게 해줄 높은 소득을 좇고 있다. 소득을 늘리기 위해선 자기계발이 필요하다. 꾸준히 실천하고, 이내 효과를 볼 수 있는 자기계발 말이다. 그래서 언제나 읽고, 배우며, 인맥을 쌓고 실험하는 태도가 필요하다. 당신의 일을 자동화할 새로운 방법을 가능한 한 빨리 찾아내 더 많은 책임을 떠안아야 한다. 지금으로서는 이게 받아들일 수밖에 없는 현실이다.

그런데 여전히 많은 사람들이 이 같은 현실을 받아들이지 못한다. 그들은 계속해서 시대에 뒤처지고, 도무지 올 줄 모르는 임금만 받다가 결국 해고되고 말 것이다. 그제야 주위를 돌아보고 자신의 기술에 더 이상 시장성이 없음을 깨닫고는 안타깝게도 본래 종사하던 생산직이나 사무직보다 못한 일자리밖에 구하지 못할 것이다. 그렇게 높은 임금을 주던 일자리가 더 이상 수익을 창출하지 못하고 새로운 기술에 대한 요구가 전례 없이 높다는 사실을 깨닫지 못했기 때문이다. 당신에게도 이런 일이 벌어지게 만들어서는 안 된다. 끊임없이 발전하고 다른 일꾼들보다 훨씬 빠른 속도로 적응해 나가라. 부가 소득을 창출하고, 소득 격차를 계속해서 넓히려면 한참을 앞서나가야 한다.

전략 ❹ | 사소한 결정에 시간을 끌지 말라

카르멘을 만나 보자. 바쁘고 평범한 20대 직장인 카르멘은 퇴근 후 TV나 넷플릭스를 시청하며 휴식을 취한다. 볼 만한 걸 찾기 위해 TV 채널을 돌리거나 넷플릭스를 둘러보며 보내는 시간만 해도 꽤 된다. 심지어 어떤 때는 그날의 기분에 맞는 볼거리를 찾는답시고 무려 30~40분씩 메뉴를 뒤지기도 한다.

잠깐 산수를 좀 해보자. 4일간 저녁마다 매일 30분씩이면 채널 탐색으로 보내는 시간이 일주일에 2시간이나 된다. 게다가 이런 식으로 시간이 지체되면 볼 만한 프로그램을 바로 찾은 경우에 비해 시작이 훨씬 늦어져 애초 계획보다 훨씬 늦은 시간까지 깨어 있어야 한다. 결국 시간 낭비 및 수면 부족으로 이어져 하루의 마감은 물론 다음날의 시작까지 망치는 꼴이 되고 만다!

카르멘은 출근 의상을 고르는 데에도 많은 시간을 보낸다. 점심 메뉴를 고를 때에도 오래 고민하기는 마찬가지다. 어느 날, 그녀는 이런 결정들에 너무 많은 시간을 허비한다는 사실을 깨달았다. 그래서 이렇게 별로 중요하지 않은 사안들은 앞으로 적당히 그리고 신속하게 결정한 뒤 만족하는 법을 터득하기로 했다. 사소한 결정들은 즉시 내리는 게 효율적이라는 사실을 깨달은 것이다.

일상적으로 내리는 결정들 중 대다수는 꽤나 사소한 것들이다. 하지만 이런 사소한 결정들이 상당한 시간을 잡아먹을 때도 많다. 사소한 결정들을 내리는 데 있어 중요한 건 단연 최고를 선택하는 게 아니라 이 정도면 됐다 싶은 걸로 고른 뒤 나머지는 잊는 것이다. 실제로 옷은 출근용 의상과 그렇지 않은 의상, 식사류는 건강에 좋은 음식과 건강에 좋지 않은 음식, TV 프로그램은 볼 만한 프로와 도저히 못 봐줄 프로로 뚜렷이 구분되니 말이다. 이렇게 사소한 결정들을 즉시 내림으로써 확보되는 개인 시간은 일터나 회사에서 훨씬 요긴하게 쓰일 수 있다. 사소한 결정은 지속적으로 영향을 미치지도 않고, 당신의 삶을 더 좋게 혹은 나쁘게 바꿔 놓을 힘도 없다. 사소한 결정들에 시간을 낭비하지 마라.

사소한 결정들이 마치 중요한 결정인 것처럼 둔갑하는 경우들이 있다. 예를 들어, 극단적으로 좋거나 극단적으로 나쁜 선택 두 가지 중에서 하나를 골라야 한다고 치자. 이미 모든 정보를 확보했고 다른 대안이 없다면 눈 딱 감고 두 가지 중 하나를 선택해야 한다. 만약 두 가지 방안이 너무 비슷해서 우열을 가리기가 힘들다면 그땐 어떤 걸 선택해도 결과는 마찬가지라고 보면 된다. 업무의 우선순위를 따질 때가 이런 경우의 좋은 예시가 될 것이다. 재무 보고서와 매출액 예상안 중 무엇을 더 먼저 제출해야 할지 헷갈린다면 그냥 아무거나 집어라! 그리고 다음 업무로 넘어가면 된다.

사소한 결정을 즉각 내릴 수 있다면 놀라울 정도로 많은 시간을 생산적인 일에 쏟을 수 있다. 사소한 결정들을 내리지 못하고 질질 끄는 습관 때문에 많은 사람들이 눈코 뜰 새 없이 바쁘면서도 정작 성과는 없는 날들을 보내는 것이다.

전략 ❺ ㅣ 행운이 날아들 수 있는 여건을 만들어라

누군가를 성공으로 이끄는 건 정녕 무엇일까? 기술? 재능? 타이밍? 정말 '운'이라는 게 가장 중요한 요소일까?

성공한 사람들에게 그 비결을 물어보면 대부분 삶에서, 혹은 커리어와 관련해 중요한 고비마다 운이 좋았고 축복받았으며 엄청난 행운이 뒤따랐다고 이야기한다. 맞는 말이다. 중요한 인간관계, 자금, 영감, 돌파구는 치밀한 계획이나 노력으로 얻는다기보다 우연히 찾아온다. 사실, 운이라는 건 '누군가의 행동에 의해서가 아니라 순전히 우연하게 발생하는 성공 혹은 실패'로 정의된다.

운은 예측할 수 없고, 어떤 사건이 당신의 인생이나 커리어에 긍정적인 영향을 미칠지 부정적인 영향을 미칠지, 아니면 별 영향을 미치지 않을지 알 수 없지만 행운의 가능성은 얼마든지 높일 수 있다. 다음의 세 가지 방법을 이용해 보자.

1. 운때를 알아보는 법을 배워라.
2. 행운이 깃들 위치를 선점하라.
3. 타인을 통해 행운을 잡아라.

방법 ① | 운때를 알아보는 법을 배워라

운때를 어떻게 알아볼 수 있을까? 찰나의 행운이 무심한 관찰자들에게 항상 모습을 드러내는 건 아니다. 사실, 다른 이들은 꿈에서나 만날 법한 기회가 살아오는 내내 당신의 얼굴 앞에서 대롱거렸거나 바로 옆에서 알아봐 주길 기다리고 있었는지도 모른다. 하지만 사람들은 대부분 이미 자신들이 얼마나 운이 좋은지 깨닫지 못한다. 목표나 비전, 계획이나 꿈 중 그 어떤 것도 갖고 있지 않거나 분명히 설명할 수 있는 게 아무것도 없기 때문이다.

분명한 목표가 없다면 행운을 잡을 수도 없을 테고, 그러면 이 방법에 대해 설명한 나머지 부분은 당신에겐 무용지물일 것이다. 목표가 있는가? 계획은? 열정은? 이 중 아무것도 가진 게 없다면 귀인이 삶에 들어왔을 때, 중요한 행사가 동네에서 열릴 때, 혹은 중요한 기관과 인연이 닿을 기회가 눈앞에 닥쳤을 때 어떻게 알아볼 것인가?

제이슨을 만나 보자. 제이슨의 목표는 보유한 부동산의 수를 늘리고 규모를 키워 순자산을 늘리는 것이다. 부동산 가격 인상의 형태로 자산 소득을 확보하고 부를 구축하는 것이다. 그는 목표에 가까워질 수 있다면 무엇이든 추진하고 계획하며 어떤 기회든 잡을 준비가 돼 있다. 제이슨에게 이렇게 구체적인 목표가 있다는 것은 그의 부동산이 위치한 지역에 투자한 사람들을 만날 때마다 행운을 거머쥘 기회가 생긴다는 뜻이다. 대부분의 사람들에게 이는 별일 아닐 것이다. 만약 인기 있는 컨트리 가수가 목표인 사람이라면 부동산 투자자를 만나는 게 행운은 아닐 테니 말이다.

제이슨은 예상치 못한 여러 장소에서 아주 중요한 부동산 투자자들을 만났다. 그의 직업인 기술 계통 일을 하다가, 공원에 달리기를 하러 갔다가, 심지어 사람들과의 모임 자리에서. 사실, 이 세 자리 모두 그가 부동산에서 성공하는 데 굉장히 중요한 인연을 선사해 준 것으로 드러났다. 제이슨은 운때를 알아볼 줄 알았고, 이렇게 맺어진 인연을 적극 활용할 수도 있었다. 그에게는 명확한 목표가 있었고, 의외의 장소에서 만난 사람들과도 서슴없이 자신의 목표에 대해 이야기 나눴기 때문이다.

공원이나 스포츠 사교 모임에서 중요한 인연을 만나게 되리라고 기대하는 사람은 별로 없으며 제이슨도 마찬가지였다. 그 역시 운동이나 우연찮게 야구 경기를 하던 중에 투자자를 만날 줄은 몰랐던 것이다. 하지만 여기서 중요한 건 제이슨에게 '부동산 투자 및 그로 인한 자산 구축'이라는 목표가 없었다면 이런 상황들이 귀한 인연으로 연결되지도 않았을 것이라는 사실이다.

제이슨이 자신의 목표를 머릿속에 분명히 새겨 두고 헌신하지 않았다면 부동산 투자자를 만난 기회가 그에게 행운일 이유는 없었다. 만약 그랬다면 그 역시 목표에 다가가게 해줄 어떤 것도 그 인연에서 찾지 못하는 또 다른 바보에 불과했을 것이다. 제이슨이 운이 좋을 수 있었던 건 커리어와 부동산 사업에서 자신이 원하는 게 무엇인지 정확히 알고 있었기 때문이다. 덕분에 운때를 포착하는 게 그에게는 아주 쉬운 일이었다.

당신이 만약 아무 목표도 갖고 있지 않고 삶에서 무엇을 원하는지도 잘 모른다면 운때를 만난다고 해도 대체 어떻게 알 수 있겠는가? 지금껏 행운이 찾아오지 않았던 건 당신이 행운이 어떤 모습을 하고 있는지조차 알지 못하기 때문이다!

방법 ② | 행운이 깃들 위치를 선점하라

당신이 대부분의 시간을 먼지 나는 회사 책상에서, 출퇴근 차량 안에서, 혹은 집에서 TV를 보거나 게임을 하며 보낸다면 당신은 결코 행운을 맞이하지 못할 것이다. 행운이라는 건 잘 활용할 수 있는 사람에게만 모습을 드러낸다. 행운은 언제 어디에나 깃들 수 있기는 하지만 물리적으로 혹은 실제적으로 당신을 사람들 및 여러 기회 앞에 내던질 때에만 맞닥뜨릴 가능성을 높일 수 있다.

제나는 스스로 운이 좋은 사람이라고 여긴다. 하지만 넷플릭스나 TV를 볼 때, 혹은 게임을 하던 중에 행운의 인연을 만나거나 훌륭한 영감을 얻은 적은 아직까지 없다. 혼자 집에서 빈둥대거나 목표를 위해 노력하지 않을 때에는 행운의 결과도 찾아들지 않는 듯하다.

그보다 제나는 사람들과 만나 레저 활동을 하거나 낯선 사람들과 이야기 나눌 때, 행사에 참석하거나 혹은 관심 있는 기관에 가입했을 때 대부분의 행운이 찾아왔다. 그녀 스스로 밖으로 나와 적어도 다른 사람들을 만날 기회를 만들었을 때, 적어도 다른 사람들이 주위에 있었을 때, 바로 그때 그녀는 행운의 인연들을 맺었던 것이다. 그래도 제나는 보통 사람들보다 운이 좋다. 왜냐고? 언제나 한 발짝 더 나아가서 그녀가 목표에 다가가도록 도울 수 있는 바로 그 사람들 주위에 자리를 잡기 때문이다.

제나는 인맥을 쌓을 수 있는 모임 등에서 그녀와 목표 및 관심이 같은 친구들을 만나면서, 그리고 심지어 유명 웹사이트에서 같은 업종에 종사하는 사람들과 교류하면서 중요한 인연들을 많이 만났다. 반면, 새벽 1시에 술집에 있거나 TV 예능 프로그램을 볼 때에는 그렇게 귀한 인연을 만나는 확률이 적었다. 놀랍지 않은가?

회사 책상에 앉아서 샌드위치나 먹고 있다면 행운을 맞닥뜨릴 수 없다. 하지만 같은 샌드위치를 먹더라도 당신이 이루고자 하는 걸 이미 이룬 사람과 만나 그의 비법을 터득하고자 한다면 행운을 거머쥘 수 있다. 컴퓨터 앞에 앉아서 〈리그 오브 레전드〉 게임이나 하고 있다면 운이 트일 수 없다. 하지만 금전적 자유를 획득하고자 하는 지역민들과의 만남에 참석한다면 운이 트이게 돼 있다. 물론 행운이 깃들 위치를 선점하는 건 앞에서 언급한 첫 번째 방법을 숙지하고 구체적인 목표를 정함으로써 행운을 알아보는 능력을 갖추게 됐을 때에만 가능하다. 그래야 좋은 결과를 가져다줄 일이 생길 확률이 100%가 되는 것이다.

방법 ③ ┃ 타인을 통해 행운을 잡아라

첫 번째 방법에 등장한 제이슨을 기억하는가? 부동산을 건축하고 싶어 했던 남성 말이다. 그는 알고 지내는 모든 사람들에게 부동산을 건축하고 싶고, 가능한 한 많이 배우고 싶다고 말하고 다녔다. 부동산 관련 인적 네트워크 교류 행사에서, 친구 및 가족들에게, 그리고 여기저기서 만나는 낯선 이들에게도 거리낌 없이 말했다. 심지어 직접 부동산을 매입하거나 그의 부동산 매입을 도와줄 여건이 전혀 되지 않는 사람들과도 이 문제에 대해 논의했다.

주변에 이런 사람이 있다면 거슬릴까? 그럴 수도 있다. 하지만 이런 태도가 그에게 기회를 열어 주었다.

제이슨은 다른 이들에게 자신의 목표에 대해 일찌감치 그리고 자주 털어놓는 습성이 연결고리가 돼 예기치 않게 백만장자 부동산 투자자들과 만나게 되었다. 특히 한 투자자는 훌륭한 조언들을 아끼지 않아서 제이슨이 자신의 투자 전략에 즉각 적용하기도 했다. 그중에는 지역 시장 현황을 좀 더 확실히 파악하게 해주는 데 이전엔 미처 활용할 생각을 하지 못했던 정보 출처도 있었고, 지역 상가 부동산 시장 현황에 대한 뛰어난 식견도 포함돼 있었다.

이렇게 중요한 전략적 결정을 내리기에 앞서 이 투자자의 지혜를 빌릴 수 있었던 제이슨은 상당히 운이 좋았던 셈이다. 그가 만약 부동산과 관련된 자신의 직업적 목표들에 대해 아무한테도 이야기하지 않고 비밀로 유지했다면 이런 기회들은 결코 실현되지 못했을 것이다. 부동산을 이용해 금전적으로 자유로워지기는커녕 지금도 여전히 행운만을 기다리며 하루하루 일에 매달리고 있었을 것이다. 다시 말해 운이 나빴을 거라는 얘기다.

똑똑한 사람들은 대개 자신이 하는 일과 비밀에 대해 발설하고 실적이나 최고 성과를 공유하는 건 어리석은 행동이라고 여긴다. 그렇게 하면 다른 이들의 경쟁심에 불을 붙이고, 심지어 자신을 모방하거나 고유의 계획을 도용하도록 부추길 수 있다고 믿는 것이다.

물론 제이슨이 얘기 나눈 이들 중 그가 매입하고 싶은 부동산을 두고 경쟁할 사람이 있을지도 모른다. 그럴 가능성은 그가 같은 업계 사람들을 많이 만날수록 더 높아진다. 하지만 덕분에 그에게 행운이 찾아올 기회와 가능성은 사람들이 그에게서 도리어 이득을 취할 가능성보다 훨씬 높아진다.

자신의 목표와 계획을 꽁꽁 숨기고 아무에게도 보여 주지 않는 게 경우에 따라서는 단기적으로 좋을 수도 있다. 하지만 장기적으로는 자신의 의도를 온 세상에 알리고 추구하는 분야에서 끊임없이 도움을 구해야 훨씬 더 풍부한 행운을 경험할 수 있다. 타인이 당신을 이용할 수 있다는 두려움 때문에 당신이 목표를 이루도록 기꺼이, 행복하게 도와줄 수 있는 이들까지 차단하는 일은 없도록 하라.

자, 이제 당신은 운이 좋은가?

결론

월급쟁이로 온종일 일하고 아파트에 세 들어 살면서 저축만으로 순자산을 2,500만 원에서 1억 원까지 늘리는 게 불가능한 것은 아니다. 하지만 그렇게 되기까지는 너무 오랜 시간이 걸린다. 이 책의 핵심은 금전적 자유의 조기 달성이다. 가능한 빠른 시일 내에 인생이 달라질 수 있는 자산을 구축하고, 큰 변화를 일으킬 기회들을 놓치지 않아도 되는 여건을 조성하는 게 목표인 것이다.

금전적 자유를 하루빨리 달성하고 싶다면 당신의 집을 수익을 창출하는 자산으로 바꿔야 한다. 가능한 한 많은 돈을 저축해야 하고 더 많이 벌기도 해야 한다. 종래의 기업 내 승진 체계는 직급이 올라가는 데 오랜 시간이 걸리는 만큼 금전적 자유의 조기 달성을 원하는 이들로서는 받아들이기 힘들다. 그보다 새로운 기술을 터득하고 실적대로 주는 임금에 적응하며, 그 기술에 창의적인 영감을 더해 시너지를 냄으로써 추가 소득을 올리는 법을 배워야 한다.

당신의 커리어를 사랑하고 소득 잠재력을 높이고 싶다면 스스로를 채찍질해야 한다. 물리적으로 성취율이 높은 환경에 둘러싸여야 함은 물론, 당신을 밀어 주고 당신에게서 최고를 끌어내는 사람들 사이에 있는 것도 중요하다. 신중하게 주제를 골라서 열심히 공부하고 진심으로 습득하라. 꾸준히 독학하는 한편 새로운 기술을 배울 기회를 열심히 물색하고, 또 그렇게 발견한 새 기회를 활용하라. 요즘 같은 시대에는 어떤 기술이든 빠르게 낙후되고 만다. 빠르게 적응하고 배우는 사람만이 소득이 늘어날 잠재력을 지니고 계속해서 일할 수 있다. 사소한 결정에 시간을 끌지 말라. 빨리 결정하고, 집중을 요하는 큰일에 시간과 에너지를 쏟아라. 그리고 행운이 날아들 수 있는 여건을 만들어라. 더 열심히, 똑똑하게 일할수록 행운의 여신도 당신을 향해 미소 지을 것이다.

이 방법들은 강력한 잠재력을 지닌 만큼 실행만 하면 순자산을 상당히 빠르게 구축할 수 있다.

제3부

자산 1억 원에서
금전적 자유로 나아가기

1부에서 우리는 근검절약으로 종잣돈 2,500만 원을 마련하는 방법, 이를 발판 삼아 주거비용을 줄이거나 완전히 없애고, 소득 잠재력을 늘리는 방향으로 나아가는 법에 대해 설명했다. 2부에서는 종잣돈 2,500만 원과 1년짜리 경제 활주로를 이용해 주택을 매입하고 소득 면에서 잠재력이 무한한 직업으로 갈아타는 법까지 알아봤다.

2부에서 성공을 거뒀다면 이제 공이 진짜로 굴러가기 시작한 것이다. 이쯤 되면 당신은 적은 비용으로 생활하고 있고, 직업과 관련해 새로운 기회가 오면 얼마든지 잡을 수 있으며, 주거비를 전혀 들이지 않거나 상당히 저렴한 비용으로 사는 방법도 알고 있다. 뿐만 아니라 높은 연봉과 검소한 생활 방식 덕분에 매달 몇백만 원의 현금을 저축하고 있고, 가용 자산 수천만 원까지 확보해 둔 상태다. 당신의 자산은 금전적 자유를 빠르게 앞당겨 줄 것이며 그 과정에 가속도가 붙은 만큼 다시 늦추기도 힘들 것이다.

이제 이렇게 구축한 자산으로 자산 소득을 창출할 차례다. 다시는 월급으로 생활비를 충당해야 할 일이 없도록 현명한 투자법을 배울 차례다. '당신의 삶을 살 때'인 것이다.

제8장

금전적 자유
탐구하기

지금까지 우리는 돈을 모으고 또 버는 방법에 대해 논의했다. 언제든지 쓸 수 있는 현금을 쌓는 방법에 대해서도 이야기했고 덕분에 당신은 아주 두둑한 비상금을 확보했다. 자산이 거의 없던 처지에서 벗어나 꽤 잘사는 축에 속하게 된 것이다. 이제 영원히 지속되는 진짜 부_富를 구축하는 방법에 대해 배울 차례다. 부의 개념, 부가 당신은 물론 사회 전체에도 중요한 이유, 그리고 소득과 부가 어떻게 다른지에 대해 소개하겠다.

부자들은 일반인들이 누리지 못하는 혜택들을 부당하게 누린다는 인식이 널리 퍼져 있다. 대부분의 사람들이 갖지 못한 수십억 원을 가진 걸 보면 그들이 뭔가 정직하지 못한 방법을 쓰는 게 분명하다는 의심이 만연한 것이다. 부와 소득의 분배에 있어서는 이렇게 뭔가가 잘못됐다는 감정적 반응이 존재한다.

'공평하다'는 순전히 개인적인 인식이며 상대적으로 처지가 비슷한 사람들과 자신을 비교할 때에만 도달할 수 있는 결론이다. 사람들은 능력이나 경력 면에서 자신보다 못한 누군가가 먼저 승진했다는 소식에는 분노하지만 킴 카다시안 같은 연예인이 연간 수십억 원을 벌어들인다는 사실은 아무렇지 않게 받아들인다.

이번 장의 목표는 당신의 동료들 입장에서 봤을 때 부당한 재정적 결과를 창출하는 방법을 알려 주는 것이다. 그러면 당신은 그 어떤 방해도 없이, 일할 필요도 없이 당신의 목표를 추구할 수 있게 된다. 중요한 건 가급적 부당한 이득을 획득하는 것이다. 당신이 여기에 눈뜨는 대로, 그리고 당신의 일상이나 직장에서 혹은 가족들이 겪은 부당 차별에 대한 불평을 중단하는 대로 당신은 이 '부당한' 기회를 획득해 진정으로 자유로워질 수 있다.

인간은 여러 가지 면에서 본질적으로 다른 존재다. 가장 먼저 신체 조건, 즉 신체 강도와 체력, 키, 체중이 확연히 다르고, 그 다음으로는 사고하고 추론하며 판단하는 정신적 능력이 다르다. 마지막으로, 인생관, 직업 윤리, 유머 감각 등의 생각하는 방식 역시 다르다. 그렇다면 여기서 불편하더라도 인정할 수밖에 없는 사실이 생겨나는데 위와 같은 인간의 각 요소만 놓고 봤을 때 다른 이들보다 우월하거나 열등한 이들이 존재할 수밖에 없다는 것이다. 게다가 어쩌면 여러 요소, 심지어는 모든 면에서 훨씬 뛰어난 사람들도 존재할 수 있다.

미국 내셔널 풋볼 리그NFL 명예의 전당 입성을 예약해 놓은 캘빈 존슨 선수와 일반인의 운동 능력을 비교해 봐도 여기에는 극과 극의 차이가 있다. 일반인은 단거리 뛰기, 높이뛰기, 장거리 뛰기, 평균대 등 상상할 수 있는 모든 경기에서 캘빈 존슨에게 질 게 뻔하다. NFL 선발 시험 당시 캘빈 존슨의 36미터 달리기 기록이 4.35초인 걸 보면 100미터 달리기는 불과 10초 만에 주파할 수 있다는 결론이 나온다. 필자는 100미터 달리기 기록이 13.2초다. 이는 여러 면에서 극복할 수 없는 차이지만 수학적으로 계산해 보면 캘빈 존슨이 필자보다 30% 더 빠른 것이다. 이와 비슷하게 필자는 있는 힘껏 점프해 봐야 3미터 높이의 농구 골대에 닿을까 말까지만 캘빈 존슨은 선발 시험에서 높이가 3.6미터도 넘는 지점에 거뜬히 닿았다. 수학적으로 말하자면 그가 필자보다 25% 더 높이 점프하는 것이다.

한마디로 일반인인 필자가 현재 떠올릴 수 있는 모든 운동 종목에서 캘빈 존슨 선수와 붙으면 백전백패라는 것이다. 게다가 그럼에도 불구하고 필자 같은 일반인과 사상 최고의 선수로 손꼽히는 인물 간의 신체적 차이는 그렇게 크지 않다. 기량 차이는 30%에 불과하니 말이다. 하지만 전성기에 그가 벌어들인 소득은 필자의 전성기 소득보다 2만%나 높았다. 부당하지 않은가?

공정하든 부당하든 우리는 능력의 작은 차이가 어마어마한 소득 차이로 이어질 수 있다는 단순한 사실을 받아들여야 한다. 캘빈 존슨은 20대 초반에 이미 최저 704억 원의 몸값을 받는 계약을 체결했다. 반면, 대학을 갓 졸업하고 엑셀 전문가가 된 나는 연간 5,000만 원을 버는 데 그쳤다. 이는 30%의 신체 능력 차이가 2만%의 소득 격차로 이어진 경우다. 캘빈 존슨 같은 사람은 20대 초반에 필자 같은 사람이 버는 돈보다 200배 더 많이 버는 것이다.

소득에 있어서라면 더 좋은 성과를 내는 사람이 더 많은 임금을 받는 게 당연하다. 캘빈 존슨 선수는 리그에서 완벽한 기록을 내는 만큼 연봉이 상당히 높다. 만약 소득에 따라 삶의 질이 극적으로 달라지는 게 사실이라면 이 같은 격차는 부당하게 여겨질 것이다. 실제로 평범한 일반인이 캘빈 존슨 같은 최고의 선수들과 신체적으로 겨룰 수 있는 기회는 거의 없다. 따라서 존슨 선수의 신체 조건이 조금 더 우월하다는 이유만으로 일반인들보다 200배나 더 나은 삶을 살 수 있는 소득을 벌어들이는 건 절망적일 정도로 부당하다.

하지만 여기서 또 다른 질문을 던질 수 있다. 소득은 과연 삶의 질에 얼마나 큰 영향을 미칠까? 여기서도 결국 우리가 가장 중요하게 생각하는 건 바로 삶의 질이다. 그런데 소득이 삶의 질에 그렇게 직접적인 영향을 끼치는 것 같지는 않다. 물론 보통 사람들이 토요타 코롤라를 타고 출근할 때 돈을 많이 버는 이들은 람보르기니를 타고 출근할 것이다. 차 값의 차이는 크겠지만 삶의 질은 차이가 그리 크지 않을 가능성이 높다. 2억 원짜리 차를 운전하는 게 재밌기는 하겠지만 2,000만 원짜리 차를 운전하는 것보다 10배 더 좋다고 단정 지을 수는 없는 노릇이다. 자동차를 비롯한 여러 비슷한 문제들에 분명 취향의 차이가 존재하겠지만 사람들은 몇 주만 지나도 자신들이 처한 여건에 완벽히 적응하고 이를 기준으로 받아들인다. '내가 이렇게 멋진 스포츠카를 몰다니! 끝내주는데!'라는 느낌 역시 한 달 정도만 지나면 무뎌지고 마는 것이다.

자동차, 집 또는 TV 등의 소유물이 선사하는 에너지와 흥분이 금세 사라지는 건 '쾌락(행복) 적응'이라는 개념 때문이다. 인간은 좋든 나쁘든 어떤 변화에 금세 적응하는 경향이 있다. 그리고 불과 몇 주 안에 그 변화가 생기기 전에 느끼던 행복의 단계로 돌아간다. 예를 들어, '로또 당첨자들과 사고 희생자들: 행복은 상대적인가?'라는 제목의 1978년 연구에서 저자들은 로또 당첨자들과 하반신 마비 환자들이 행복을 느끼는 수준을 조사했다.[*] 그 결과, 예상과는 달리 두 그룹 모두 비슷한 수준의 행복을 느끼는 것으로 나타났다. 인간은 무엇이 그들을 행복하게 만들어 줄지 예측하는 데 놀라울 정도로 형편없는 것이다.

많은 돈을 버는 사람은 화려한 가구들과 거대한 TV가 있는 저

---

[*] 브릭만, 코츠, 제노프-벌만, '로또 당첨자들과 사고 희생자들: 행복과 관련 있나?(Lottery winners and accident victims: Is happiness relative?)', 917 – 927.

택에 살 것이다. 하지만 〈왕좌의 게임〉을 호화로운 공간에서 보면 과연 훨씬 더 재밌을까? 소파, 침대, 욕조나 화장실이 편안하면 또 얼마나 더 편안할까? 엄청난 돈을 써서 이런 온갖 명품들을 갖는 게 평범한 사람으로서 평범한 물건들을 사용하는 것과 무슨 차이가 있을까?

고소득을 올리는 이들은 항상 고급 레스토랑에서 식사를 하거나 심지어 담당 요리사를 따로 두고 있다. 그보다 적게 버는 이들은 직접 요리를 해먹거나 외식도 좀 더 싼 식당에서 하곤 한다. 하지만 중간 수준의 임금밖에 벌지 못한다고 해서 지구상에서 가장 부유한 사람들이 즐기는 것만큼 건강하고 맛있는 음식을 먹지 못하는 건 아니다. 물론 로브스터나 캐비어를 먹을 순 없겠지만 채소, 과일 및 건강하고 맛있는 음식들은 얼마든지 즐길 수 있다.

결과적으로 봤을 때 소득 불균형으로 인한 차이는 그리 크지 않다. 좀 더 좋은 아이템들과 명품들이 개인이 추구하는 일상의 자유와 열정을 바꿔 놓지는 못하는 것이다. 연간 5,000만 원을 버는 사람보다 연간 50억 원을 버는 사람의 삶이 100배 더 나은 것은 아니다. 이런 경우를 생각해 보자. 연봉은 2,500만 원이 채 안 되지만 주 20시간 일하고 온종일 멕시코 해변에서 서핑을 즐기는 사람과 주 70시간 일하는 연봉 10억 원의 간부 중 누가 더 행복하겠는가?

정답은 '각자 나름의 방식대로 행복하다'이다. 전자가 자유를 사랑한다면 후자는 생산성과 성과를 사랑하는 것이다. 한편 두 사람다 행복하지 않을 수도 있다. 전자가 자신의 능력으로 감당할 수 없는 소비와 명품을 원할 수도 있고, 후자가 해변의 평화와 고요를 갈망할 수도 있으니 말이다. 이렇게 소득 불균형이 행복을 결정짓는 중요한 요소가 아니라면 '부당'한 건 무엇일까? 여기서 대체 문제가 뭐란 말인가? 중요한 건 최고의 선수 캘빈 존슨이 보통 사람들보다 200배 더 버는 게 아니다. 그건 소득 불평등이지만 정작 문제는 부의 불평등이다.

소득 불평등은 가수, 연예인, 운동선수들처럼 수백만 명에게 사랑받고 그 결과 수십억 원을 버는 이들이 입증해 주고 있다. 하지만 그중에서도 단연 최고의 사례는 그 이름도 낯선 스튜어트 호레이시다. 평범한 사내였던 그는 워런 버핏이 소유한 기업 버크셔 해서웨이의 주식을 1980년대에 매입해 억만장자가 되었다. 이 회사에 투자한 다른 이들은 수십 년간 그의 자산을 늘려 준 셈에 지나지 않는다.

제이지(6,070억 원의 가치)와 닥터드레(7,700억 원의 가치)는 부유한 유명 인사들이다. 이들은 음악 활동으로 높은 수익을 올리지만 이들의 재정 상태가 마이크 타이슨(2003년 파산) 및 피프티 센트(2015년 파산)와 확연히 다름을 아는 것도 중요하다.

타이슨과 피프티 센트는 부를 거의 축적하지 못한 고소득자들이다. 이들은 둘 다 파산했는데, 자산이 거리 한 모퉁이에서 구걸하는 사람들과 별반 다르지 않았음을 기억해야 한다. 이들은 어쩌면 나가서 다시 돈을 벌 수도 있다. 하지만 자산을 구축하는 법을 배우지 않는 한 이들이 통제할 수 있는 것은 버는 돈에 한정된다. 반면, 제이지와 닥터드레는 다시는 신곡을 발표하지 않더라도 영원히 부자로 살 것이다.

소득 불평등이 진짜 문제가 되는 건 부의 불평등과 합쳐졌을 때다. 소득은 (항상은 아니고) 대개 장점과 타고난 능력 덕분에 생겨난다. 소득은 **빼앗길** 수도 있고, 왔다 갈 수도 있다. 반면 부는 지식과 시간의 기능이다. 지식과 시간을 제대로 쓸 줄 아는 사람들일수록 부를 잃기가 더 어렵고 많은 경우 부가 영원히 늘어난다.

마이크 타이슨이 수천 억 원을 벌고 또 소비한 건 이 사회의 체계적 부당함을 보여 주는 단면이 아니다. 그의 힘은 삶에서 신체적으로 최고의 능력을 발휘했을 때 벌 수 있었던 것에 한정된다. 진정한 능력자는 (지구상에서 최대 부호인 두 사람) 워런 버핏과 카를로스 슬림으로, 이들의 자산은 보통 미국인들보다 무려 150만 배 더 많다. 그들의 부와 권력은 사실상 무제한이고 끊임없이 성장하고 있다. 게다가 다음 세대로 전달돼 계속해서 무한정 성장해 나갈 수 있다.

워런 버핏의 자산은 2016년 당시 71조 3,090억 원이었다. 애버리지 조의 자산은 4,500만 원이다. 애버리지 조의 자산 성장 속도는 갈수록 더뎌지고 있지만 버핏의 경우엔 가속화하고 있다. 이게 우리가 주목해야 할 부분이다. 그런데 이를 부당하다 할 수 있을까? 캘빈 존슨 같은 사람은 정신적, 신체적 능력이나 태도 및 직업 윤리와 관련된 능력에서 누구보다 탁월하여 일찍부터 많은 소득을 벌어들였다. 이 부분에 대해선 우리 대다수가 납득할 수 있다.

많은 이들이 납득할 수 없는 건, 전 세계 메가톤급 부자에 속하는 억만장자들이 애버리지 조보다 훨씬 많이 벌기도 하지만 자신들에게 유리한 방향으로 부를 활용하는 방법 역시 알고 있다는 사실이다. 그들은 수학적 원리를 활용해 자산 체계를 조작함으로써 장기간에 걸쳐 자산을 어마어마한 금액으로 불려 간다.

지금 버핏이나 슬림, 혹은 위에서 언급한 여느 억만장자들이나 부자들과 고소득자들이 잘못을 저질렀다는 얘기를 하는 게 아니다. 오히려 그들은 이 세상에 상당한 기여를 했다. 하지만 대중이 부 창출의 기본 원리를 터득하는 데 소홀하면 우리 사회는 실패하고 만다. 지식과 인내의 기술, 그리고 장기적인 안목을 일찍부터 배우고 터득해야 한다. 그러지 못할 경우 부유층은 자산을 계속 늘려 신화 속 존재만큼이나 강력해지는 반면, 대부분의 사람들은 어디서 시작해야 하는지조차 모르고 허둥댈 것이다.

여기서는 장기적인 자산 창출의 놀라운 힘과 투자 및 가치 창출의 원칙에 대해 알려 줄 것이다. 즉, 당신의 자산이 당신을 위해 일하게 만드는 법에 대한 이야기다. 특히, 그렇게 일군 발전을 통해 바로 오늘 일생일대의 결정을 내릴 수 있는 게 중요하다. 30년씩 기다렸다가는 원하는 걸 시작하기에 너무 늦을 게 뻔하니 말이다. 만약 이 원칙들에 대해 알지 못하면 당신은 쳇바퀴 같은 일상 속에서 진짜 문제인 *부의 불평등*은 이해하지도 못한 채 커져 가는 소득 불평등에 대해서만 불만을 늘어놓을 것이다. 이는 인류 역사상 가장 부유하고 임금 수준도 높은 문명사회에 살면서 자산은 거의 쌓지 못하는 수백만 미국인들의 운명이라고도 할 수 있다.

우리 사회에 거대한 중요성을 지니는 이 주제의 매력, 그리고 뒤처지는 수백만 명 중 한 명이 될지 모른다는 두려움으로 인해 필자는 이 주제를 그토록 치열하게 파고들고, 개인 자산을 구축했으며, 또 이 책을 쓰기에 이르렀다. 자산 구축에 관한 지식을 일찌감치 쌓는 것이야말로 일종의 부당한 혜택이 될 수 있음을 알아야 한다. 모든 조건을 평등하게 만드는 유일한 방법은 현재의 주어진 구조 안에서 성공하는 방법에 대해 어릴 적부터 교육을 시작하는 것이다.

제6장에서 우리는 돈을 더 많이 버는 방법에 대해 논의했다. 하지만 그 이상의 성과를 내고 있는 게 사실이다. 앞으로 논의할 절차들을 잘 따라온다면 금전 문제에 있어서의 최종 목표인 '지속되는 부'를 구축할 수 있을 것이다. 부는 상사나 고객, 직장에 치이는 일 없이 당신 스스로 결정하는 삶을 살도록 해준다. 여기서 말하는 노력을 불과 몇 년만 제대로 쏟고 나면 그땐 당신의 삶을 살아갈 일만 남게 될 것이다.

금전적으로 자유로운 사람은 누구인가?

자신의 삶을 살 준비가 된 세 사람을 만나 보자.

38살 멜린다와 남편 캠던은 지난 10년간 다섯 번에 걸쳐 집을 사고 또 팔았다. 부부는 매번 광범위한 공사가 필요한 집을 매입했고 둘이서 직접 수리를 마친 뒤 매매를 진행했다. 부부는 이렇게 집을 팔고 남은 이윤과 직장 소득을 합쳐 10억 원이 넘는 자산을 모았고, 이를 인덱스 펀드에 투자했다. 이들은 이제 이 펀드에서 나오는 배당 소득만으로 모든 생활비를 충당한다. 멜린다는 딸아이의 걸스카우트 회의, 학교에서 열리는 연극, 스포츠 이벤트 등에 더 이상 참석하지 못할 일이 없다. 심지어 아침 8시 이전에 오라고 지시하는 사람들을 가볍게 비웃어 줄 수도 있다. 그녀는 이제 이따금 지루할 때에만 부동산 중개인으로 일하고 1~2년마다 집을 새로 사서 수리 작업에 착수한다.

33살 브래디는 은행에서 근무했지만 자신의 일을 좋아하지 않았다. 21살 나이에 값싼 집을 사서 직접 뜯어고친 그는 비용을 아끼기 위해 자신은 다락방을 사용하고 남는 침실들은 친구들에게 세를 주었다. 10년 후, 브래디는 임대 부동산만 수십여 채에 이르는 억만장자가 되었다. 그 결과 내키는 대로 사업을 시작하거나, 책을 쓰거나, 비디오게임을 하고 카리브해 등 국내외로 여행을 다니면서 하루하루를 보내고 있다.

40살 조나단은 그의 집 지하실에서 온라인 사업을 시작했다. 그렇게 10년을 보내자 그의 사업도 가족들을 안정적으로 부양할 수 있을 만큼 성장했다. 조나단은 셀 수 없이 많은 시간을 사업에 쏟아부었고 그 과정에서 수많은 대가를 치르기도 했다. 이제 조나단의 사업체는 연간 수십억 원의 수익을 창출하고 수백만 사람들의 삶에도 기여하고 있다. 덕분에 그는 자신이 원하는 걸 하고, 또 다른 억만장자들, 주요 정계 인사들, 동종 업계의 다른 리더들과 어울린다. 그의 사업은 수익성이 아주 좋아서 직원만 해도 25명이 넘으며, 그가 회사에 들르는 건 일주일에 한두 번 도넛을 사들고 직원 격려차 가는 게 전부다. 다른 평일엔 딸들과 스키를 타러 다니느라 바쁘다.

위의 세 사람은 모두 돈을 벌어서 자산을 창출하거나 안정적으로 수익을 내는 사업 자산을 구축했다. 이들은 모두 수년씩 누구보다 검소하게 생활하고, 땀, 가끔은 눈물도 흘려가며 열심히 일해야 했지만 지금은 매일 일하지 않고도 필요 이상의 수익을 올리는 특권을 누리게 되었다. 세 사람이 각각 금전적 자유를 달성한 것이다.

금전적 자유란 무엇인가?

금전적 자유란 자산 수익만으로 충분한 소득이 확보돼서 더 이상 밥벌이를 위해 일할 필요가 없는 상태를 말한다. 금전적 자유를 달성하는 방법은 수없이 많지만 기본 원칙은 언제나 한 가지로 귀결된다. 금전적 자유 공식은 다음과 같다.

$$자산 \times 수익 > 생활비$$

'자산 × 수익'은 당신의 자산에서 창출된 가용 현금(월 단위)이고 '생활비'는 말 그대로 매달의 생활비다.

자산에서 나온 수익이 생활비를 넘어서면 그때 금전적 자유의 공식이 성립되는 것이다.

왜 금전적 자유를 추구하는가?

금전적 자유는 말 그대로 자유를 선사한다. 금전적 자유를 획득한 사람은 특정 직업이나 상관 혹은 직장에 매일 필요가 없다. 돈 벌 필요도 없는 만큼 하루를 어떻게 보낼지 자유롭게 결정할 수 있다. 얼마든지 자유롭게 원하는 삶을 살 수 있는 것이다.

여기서의 목표는 임금 소득을 자산 소득으로 바꾸는 것이다. 이렇게 자산 및 자산 소득을 추구하는 건 단순히 명품을 구입하기 위해서가 아니다. 이 책에서 자산이 중시되는 가장 큰 이유는 선택할 수 있는 능력을 선사해 주기 때문이다. 앞서 소개한 사람들도 이미 금전적 자유를 달성한 덕분에 일하지 않고도 자신의 삶을 살 재량을 갖추게 되었다.

최종 목표는 완전한 자유다. 하지만 자유는 연속체다. 대부분의 독자들이 진정한 금전적 자유를 달성하기까지는 수년이 걸릴 것이다. 하지만 이 책의 1부와 2부에서 설정한 자유를 획득하기까지는 훨씬 적은 시간이 걸린다. 이처럼 초기 자산 구축에 따른 혜택은 분명하며, 자산이 축적될수록 누릴 수 있는 기회 역시 기하급수적으로 증가할 것이다. 최종 목표는 금전적 자유의 조기 달성이다. 하지만 '금전적 발전' 역시 계속해서 더 많은 자유를 선사한다. 금전적 자유를 추구한다고 해서 돈도 거의 쓰지 않고 은둔 생활을 할 필요는 없다. 그보다 가용 현금을 창출하고, 대규모 유동 자산을 축적하는 한편, 소비는 줄이고 소득은 늘리면 즉시 놀라운 결과를 경험할 수 있다.

우선 금전적 발전에 초점을 맞추면 당신에게 열리는 기회와 자유의 횟수에 점진적이지만 놀라운 변화가 생기는 게 느껴질 것이다. 종잣돈 2,500만 원이 선사하는 혜택은 1부에서 이미 분명해졌다. 2부에서 논의한 순자산 1억 원과 4~5년짜리 경제 활주로는 그만큼 더 큰 혜택을 누리게 해줄 것이다.

금전적 발전의 효과는 '재무의 4단계'를 통해 가장 잘 설명된다. 이 재무의 4단계는 완전 파산 상태부터 독립적으로 부유한 상태까지를 아우른다. 다음 단계로 올라갈수록 개인에게 펼쳐지는 선택의 기회가 얼마나 극적으로 늘어나는지 눈으로 직접 확인해 보

라. 시간을 어떻게 보낼지 스스로 선택할 수 있는 자유와 능력 면에서 보면 아래 단계 사람들이 위 단계로 도약한 사람들보다 훨씬 뒤떨어진다. 물론 돈이 행복의 필수 조건은 아니지만 자산을 구축하고 금전적 자유를 획득한 이들은 그렇지 못한 이들보다 삶에서 더 많은 선택을 할 수 있고, 행복을 추구할 기회도 훨씬 많아진다.

재무의 4단계

1단계: 유동 자금 적자

자유의 정도: 최저

유동 자금 적자인 삶이란 한 개인 혹은 가족이 버는 돈보다 쓰는 돈이 더 많은 상태를 말한다. 이런 사람들의 대다수는 순자산이 제로에 가깝다. 심지어 어떤 때는 적자 폭이 상당히 커질 수도 있지만 채권자의 정보가 워낙 빨라 그 전에 대출 자체가 거의 불가능해진다.

유동 자금 적자인 삶은 장기화될 경우 참혹한 결과를 낳을 수 있는 만큼 전망이 암울하다. 이런 사람들은 대부분 자신의 시간을 어떻게 보낼지 스스로 통제할 수 없다. 물론 수많은 청년들이 유동 자금 적자 상태고 부모나 연인의 금전적 지원이 없으면 현재의 생활 방식을 지속할 수 없다. 부모와 함께 거주하거나 부모로부터 집세를 지원받는 대학생 및 어른아이들을 생각해 보자.

교사인 애슐리는 취향이 상당히 까다롭다. 임금은 적고 지출은 많다 보니 혼자 집세를 감당할 수가 없어서 부모님 댁에서 함께 산다. 물론 사랑하는 부모님은 기꺼이 계속해서 재정적 지원을 해주실 테지만 이를 받기 위해서는 대가를 치러야 한다. 이를테면 애슐리는 남자친구 집에서 자고 올 수 없고, 너무 늦게 귀가할 경우 질문 공세에 시달리며, 친구들을 집에 초대할 수도 없다. 사실, 애슐리의 친구들이 집에 방문했던 건 부모님이 정원에서 벼룩시장을 열었던 때가 유일하다! 혹시 궁금한 이들을 위해 밝히자면 애슐리는 27살이다. 이처럼 애슐리가 구속에 시달려야 하는 건 유동 현금 적자인 삶을 꾸려 온 결과다.

유동 자금은 적자인데 애슐리처럼 지원금이 나올 구멍도 없는 상황이라면 재정적 압박에 끝도 없이 계속 시달려야만 한다. 부채를 상환하고, (예상했든 못했든 나가는) 온갖 비용도 감당해야 하는데 부를 구축하거나 기회를 좇을 능력은 없다면 이렇게 끔찍한 덫을 결코 피할 수 없다.

유동 자금 적자인 삶에서는 금전적 자유의 조기 달성을 추구하기 전에 적자부터 메워야 한다. 좋은 소식은 이 단계에 있는 많은 사람들이 몇 개월만 바짝 노력하면 금전적인 발전을 포함해 극적인 성과를 이룰 수 있다는 사실이다.

2단계: 유동 자금 0원

자유의 정도: 중간

유동 자금 0원인 삶이란 월급으로 생활하거나, 자영업을 하는 경우 적은 수의 고객들에게 의존하는 상태를 말한다. 이럴 때는 인생의 온갖 중대한 사안들도 상관의 기분 혹은 몸담은 분야의 변화 및 제한적 기회에 따라 결정된다.

오늘날의 보통 직장인들은 대개 이 상태로 살아가고 있으며 남은 생의 대부분을 역시 이렇게 보낼 것이다. 유동 자금 0원이면 순자산은 늘 수도 있지만 이것도 미국인들의 삶에선 표준으로 받아들여지는 '채무 불이행'의 결과다. 주택담보대출과 그로 인한 주택 자산의 증가, 퇴직 연금 자동이체, 자동차 한두 대와 같은 가치 하락 자산이 순자산에 기여하는 몇 안 되는 요소들인 것이다. 그 밖의 현금은 구입하는 순간 가치가 떨어지는 명품들을 사들이는 데 사실상 모조리 쓰인다.

유동 자금이 0원이라는 것은 저축률이 총 수입의 15% 미만에 불과한 생활을 하고 있다는 의미다. 이때 주택담보대출과 주택 자산, 퇴직 연금 계좌는 저축으로 분류되지 않는다. 가까운 시일에 사용할 수 없고 가용 현금을 창출하지도 않기 때문이다. 필요시에도 꺼내 쓸 수 없는 예금은 재정과 관련된 결정을 내리는 데 전혀 혹은 거의 도움이 되지 않는다.

주의: 퇴직 연금 계좌가 재정 상황에 영향을 거의 끼치지 못하

는 이유는 그 유용성에 대한 당신의 인식 때문이라는 사실을 알아두기 바란다. 65세가 되기 전까지는 그 돈을 사용할 의향이 없고, 퇴직 연령까지 아직 한참 남았다면 퇴직 연금 계좌는 어떤 결정을 내릴 수 있는 능력에 전혀 영향을 끼치지 못한다. 따라서 금전적 자유의 조기 달성을 추구하는 데 유용한 자산으로 분류되지도 않는다.

유동 자금이 0원인 사람은 약 40여 년에 이르는 인생 대부분의 기간 동안 직장에서 긴 시간을 일하며 보낼 것이다. 이들은 가족의 재정적 안정성을 생각하면 항상 불안하고, 그래서 돈에 대해 생각하거나 이야기하는 게 불편하기만 하다. 위험 부담을 떠안기도 힘들 수밖에 없는데 직장 또는 주요 고객을 잃거나 커리어 손실로 이어질 수 있는 건 무엇이든 유입 현금의 손실로 이어져 즉각 유동 자금 마이너스 상태에 빠질 수 있기 때문이다.

유동 자금이 0원인 사람들은 대개 자신이 돈을 제대로 관리하고 있다고 믿는다. 직장 동료들이나 동네 이웃들과 다를 바 없는 길을 걷고 있다고 여기는 것이다. 이런 사람들은 자신의 재정 상황에 대해 다시 생각해 보도록 만드는 것도 쉽지 않다.

유동 자금이 0원인 사람에게 다음의 문장을 따라 읽어 보라고 하면 그들의 정신을 번쩍 들게 하는 효과를 거둘 수 있을 것이다. '내 삶에서 상상할 수 있는 최고의 성공은 현재의 직장에 계속 다니면서 현재의 저축률을 꾸준히 유지해 끝내는 부사장 사무실(혹

은 동급의 임원 사무실)에 입성하고, 또 거기서 일주일 내내 온종일 일을 하는 것이다.'

만약 당신이 유동 자금 0원인 상태고 위에서 묘사된 상황에 행복이나 열정을 느낀다면 이 책에서 제시하는 전략들도 무의미할 테고 더 이상 별다르게 할 일도 없다. 하지만 대부분은 위의 문장을 한 번만 따라 읽어도 곧장 다음 단계로 향하게 해주는 간단한 방법들을 실천할 것이다. 만약 유동 자금 0원인 재정 상태를 바꾸고 싶다면 이 책의 1부에서 다시 시작하라.

3단계: 유동 자금 흑자
자유의 정도: 높음

유동 자금 흑자인 사람들은 자신의 소득보다 훨씬 적은 돈으로도 잘살고 저축률도 상당히 높다. 이런 사람들은 직업을 선택할 수 있고, 삶의 중대한 결정을 내려야 할 때에도 자신의 전반적인 '웰빙'부터 고려할 수 있다. 뿐만 아니라 직업이나 열정과 관련해 기회가 찾아왔을 때 얼마든지 위험을 감수할 수 있는 재량도 충분히 갖추고 있다.

유동 자금 0원인 사람과 흑자인 사람의 차이를 콕 집어 말하기는 어렵다. 유동 자금 흑자인 사람도 똑같은 일을 하고, 똑같은 옷을 입으며, 여가 시간도 똑같이 보낼 수 있다. 하지만 미묘한 차이는 여전히 존재한다. 유동 자금 흑자라고 해서 모두가 값비싼 신차를 끌고 다니고 매일 외식하며 초호화 주택에 사는 건 아니다.

하지만 시간이 갈수록 이들은 사업을 시작하고, 자산을 늘리며, 인맥을 쌓고, 또 유동 자금 0원인 사람은 결코 누릴 수 없는 기회들을 수도 없이 맞닥뜨릴 것이다.

유동 자금이 흑자인 사람들은 타인에 대한 의존도가 계속해서 줄어들고 지루하거나 비효율적인 일에 인내심을 발휘할 필요도 없다. 이들은 삶에서 보람 있고 매력적인 도전을 갈구하며 또 찾아 나선다.

이런 사람들을 돕는 건 재밌고 보람 있다. 이들은 자신의 삶을 적극적으로 발전시키고 싶어 하고 서슴없이 타인에게 조언을 구한다. 이들이 재정 상황을 향상시키도록 돕는 최고의 방법은 어렵게 벌어서 모은 돈을 수익률 높은 곳에 투자할 수 있도록 교육하고 그럴 수 있는 자원과 기회들을 알려 주는 것이다. 이로써 돈을 벌고, 모으고, 투자하며, 삶의 자유가 계속해서 늘어나는 선순환을 확장시켜 나갈 수 있다.

이 책의 2부를 구성하고 있는 제4장~제7장은 당신을 유동 자금 흑자의 영역에 깊이 뿌리내리도록 해줄 것이다.

4단계: 금전적 자유

자유의 정도: 최고

금전적 자유는 일하지 않아도 (혹은 하고 싶은 일을 최소한만 하고도) 현금이 안정적으로 들어오고 그 금액이 총 생활비를 계속해서 넘어설 때 달성된다. 사람들은 보통 금전적으로 자유로운 이들이 레저를 즐기며 살아간다는 환상에 빠져 있다. 밥 먹듯 여행을 다니면서 아름다운 해변과 고급 마사지를 즐기는 등 호화로운 생활을 한다는 것이다. 물론 이렇게 돈을 물 쓰듯 쓰면서 사는 이들도 있겠지만 사실 금전적으로 자유로운 사람일수록 누구보다 열심히 일하고 또 검소한 생활을 하는 경우가 많다.

이들이 이렇게 열심히 일하는 건 일의 목적이 더 이상 돈이 아니기 때문이다. 이들은 그보다 자신에게 열정을 불어 넣는 문제를 해결하거나, 취미로 즐기는 분야에서 최고가 되거나, 대대손손 유지될 수 있는 사업 제국을 건설하기 위해 일한다. 또, 자신의 시간을 온전히 마음대로 쓸 수 있는 만큼 진정으로 흥미와 보람을 느끼는 프로젝트에만 참여한다. 이 단계를 지나면서 당신은 금전적 자유의 조기 달성에 한 발 더 가까이 갈 수 있을 것이다.

자유의 4단계 정리

당신은 어느 수준의 자유를 원하는가? 당신의 하루에서 어느 정도의 자유를 누리고 싶은가? 다음의 질문들을 스스로에게 던져 보아라.

- 정확히 어디에 살고, 무엇을 먹으며, 무엇을 타고 다닐지 결정했는가?
- 임금 말고 일 자체만을 고려했을 때 어떤 일을 할지 결정했는가?

- 무조건 온종일 일할지, 아니면 당신의 기분을 더 잘 반영한 스케줄대로 일할지 결정했는가?
- 언젠가는 당신만의 사업을 시작할 것인가?
- 항상 정해진 시간에 일어나고 규정에 맞는 옷만 입으며, 불편하거나 지루한 일을 하라고 요구하는 이들에게 꺼지라고 말할 수 있는가?

위의 질문에 '그렇다'고 답할 수 있으려면 당신은 이를 실현하게 해줄 계획부터 세워야 한다. 이제 쉽고 효율적이며 꾸준히만 하면 자신도 모르게 3단계에서 4단계로 넘어갈 수 있는 계획을 알려주겠다.

금전적 자유를
어떻게 추구할 것인가?

금전적 자유는 더 이상 돈 때문에 일하지 않아도 될 때, 그리고 금전적 자유 공식이 충족됐을 때 달성된다. 다시 한 번 말하지만 그 공식은 다음과 같다.

$$자산 \times 수익 > 생활비$$

이는 세 가지 변수를 포함해 수학적으로 표현된 공식이라는 걸 명심하자. 공식은 무조건 충족돼야 한다는 걸 감안하면 재정은 대체적으로 수학에 기반을 둔 게임이라는 걸 알 수 있다. 그렇다면 이건 아주 반가운 소식이다. 재정적 독립 공식을 구성하는 변수 하나하나가 최적화될 수 있고 측정 가능하기 때문이다. 이를 위해서는 벌어들인 돈을 모아서 수익을 내는 자산을 매입할 수도 있고, 투자를 공부해서 엄청난 수익을 올릴 기회를 모색할 수도 있으며, 수익을 창출하는 자산을 만들거나 직접 지을 수도 있다. 뿐만 아니라 생활비를 줄여서 금전적 자유를 유지하는 데 필요한 자산이나 수익을 줄이는 방법도 있다. 위의 공식을 충족시키려면 이 방법들을 동시에 모두 활용해야만 한다.

1부에서는 생활 방식을 구축하는 데 중점을 두었고, 2부에서는 주택과 소득 창출 문제를 함께 알아보았다. 이제 여기 3부에서는 자산 인수 및 투자 수익에 대해 소개할 것이다. 각 개념들을 이 순서대로 소개하는 데에도 다 이유가 있다. 자산 축적의 각 단계마다 가장 중요한 역할을 하는 변수가 모두 다르기 때문이다. 하지만 이와 동시에 앞서 읽고, 앞서나가는 것 역시 중요하다. 자산 구축은 오류 없이 따라할 수 있는 정형화된 형식이 아님을 알아야 한다. 순자산이 수십억 원에 이를 때에도 비교적 검소한 생활을 이어 나가는 게 중요하듯 자산이 1,000만 원이 채 안 되더라도 투자 전략을 명심하는 게 중요하다.

이 세 가지 변수를 모두 중요하게 여기고 금전적 여정의 모든 단계에서 발전을 모색하는 이들은 금전적 자유를 훨씬 빨리 획득할 것이다. 목표는 금전적 자유의 공식을 가능한 빨리 성공적으로 실현하는 것이라는 사실을 잊지 마라. 하지만 이 책은 전 세계의 보통 사람들을 대상으로 쓰인 만큼 당신의 환경, 위치, 소득 수준, 그리고 우선순위에 가장 잘 맞는 방법을 결정하는 건 당신의 몫이다.

금전적 자유 공식의 요소들

요소 ❶ | 자산

자산이란 무엇인가?

이 책에서 자산은 수익을 창출하고 (혹은 비용을 줄이고) 가치가 오르는 것으로 규정된다. 좋은 자산은 퇴직 연령이 되기 한참 전부터 기존의 생활을 유지할 수 있게 해주는 금전적 이윤을 창출한다. 이들 자산이 창출한 투자 혹은 사업 소득을 유지하는 것도 대부분의 직장에서처럼 주당 40시간 이상 근무하는 것보다는 훨씬 수월하다. 하지만 소득을 창출하지 않고, 생활비가 줄지 않으며, 물가상승률보다 빠르게 가치가 오르지 않으면 진짜 자산이라고 할 수 없다. 이 책에서는 (방금 정의한) 진짜 자산과 다음과 같이 정의되는 가짜 자산을 구분해 보겠다.

금전적 자유 공식을 충족시키고 싶은 이들에게 다음과 같은 것들이 진짜 자산이다.

- 임대 부동산
- 주식
- 채권
- 공개 거래되는 주식
- 수익을 창출하는 사업
- 수익을 창출하고 가치가 유지되거나 인상될 것으로 기대되는 기타 자산

가짜 자산은 대차대조표에는 보통 흑자로 기록되지만 실제로는 금전적 자유의 조기 달성이라는 목표에 방해가 되는 것들이다. 재무의 세계에서는 '자산'이라는 명함을 달고 있지만, 적어도 이 책의 목적을 이루는 데 있어서는, 진짜 자산이 아닌 많은 항목들이 여기에 해당한다. 그 예로 다음과 같은 것들을 들 수 있다.

- 승용차, 보트, 트럭, 스포츠/레저용 차량, 기타 고급 차량들
- 집
- 학사/석사 학위
- 퇴직 연금 계좌
- 컴퓨터

- 가구
- 예술 작품 등의 수집품

이 가짜 자산들을 구입하거나 유지하려면 소유주는 돈을 더 많이 벌거나 예금을 몽땅 털어 넣어야 한다. 가짜 자산은 수익을 창출하지도 않고 심지어 시간이 갈수록 가치도 하락하는데 말이다. 금전적 자유의 조기 달성을 원하는 이들에게 이 아이템들은 자산이 아니라 부채일 뿐이다. 이런 가짜 자산들이 전혀 없이 살기도 힘들지만 구입할 경우에는 그만큼 금전적 자유가 멀어진다는 사실을 분명히 알아야 한다.

물론 이 아이템들도 자산이 될 수는 있다. 자동차나 트럭도 생계유지 수단이 된다면 자산이 될 수 있고, 예술 작품도 전시장이 있어서 입장료를 받을 수 있다면 자산이 될 수 있다. 집도 세를 놓는다면 자산이 될 수 있다. 같은 방식으로 위에서 열거한 모든 아이템이 자산이 될 수 있다. 하지만 당신의 구매 의도가 무엇이었는지 솔직하게 생각해 보자. 당신이 집, 자동차, 예술 작품, 컴퓨터, 가구를 산 게 수익을 창출하는 자산으로 활용하기 위해서였는가? 아니면 단순히 당신의 허영과 편의를 충족시키기 위해서였는가? 진짜 자산을 사는 게 아니라면 가짜 자산(부채)은 금전적 자유의 조기 달성을 원하는 이들에게 방해만 될 뿐이라는 사실을 명심하라.

자신의 삶에서 자산과 부채를 제대로 구분하지 못하는 사람들이 많다. 미국의 중산층은 놀라운 속도로 부채를 쌓는 경향이 있는데 '장기적으로 수익을 창출하는' 똑똑한 '투자'라고 오해하기 때문이다.

이처럼 미국인들이 오해하고 쌓았다가 끔찍한 결과를 초래하는 가짜 자산 세 가지가 있다. 바로 대출받아서 산 차, 대출받아서 산 집, 대출받아서 딴 학위가 그것이다. 물론 사람들 중에는 다음 부분에서 설명될 안락과 사치를 위해 대차대조표를 희생했다고 주장하는 이들도 있다. 그리고 금전적 자유를 제외한 다른 목표들을 놓고 봤을 때에는 이런 것들이 필요하기도 하다. 하지만 이 세 가지는 자산이 아니라 사실 그대로 파악되어야 한다. 금전적 자유를 늦추는 값비싼 사치 말이다.

'가짜 자산' ① ┃ 대출받아서 산 차

대출받아 산 차는 매달 엄청난 고정 비용을 발생시킨다. 심지어 그래서 이용도 더 자주 하게 된다(돈을 이미 냈으니까 타고 다녀야지!). 무엇보다 1킬로미터 이동할 때마다 기름값, 유지비, 주차비, 감가상각의 형태로 돈이 나간다. 그런데 이는 운전을 자주 할수록 보험료는 인상되고 교통사고 위험도 높아지는 등 재정적 부담이 더 커진다는 얘기를 하려는 게 아니다.

거액을 대출받아 새 차를 사는 것보다는 토요타 코롤라, 혼다 시빅, 닛산 센트라 등 저렴하면서도 성능은 믿을 수 있는 5~10년 연식의 중고 경차를 사는 게 좋다. 이들 중 하나를 첫차로 사면 대출받아 새 차를 사는 것보다 재정적 부담이 훨씬 덜하다. 영원한 행복이나 재정적 보상을 선사할 거라는 착각 속에 고급 새 차를 구입하는 실수를 저지르지 않도록 하라.

'가짜 자산' ② | 대출받아서 산 집

당신이 선택할 수 있는 주거 형태에는 세 가지가 있다. 세를 살 거나, 단독으로 살 수 있는 주택 또는 아파트를 사거나, 분할 주택을 매입하는 것이다. 임대는 어떤 부동산 시장에서든 장기적으로 최악의 결과를 도출하는 결정이다. 월세로 나가는 돈은 다시는 회수할 수 없는 100% 손실금이기 때문이다. 금전적 자유를 하루빨리 이루고 싶다면 여건이 갖춰지는 대로 '세입자' 신분에서 벗어나야만 한다.

한 가족이 단독으로 사는 주택은 자산이 아니라는 사실은 이미 잘 알고 있을 것이다. 이는 현금 적자를 만드는 부채일 뿐이다. 다른 모든 조건이 동일한 경우, 집을 소유하는 게 임대하는 것보다 대개 유리하지만 주택담보대출금, 세금, 보험, 유지비 등으로 매달 나가는 돈도 엄청난 게 사실이다. 게다가 주택에 묶여 있는 자산은 가까운 시일 내에는 쓸 수 없기 때문에 (주택 자산 대출 혹은 신용 한도의 형태로) 집을 매매할 때 갚게 돼 있는 부채를 더 많이 떠안게 되는 경우가 많다.

진짜 자산과 가짜 자산의 차이를 이해하고, (제4장에서 설명한 것처럼) 누가 봐도 효율적인 대안을 추진하도록 하라. 바로 주택 분할을 통해 당신의 집을 진짜 자산으로 바꾸는 것이다. 이는 작은 세대가 여러 개 있는 부동산이나 방이 여러 개인 집을 매입함으로써 영리하게 실행할 수 있다. 그 결과, 집세로 들어오는 현금만으로도 주택담보대출금 및 주택 관리 비용을 모두 충당할 수 있다. 잘만 되면 대부분의 미국인들이 가장 큰돈을 지출하는 항목인 주거비를 자신의 돈은 전혀 들이지 않고도 해결하게 되는 것이다.

'가짜 자산' ③ ▎ 대출받아서 딴 학위

배움은 위대하다. 대학 혹은 대학원을 가고, 의사나 변호사가 될 수 있는 특수 학위를 땀으로써 진로가 완전히 바뀐 이들이 얼마나 많은지에 대한 연구도 차고 넘친다. 논쟁의 여지가 없는 것이다. 40여 년간 이어지는 직장 생활에서 높은 학위를 지닌 사람이 그렇지 못한 사람들보다 수입이 훨씬 많다는 것도 부인할 수 없는 사실이다.

하지만 이는 직장 생활을 오래 하는 사람들에게만 적용된다. 금전적 자유를 일찌감치 달성하려는 사람들에게는 해당되지 않는다는 걸 기억해야 한다. 그들에게 '커리어(생활을 유지하기 위해 고용주에게서 나오는 수입에 의존해야만 하는 기간)'는 20년, 15년, 심지어 10년 미만이 될 확률이 더 높기 때문이다.

금전적 자유의 조기 달성을 원한다면 값비싼 경영 대학원, 법학 대학원, 의학 대학원 등을 다니면서 높은 학위를 따는 문제를 신중하게 생각해야 한다. 대부분의 경우, 공부에 몰두하느라 자산을 축적할 능력을 쌓는 일이 상당히 지연될 수 있기 때문이다. 결과적으로 기회를 크게 늘리고 시간을 해방시킬 수 있는 자산 수익의 창출도 늦어질 수밖에 없다.

금전적 자유의 조기 달성을 추구하는 사람이라면, 등록금이 합리적인 기관에서 학사 학위를 따는 것 이외에 교육을 더 받는 데에는 신중해야 하는 이유가 두 가지 있다.

- 첫 번째 이유: 금전적 비용. 대학원 등록금은 비싸다. 예를 들어, MBA 졸업생들이 떠안게 되는 부채의 평균은 6,336만 원이다.★ 물론 이 금액도 구체적인 대학과 학위에 따라 달라지겠지만 말이다. 게다가 대학원에서 공부하고 돈을 쓰는 시간에 벌어들이고 투자할 수 있었던 잠재 소득을 감안하면 비용은 더 커진다. 금전적 자유의 조기 달성이라는 목표에 있어서 대학원은 달성을 앞당겨 주기는커녕 더 늦추기만 할 뿐이다. 물론 고용주나 가족들이 등록금을 대신 내준다면 아무런 부채 없이 졸업할 수도 있다. 그럴 때는 무료 혹은 적은 비용으로 딴 학위 덕분에 소득이 빠르게 인상될 수 있으니 제법 승산 있는 게임이다. 몇천만 원의 빚더미 위에 앉기 전에, 또 특수 학위 및 특수 직업을 위해 적지 않은 세

★ 클라크, '대학원 졸업생 대부분이 빠르게 빚더미에 앉지만 MBA 졸업생은 예외(Debt Is Piling Up Faster for Most Graduate Students—but Not MBAs)', 인터넷

월을 바치기 전에 발생할 수 있는 모든 결과를 생각해 보라.

- 두 번째 이유: 배움의 정신적 비용. 스탠포드나 하버드의 경영대학원에서 역량이 뛰어난 한 여성을 입학시켰다고 가정해 보자. 2년 후, 이 여성은 세계 최고 경영 교육 기관의 학위를 따서 졸업하고는 스스로에게 질문을 던질 것이다. '이제 어쩌지?' 불행히도 그녀는 이제 명문 대학의 2억 원짜리 학위를 갖고 있는 만큼 그 전에 고려했던 일자리 조건들은 하나같이 성에 차지 않는다. 딱 한 가지, 근무 시간 길고 연봉 높은 대기업 빼고 말이다. 학위를 손에 쥔 그녀는 이제 스스로를 막다른 곳으로 몰아세웠다. 심지어 서핑용품 매장에서 일해도 될지, 6개월간 태국 배낭여행을 떠나도 될지, 혹은 인기 없는 부동산에 투자해도 될지조차 결정할 수 없었다. 전 세계 수백만 명의 사람들이 할 수 있는 일이지만 자신과 같은 스펙을 갖춘 사람에게는 터무니없게 느껴지는 것이다. 하버드에서 MBA 과정을 밟은 그녀로서는 연봉 1억 원 미만인 직장은 받아들일 수가 없었다. 게다가 몇 년 후에는 이보다 훨씬 많이 벌 수 있는 기회도 보장돼 있어야 했다. 하지만 그녀가 이렇게 일반 기업, 은행 혹은 투자회사에서 높은 연봉을 받아야 한다는 압박을 느끼는 이유는 다른 무엇보다 학자금 대출을 갚아야 하기 때문일 것이다.

보너스 '가짜 자산' ┃ 유동 자금 적자인 배우자

제목만으로 눈치 챘을 것이다. 너무 게을러서 취업할 생각도 안 하고 매일 밤 술집만 들락거리는 남편, 혹은 명품 옷과 액세서리에 수백만 원을 쓰면서 매주 근사한 레스토랑에 가기를 원하는 전업주부가 바로 그들이다.

돈을 벌어오거나 근검절약 및 예산 집행 방법을 통해 부부가 둘다 가족의 수익에 기여하는 건 반드시 필요한 일이다. 만약 한 사람은 돈을 모으려고 하는데 다른 한 사람은 물 쓰듯 써댄다면 경제적으로 심각한 곤경에 처할 수 있을 뿐 아니라 부부관계까지 파탄날 수 있다.

유동 자금 적자인 배우자는 금전적 자유를 조기에 달성하는 데 있어 피해야 할 가장 중요한 '자산'이다. 만약 배우자 역시 당신처럼 가족의 장기적 목표를 달성하는 데 헌신적이라면 또 다른 가짜 '자산'을 피하는 게 훨씬 쉬워질 것이다.

가짜 자산 정리하기

그래서 당신은 살아가면서 진짜 자산을 쌓고 있는가, 아니면 가짜 자산뿐인가? 누구나 실수를 한다. 중요한 건 실수로 인한 손해를 최소화하고, 그 과정에서 배우며, 앞으로는 장기적 관점에서 삶의 질을 진정으로 향상시켜 줄 것들에만 투자하는 것이다. 그게 바로 진짜 자산이다.

자동차, 언덕 위의 집, 혹은 폼 나는 학위 따위 없어도 그만이다. 자전거를 타면 건강도 챙기면서 공짜로 빠르게 이동할 수 있다. 두 세대 주택을 매입해 한 세대에서 돈 들이지 않고 살 수 있다. 인터넷과 지역사회를 통해 무료로 배우거나 인맥을 쌓을 수 있다. 이런 것들을 당신의 자산으로 만들어라.

부모님/조부모님/그 밖의 사람들이 모두 틀렸을 리 없다!

금전적 자유를 달성하고자 노력하는 이들이 가장 혼동하는 가짜 자산 두 가지는 미국의 중산층이 자산의 전부 혹은 대부분을 쌓는 영역으로 다음과 같다.

- 주택 자산
- 퇴직 연금 계좌

당신이 이렇게 반문하는 소리가 들리는 듯하다. "그런데 잠깐! 그렇다면 퇴직에 대비해 저축해야 하는 이유와 퇴직 연금 계좌의 중요성에 대해 설명한 그 수많은 훌륭한 책들은 다 뭔가요?" 이어서, "자신의 집이야말로 인생 최고의 투자였다고 자부하는 그 많은 사람들은 또 뭐고요?"

물론 주택 자산이나 퇴직 연금을 보유하는 게 나쁘다는 얘기가 아니다. 중단기적 관점에서는 그리 유용한 자산이 아니라는 뜻이다. 퇴직할 나이가 되기 20년, 30년, 심지어 40년 전에 금전적으로 자유로운 삶을 구축할 계획이라면 주택 자산 및 퇴직 연금이 실질적으로 도움이 될 리 없다. 필요할 때 돈을 빼서 쓰기가 상대적으로 어려운 두 곳에 자산을 쌓아 두겠다는 건 말도 안 되는 전략이다. 생각해 보라. 돈이 퇴직 연금 계좌에 있다면 합리적인 사람은 누구나 퇴직할 때까지는 그 돈을 쓰지 않을 거라고 가정하지 않겠는가.

금전적 자유를 추구할 때 주택 자산을 활용하는 방법도 고작 몇 가지뿐이다. 첫째, 주택을 팔고 그 돈을 다른 곳에 투자한다. 그런데 현실적으로 생각해 보자. 주택 자산을 보유한 사람들의 대다수는 그 집에 살면서 주택담보대출금을 갚아 나가는 방법을 쓴다. 그리고 아마도 그 집에 계속해서 살 계획일 것이다. 금전적 자유의 조기 달성을 원하는 이들 중 값비싼 지역에 위치한 크고 멋진 집을 사서 매달 주택담보대출금을 갚으면서 집값이 오르기를 기도하다 얼마 후 매매한 뒤 값싼 아파트나 작은 집에 세를 살겠다는 사람은 거의 없다. 이는 꽤 어리석은 계획이 분명하기 때문이다. 차라리 처음부터 작은 집을 사고 남는 돈으로 주식 같은 자산에 공격적으로 투자하면서 금전적 자유를 훨씬 빨리 달성하는 게 낫다. 역사적으로 집은 쉽게 접근할 수 있는 다른 투자 방식들보다 수익을 창출하는 속도가 느렸다. 대신 사람들은 멋진 집을 사서 한 몇 년 살다가 팔고, 그 돈으로 좀 더 큰 다른 주택을 사는 경우가 많다. 이들에게는 주택 자산이 금전적 자유의 조기 달성에 도움이 되지는 않을 것이다.

주택 자산을 활용하는 두 번째 방법은 담보 대출을 받는 것이다. 주택 자산을 담보로 대출받아서 새 차나 보트 같은 사치품을 사는 행동은 금전적 자유의 조기 달성이라는 목표에 완전히 위배되며, 따라서 이 책에서는 더 이상 언급하지 않을 것이다. 하지만 비싼 집에 사는 사람들은 저금리로 담보 대출을 받아서 다른 모험을 강행할 수 있다. 예를 들어, 즉시 현금 수익을 창출하는 임대 부동산에 투자하는 것이다.

마지막으로, 집값을 완전히 갚았다면 주택 자산도 금전적 자유의 조기 달성에 도움이 될 수 있다. 주택담보대출금을 모두 갚으면 매달 나가던 지출 항목 하나(현금을 빨아들이는 배수구)가 사라질 테니 말이다. 하지만 대출금도 다 갚은 4억 원짜리 집의 소유주는 그 4억 원을 투자했을 때 올릴 수 있는 수익은 포기하는 것이다. 만약 4억 원을 수익률 7.5~10%의 인덱스 펀드에 투자하면 연간 3,000만~4,000만 원은 거뜬히 벌 수 있다. 반면 집값은 오르더라도 기껏해야 3~5% 수준일 텐데(이 경우에는 연간 1,200만 ~2,000만 원이 된다) 이는 평균 주식 수익률의 절반도 채 안 되는 수치다. 이렇게 대출금을 완전히 갚기 전에 다른 수익원을 개발하는 게 훨씬 효율적이지만 금전적으로 이미 독립했거나 주택담보대출을 포함한 개인 부채 상환을 거의 완료한 사람들은 집값을 완전히 갚는 것을 선호한다.

제5장에서는 부동산 관련 문제를 좀 더 깊이 있게 살펴봄으로써 단독으로 사는 집을 대출금도 없이 보유하는 건 그리 쉽게 결정할 문제가 아니라는 중요한 교훈을 전달했다. 많은 사람들이 이

를 '훌륭한 투자'로 여기는 이유는 단순히 그 정도 규모의 투자를 해본 적이 없기 때문이다. 고액의 투자를 딱 한 번 (주거지 매입) 해본 사람들은 다른 투자 경험이 거의 없기 때문에 집이 훌륭한 투자라고 주장하는 것뿐이다.

마찬가지로 (젊은 나이부터 몸담았던 직장에서 '퇴직'한다고 가정할 때) 수십 년 동안이나 사용할 수 없는 퇴직 연금 계좌도 별로 득 될 게 없다. 대신 가용 수익을 창출하는 자산을 좀 더 신중하고 똑똑하게 구축하라. 반드시 오늘, 수수료 없이 사용할 수 있는 자산이어야 한다.

미국 중산층이 자산의 대부분을 퇴직 연금 계좌와 주택 자산의 형태로 구축한 건 자동적이고 장기적이기 때문이다. 즉, 수백만 미국인들은 매달 월급의 일부가 퇴직 연금 계좌로 들어가고, 고액의 주택담보대출금 역시 매달 정해진 금액씩 갚도록 설정돼 있다. 이는 마치 태엽 장치처럼 한 치의 오차도 없이 일어난다. 하지만 자산을 이런 식으로 관리해선 안 된다. 그보다 언제든지 쓸 수 있고 즉시 수익을 창출할 수 있는 자산을 구축하라.

자산을 획득하는 방법

진짜 자산의 획득이라는 측면에서 생각하려면 관점의 근본적인 변화가 필요하다. 퇴직 연금을 최대한도로 모으고 주택담보대출금을 갚으면서 매달 조금씩 저축할 수만 있으면 더 바랄 게 없겠다는 생각은 버려라. 복리가 장기적으로 부유하게 만들어 줄 거라는 헛된 희망도 품어선 안 된다.

그보다 이 책 1부와 2부의 내용들을 실천해서 쉽게 접근할 수 있고 투자도 가능한 자산에 매달 많은 금액을 저축하라. 그러고도 돈이 남는다면 그때 퇴직 연금 계좌 등에 넣으면 된다.

자산을 쌓기 위해 꼭 현금부터 모으는 방법만 찾을 필요는 없다. 하지만 보통 직장인들이 금전적 자유를 신속히 달성하는 최고의 방법은 그저 버는 것보다 적게 쓰고, 쓰는 것보다 많이 버는 것이다.

궁금한 이들을 위해 자산을 쌓는 여러 방법들을 정리해 보았다.

- 다른 자산에서 나온 수익을 투자하거나 재투자하라.
- 무일푼에서 사업을 시작하거나 자산 수익원을 마련하라.
- 선물/유산으로 자산을 받으라.
- 일한 대가로 월급과 함께, 혹은 월급 대신에 자산이나 소유권을 받으라.

이 방법들이 모두 가능하기는 하지만 이따금 해당 사항이 없을 수도 있고(자산이 전혀 혹은 거의 없다면 재투자할 수 있는 수익도 없다), 개인이 통제할 수 있는 문제가 아닐 수도 있으며(유산을 받든 못 받든 대부분의 경우 물려받는 시기를 알 수 없다), 전형적인 정규직의 제약들을 고려하면 현실적이지 않은 면도 있다. 하지만 두 가지 영역, 즉 벌어들이는 금액(이 문제는 장기적으로는 항상 통제할 수 있다)과 쓰는 금액은 보통 사람들도 얼마든지, 심지어 후자는 더 큰 범위 내에서 통제가 가능하다.

당신이 가고자 하는 곳에 이르게 해줄 수 있는 똑똑하고 합리적인 자산을 일상적으로 매입할 수 있는 여건을 확보하도록 하라.

요소 ❷ | 수익

금전적 자유의 조기 달성이라는 목표를 위해 자산을 쌓아 갈 때 가장 중요한 건 임금 소득을 보완하거나 대체할 현금 수익을 올리고, 돈의 가치 상승에 힘입어 오랫동안 유지될 자산을 구축하는 것이다. 순전히 저축만을 위해 저축해서는 안 된다. 저축 및 투자를 통해 현금 수익과 가치 상승을 노려야 한다.

투자 수익은 자산을 쌓는 데 필수적이지만, 투자할 수 있는 자산의 규모가 큰 이들에게만 해당되는 얘기다. 독자들 중에는 투자에 대한 꿀팁을 얻고 싶어서 이 책을 선택한 사람들도 있을 것이다. 하지만 주식으로 일확천금을 노리는 사람들에게 유용한 정보는 여기 없다. 종래의 방법으로 엄청난 투자 수익을 벌어들이는 건 이 책의 독자들 대부분(순자산 1억 원 미만인 사람들)에게 먼 나라 얘기일 뿐이다.

성공적으로 자산을 구축하려면 완벽한 투자 수익을 올리는 게 그 무엇보다 중요하며, 그래서 제9장에서는 투자에 대해 상세히 알아볼 것이다. 하지만 그 전에 알아 둬야 할 것은 투자 원금이 너무 적다면 완벽한 투자 수익률도 아무 소용없다는 사실이다.

만약 브라이언이 그간 모아 온 100만 원을 주식에 투자해 두 배의 수익을 올렸다고 해도 그의 삶은 그리 많이 변하지 않을 것이다. 물론 몇백만 원의 여유 자금이 생기기는 하겠지만 그렇다고 직장을 그만둘 수도 없고, 엄청난 집세나 주택담보대출금을 감당해야 하는 집으로 이사할 수 있는 것도 아니며, 교통수단이나 일상적인 다른 활동들이 완전히 달라지지도 않는다. 이는 1,000만 원이 있어도 마찬가지다.

하지만 브라이언이 1억 원의 자산을 쌓았고, 이를 효율적으로 투자해 꾸준히 10~15%의 수익률을 기록하고 있다면 그의 삶에서 어느 순간 커다란 변화를 경험하게 될 것이다. 이제 그는 매달 100만 원의 수익을 올리는 만큼 삶의 중대 결정들을 한결 여유롭게 내릴 수 있다. 투자가 워낙 중요하기는 하지만 삶을 변화시킬 액수의 자산부터 구축하려면, 먼저 그리고 신속히 돈을 벌고 모아서 적극적으로 목돈을 마련해야 한다. 그렇다, 혹시 무일푼에서 시작하더라도 생활비보다 더 많이 투자할 수 있고 또 그래야만 한다. 하지만 자본금이 어느 정도 쌓일 때까지는 수익률에 초점을 맞춰서는 안 된다.

투자 수익은 대개 백분율로 표시된다. 누군가의 연간 수익이 10%라는 건 10만 원 투자할 때마다 매년 원금 10만 원은 물론 1만 원의 추가 소득까지 벌어들인다는 의미다. 그런데 수익률이 백분율로 표시될 때에는 주의해야 한다. 투자 기회의 가치를 평가할 때에는 단순히 수익률뿐 아니라 그 수익률이 도출된 배경 역시 살펴봐야 한다. 예를 들어, 투자 수익이 날 때까지 똑같이 1년이 걸린다고 가정하면 1만 원을 투자해서 2만 원의 수익을 올리는 것보다 1,000만 원을 투자해서 200만 원의 수익을 올리는 걸 분명 더 많은 이들이 선호할 것이다. 고작 1만 원을 투자해 놓고 수익률이 200%라고 자랑하는 건 누가 봐도 어리석으며 1,000만 원을 투자해서 20%의 수익을 올리는 게 훨씬 효용 가치가 크다.

비슷하게 어리석지만 훨씬 빈번하게 저지르는 실수는 1,000만 원 가치의 주식 포트폴리오를 가진 젊은 투자자가 수익률을 고작 2~3% 늘리기 위해 애쓰는 경우다. 이때 투자자는 수익률이 1% 오를 때마다 자산이 10만 원씩 늘어난다고 자랑할 것이다. 하지만 그 정도는 술집에서 하룻밤만 아르바이트를 하거나, 콜택시를 운전하는 등 일손이 필요한 어디에서나 하루만 일해도 벌 수 있는 돈이다.

이런 경우엔 포트폴리오가 어느 정도 규모를 갖추기 전까지는 다른 방법으로 추가 수익을 올리는 게 훨씬 효율적이다. 투자 수익을 버는 것도 월급을 받으려고 일하는 것처럼 생각하라. 훨씬 효율적으로 돈 버는 방법이 있는데 원금 100만 원에 수익률 1%(1만 원)를 올리겠다고 안간힘을 쓸 필요 없다.

반면, 어느 정도 규모(1억 원 이상)를 갖춘 포트폴리오를 창의적으로 운용하면 연간 1,000만 원, 2,000만 원, 혹은 그 이상의 수익을 올릴 수도 있다. 주식에 쏟아부은 노력을 한순간에 보상받는 것이다. 포트폴리오의 현재 규모와 상관없이 투자의 기본 원칙과 자산 관리에 대해 공부하는 건 항상 중요하다. 돈을 열심히 벌고 모은 뒤 그중 일부를 이용해 새로운 전략을 시도해 보고 향후 수익을 창출할 수 있는 투자 기술을 갈고 닦는 것도 최고의 공부 방법 중 하나다.

하지만 자본금도 거의 없이 시작한 이들은 돈을 더 많이 버는 데 대부분의 노력을 쏟는 게 투자를 갓 시작한 포트폴리오의 수익률을 높이겠다고 애쓰는 것보다 훨씬 효율적이다.

안전 인출 비율 Safe Withdrawal Rate

백분율로 표시되는 안전 인출 비율SWR은 사용 가능한 순자산('진짜' 자산)의 몇 %를 매년 인출해야 자산이 고갈되지 않는지 나타낸 수치다. 물가 상승률을 감안하고 포트폴리오를 망하게 만들지 않는 선에서 앞으로 남은 시간 동안 매년 얼마씩 인출할 수 있는지를 나타내는 안전 인출 비율은 돈의 액수로 규정되고 투자 원금에 대한 백분율로 표시된다. 당신은 안전 인출 비율을 이용해 다음의 질문에 답할 수 있다. "위험 부담 거의 없이 금전적으로 자유로워지려면 자산을 얼마나 쌓아야 할까요?" 이는 금전적 자유 공식에서 '수익' 변수에 해당된다. 안전 인출 비율은 당신이 선택하는 수치다. 자산 기반이 결코 바닥나는 일이 없어야 한다는 전제 하에 개인 투자자가 적절하다고 판단하는 수익률이다.

보수적인 사람은 1~2%가 안전 인출 비율이라고 생각할 것이다. 따라서 이 사람이 5,000만 원의 연 수입을 원한다면 25~50억 원의 자산이 있어야 한다. 다시 말해, 안전 인출 비율이 1%라고 생각하는 사람은 직장을 그만두기 전에 쓰는 돈의 100배에 달하는 진짜 자산을 구축해 둬야 한다.

반면 공격적인 사람은 10%의 안전 인출 비율이 적당하다고 생각할 것이다. 이 사람은 똑같이 5,000만 원을 쓰지만 5억 원의 자산을 쌓았을 때 직장을 그만둘 것이다. 쓰는 돈의 10배에 이르는 자산만 구축하면 되기 때문이다.

그렇게 높은 수익률이 지속될 수 없을 때 지나치게 공격적인 투자자는 직장으로 돌아가거나 생활비를 줄여야 하는 위험부담도 떠안는 반면 지나치게 신중한 투자자는 금전적 자유를 불필요하게 늦춘다. 하지만 이는 통과 아니면 실패밖에 없는 테스트가 아니다. 자산, 지출 그리고 안전 인출 비율은 모두 연결돼 있다. 너무 많은 돈을 인출한다고 해서 재무 상황에 절망적인 결과를 초래하지는 않는다. 안전 인출 비율을 너무 보수적으로 잡더라도 굳이 필요 없는 일을 몇십 년씩 계속해야 하는 건 아닌 것처럼 말이다.

예를 들어, 멜린다는 30대에 10억 원의 자산을 구축해 놓았고 연간 5,000만 원을 쓴다. 직장을 그만둔 이후 시장이 폭락하면서 더 이상 자산만으로 생활을 지속해 갈 수 없게 됐다면 그녀는 여러 가지 방법을 쓸 수 있다. 첫 번째는 생활비를 줄이는 것이다. 매년 5,000만 원씩 쓰는 대신 4,000만 원만 쓰고도 잘살 수 있다. 이는 포트폴리오의 가치가 8억 원으로 떨어졌는데 5%의 안전 인출 비율을 계속해서 유지할 경우 효과가 있을 것이다. 두 번째는 재무 상황에 다시 자신감을 얻거나 그녀의 자산 가치가 회복될 때까지 단기적으로 아르바이트를 하거나 심지어 일반 직장에서 일하는 것이다.

사업을 시작하거나 프리랜서로 일할 계획인 이들은 구축해 둔 자산이 훨씬 적더라도 훨씬 편안하게 직장을 그만둘 것이다. 투자수익률이 형편없을 동안 기꺼이 아르바이트라도 하겠다거나, 더 적게 쓰고 더 검소한 생활을 하겠다는 이들은 안전 인출 비율을 좀 더 높게 잡아서 더 보수적인 사람보다 일찍 금전적 자유를 달성할 수 있다.

많은 전문가들이 서로 다른 숫자를 제시할 것이다. 일부는 투자자들이 연 수익률 2% 이상을 기대해선 안 된다고 하고, 다른 이들은 연 수익률 7% 이상을 기대할 수 있다고 한다. 고연봉의 직장으로 언제든지 돌아갈 수 있다고 자신하는 젊은이들 혹은 즉각 사업을 시작하려는 이들은 안전 인출 비율이 10%인데 직장을 그만둬도 마음이 편안할 수 있다. 금전적 자유의 조기 달성을 통해 유연성을 갖고 싶은 이들은 안전 인출 비율 5%가 합리적인 중간 지점이라고 여길 것이다. 이 책 1부와 2부의 내용을 실천으로 옮겼다면 당신의 생활비는 월 200만~300만 원, 혹은 연 2,500만~3,600만 원 정도일 것이다. 안전 인출 비율 5%를 고려할 때, 5억~7억 2,000만 원의 자산이 있어야 당당하게 직장을 박차고 나올 수 있다.

요소 ❸ | 생활비

금전적 자유 공식의 세 번째 변수는 연간 생활비 목표액이다. 물론 높은 생활비보다는 낮은 생활비를 충당하는 데 필요한 자산 수익이 적은 게 당연하다. 이 책의 시작부터 검소한 생활에 대해 이야기한 것도 생활비야말로 금전적 자유의 달성 시기를 결정짓는 최대 요소이기 때문이다.

안전 인출 비율이 5%일 경우, 생활비로 들어가는 돈이 1,000원 늘어날 때마다 금전적 자유를 달성하는 데 필요한 자산은 20배나 많아진다는 사실을 명심해야 한다. 매달 10만 원씩 더 쓴다고 가정할 때 1년이면 120만 원이므로 일찌감치 달성한 금전적 자유를 지속하려면 연간 2,400만 원의 진짜 자산이 더 필요하다. 많은 돈이 아닐 수 없다. 실제로 1부에서 설명했던 첫해 저축액이기도 하다. 당신이 지출을 줄이고 생활 방식을 간소화할수록 매달 부채 상환에 나가는 돈도 적어지고 금전적 자유의 조기 달성도 쉬워질 것이다. 당신의 예산을 이루는 각 항목에 대해 깊이 생각해 보고 불필요한 비용은 계속해서 쳐내라. 지출이야말로 금전적 자유의 조기 달성을 가로막는 최대 장벽임에 분명하다.

그리고 기억하라. 금전적 자유를 일찌감치 손에 넣기만 하면 자산은 늘, 계속해서 쌓을 수 있다. 지출이 커지더라도 늘어나는 자산에 비례만 하면 된다. 만약 퇴직해서 사업을 구축하거나 자산이 엄청나게 불어난 걸 깨닫는다면 남아도는 현금으로 언제든지 지출을 늘릴 수 있다. 100억 원의 자산이 있고 평균 투자 수익을 올

리는 사람은 최소 연 2억 원의 생활비를 댈 수 있는 데다 물가상
승률을 감안해도 계속해서 더 큰 부자로 성장할 것이다. 생활비에
대해서는 1부에서 상세하게 다룬 만큼 여유 시간에 다시 읽어 보
기를 권한다.

결론

당신이 현재 쌓고 있는 건 진짜 자산인가, 가짜 자산인가? 당신
의 대차대조표에 적힌 자산들은 수익을 내고 있는가, 아니면 유지
비 명목으로 돈을 더 쓰게 만들고 있는가? 금전적 자유를 일찍 달
성하기 위해서는 자산이 거의 없거나 가짜 자산이 넘쳐나던 당신
의 재무 상태를, 수익을 창출하고 시간과 함께 가치가 오르는 진
짜 자산이 많은 상태로 바꿔 놓아야 한다.

이 모든 건 생활비에서 시작된다. 적은 생활비로 살아가는 사람
들은 진짜 자산이 좀 적어도 상관없고, 자산 수익률이 좀 낮더라
도 일찌감치 획득한 금전적 자유를 지속적으로 누릴 수 있다. 생
활비를 적게 써야 현금도 모을 수 있고, 수익을 창출하는 자산도
더 빨리 마련할 수 있다. 게다가 여기에 고액의 비상금까지 확보
했다면 기나긴 경제 활주로까지 구축한 셈이다. 이로써 누릴 수
있는 혜택은 엄청나다.

하지만 자산이 쌓이기 시작하고 온갖 선택할 문제와 기회가 생

기기 시작하면 돈을 모으는 것만으로는 금전적 자유에 도달할 수 없다. 이때는 적은 생활비를 유지하는 것에서 수익을 내는 진짜 자산의 매입 및 창출로 초점이 옮겨 가야 한다. 금전적 자유를 추구한다면 여러 가지 방법으로 금전적 자유 공식을 충족시킬 수 있지만, 수익을 발생시키고 물가상승률보다 빠르게 가치가 상승하는 자산만이 실제로 목표를 이루게 해준다는 사실을 명심해야 한다.

제9장
●
금전적 자유의
조기 달성을 위한 투자 입문

　이 책에서 추구하는 투자의 목적은 일찌감치 달성한 금전적 자유를 지속적으로 누릴 수 있도록 진짜 자산을 쌓고, 또 자산 수익을 올리는 것이다. 한방에 '부자'가 되거나 (의미 있는 규모의 자산이 쌓일 때까지) '자본금을 보존'하는 건 목표가 될 수 없다. 물론 이런 목표들도 누군가에게는 실용적이겠지만 금전적 자유의 조기 달성을 추구하는 이들에게는 적절하지 않으며 또 지속 가능하지도 않다. 이 책의 핵심은 자산이 거의 혹은 전혀 없는 상태에서 출발해 일찌감치 금전적으로 자유로운 상태를 달성하는 것이다. 단기간에 큰 규모의 자산을 구축했는데 직장을 완전히 그만둔 이후 꾸준한 자산 수익이 창출되지 않으면 곤란하다. 성공 공식에 따라 공격적으로 투자하고, 투자와 재투자를 꾸준히, 점차 빠르게 반복하는 게 당신의 목표를 달성할 수 있는 확실한 방법이다.

투자를 시작하려는 사람들은 매달 큰 흑자가 나서 보유 현금이 넉넉한 재정 상황을 자랑하고 싶어 안달일 것이다. 하지만 아직 갚아야 할 나쁜 부채가 남아 있다면 투자를 큰 규모로 시작해선 안 된다. 가용 자산이 수천만 원, 나아가 수억 원에 미치지 못할 때에도 거액의 투자는 삼가야 한다. 투자한 돈을 당장 사용해야 하는 문제나 기회가 발생한다면 투자 항목을 조기에 손해보고 팔아야 할 수도 있기 때문이다. 개인적으로 꾸준히 재정 흑자를 기록하고 있지 못하다면 적자를 발생시킬 수 있는 큰 투자를 시작해선 안 된다.

1부에서 설명한 현금 자산을 구축하고 밥벌이도 계속하고 있다면 재정 기반이 탄탄해져서 적극적으로 투자를 시작할 수 있다. 이제 가장 효율적으로 자산을 구축할 수 있도록 체계적인 투자법을 배우는 데 주의를 집중할 때다.

이 책의 1부와 2부를 실천에 옮긴 사람들은 작은 기업체를 시작하거나 매입하는 식으로 사업에도 얼마든지 발을 들일 수 있다. 이 책이 기업가들을 겨냥한 것은 아니지만 재정 여건이 좋아지면 사업을 시작했을 때 개인적으로 감당해야 하는 위험 부담도 줄어들기 마련이다. 실제로 경제 활주로를 꾸준히 늘여 가면 기업가로 변신할 수 있다. 진짜 자산이 1억 원이 넘고 연 지출이 2,500만 원인 사람은 4년짜리 경제 활주로를 가진 셈이다. 자본이 바닥나기 전까지, 그래서 직장으로 돌아가야 하기 전까지 몇 년간은 사업을 할 수 있다는 뜻이다. 자산이 전혀 없어서 돈을 모으거나 매일같이 출근해야 하는 사람들에 비하면 얼마나 좋은 여건인가! 창의적 투자와 사업가 데뷔에 분명한 경계선이 존재하는 것은 아니다. 투자를 준비하는 사람으로서 관리에 좀 더 많은 노력을 쏟겠다는 의지만 있다면 작은 사업체를 매입하거나 새로 시작하는 것도 진지하게 생각해 볼 수 있다.

기존의 은퇴 계획이나 투자로는 자산을 신속하게 쌓을 수 없는 만큼 금전적 자유를 일찌감치 이루고 싶은 이들에게는 다른 전략이 필요하다. 그리고 이 책에서 제시하는 투자 전략은 애버리지 조의 재무 설계사가 제시하는 전략과 완전히 다르다는 걸 알아야 한다. 조기 퇴직이 가능하게 해줄 순자산 1억 원은 애버리지 조에게도 그림에 떡일 뿐이라는 사실을 기억하라.

일찌감치 달성해서 영구적으로 지속될 금전적 자유를 원하는 이들이 현명한 결정을 내리는 데 도움이 될 만한 원칙들이 몇 가지 있다. 이른바 투자의 일곱 가지 핵심 원칙으로, 이들을 지키지 않는다면 금전적 자유를 향해 가는 여정이 하염없이 길어질 것이다. 이어서 투자에 대한 신념을 형성하는 데 도움이 될 만한 투자의 핵심 개념들도 알아볼 것이다. 하지만 무엇보다 인플레이션의 의미와 영향을 정확히 이해하는 게 중요한 만큼 이것부터 짚고 넘어가자.

인플레이션

집, 차, 우유나 음식물의 값이 100년 전보다 비싸진 데서 알 수 있는 것처럼 인플레이션은 시간이 흐를수록 재화와 용역의 가격이 인상되는 것을 뜻한다. 인플레이션은 불규칙하게 나타나기는 하지만 좀 더 정확한 이해를 위해 일정량의 재화 및 용역의 가격이 수십 년에 걸쳐 꾸준히 측정돼 왔다. 소비자물가지수로 불리는 이 지표에 따르면 지난 수십 년간 연 평균 물가상승률은 3.2%가 넘는다. 이는 물가가 매 20여 년마다 2배로 오른다는 것을 의미한다.

인플레이션으로 인해 돈의 가치는 시간이 흐르면서 하락한다. 같은 돈으로 살 수 있는 재화와 용역이 갈수록 줄어드는 것이다. 따라서 물가가 무서운 기세로 오르는 시기에 현금의 형태로 자산을 유지하면 점점 더 가난해질 수밖에 없다.

투자를 하면 소득이 생기거나 물가상승률 이상으로 가치가 오르는 성과를 거둬야 생활비가 끝없이 늘어도 자산으로 감당할 수 있다. 적어도 투자는 인플레이션과 보폭을 맞출 수 있어야 한다.

투자의 일곱 가지
핵심 원칙

투자 시작 전 명심해야 할 원칙들은 다음과 같다.

- 원칙 ① 원금은 절대 쓰지 마라.
- 원칙 ② 투자 수익을 대부분 재투자하라.
- 원칙 ③ 투자하려면 자본금이 있어야 한다.
- 원칙 ④ 투자를 확실히 통제하고 있을 때에만 노력에 따라 수익을 거둘 수 있다.
- 원칙 ⑤ 투자 수익은 얼마나 알고 있느냐에 따라 달라진다.
- 원칙 ⑥ 변동성과 위험을 혼동해선 안 된다.
- 원칙 ⑦ 최고의 투자는 투자자의 개인적 상황에 따라 달라진다.

원칙 ❶ | 원금은 절대 쓰지 마라

1부에서 우리는 언제든지 쓸 수 있는 자산으로 2,500만 원을 모으는 데 성공했다. 이는 삶의 기회나 역경이 닥쳤을 때, 혹은 단독주택이나 다세대주택을 매입할 때 사용할 수 있다. 아니면 경제 활주로로 이용해도 좋다. 어딘가에 투자해서 묶어 둘 돈이 아니라 엄청난 수익을 창출하는 데 쓸 돈인 것이다. 투자를 시작할 때, 평생 생활비를 창출할 자산을 매입할 때 절대 투자 원금을 사용할 계획을 세워선 안 된다.

성공적인 투자자는 이 기본 개념을 뼛속까지 이해한다. 사실 이는 자본주의의 뿌리로서 상위 1%와 나머지 사람들을 분류하는 훌륭한 기준이기도 하다. 자산 '보존'의 핵심을 한마디로 요약하면 원금은 무슨 일이 있어도 건드려선 안 된다는 것이다. 이 원칙만 지켜도 당신과 당신의 아이들 그리고 손주들까지 금전적으로 큰 탈을 겪는 일은 영원히 없을 것이다.

만약 1,000원을 투자하기로 했다면 그 돈은 더 이상 없다고 생각해야 한다. 당신의 삶에서 영원히 사라진 것이다. 이제 그 돈은 절대 쓸 수 없다. 그 돈으로 커피를 마실 수도 집을 살 수도 없고, 아이들의 대학 등록금을 내거나 퇴직 후 생활비로 쓸 수도 없다. 대신 계속해서 수익을 내는 데에만 사용해야 한다.

물론 투자 결과 생긴 수익은 현금화되는 대로 써도 좋다. 하지만 금전적 자유가 계속해서 지속되는 상태를 이루는 게 목표라면 투자 원금에 절대 손대선 안 된다. 한번 투자한 자산은 영원히 수익을 창출할 수 있어야만 한다. 이 개념에 대해서는 사례를 통해 좀 더 구체적으로 살펴보기로 하자.

1억 원을 모은 크리스티는 그 돈으로 임대 주택을 매입했다. 덕분에 매달 50만 원의 집세를 벌었고 1년 후에는 집값도 1억 300만 원으로 올랐다. 결국 그녀는 집을 팔고 돈을 받아 나왔다. 지금부터 또 1년이 지난 후의 상황은 이럴 것이다. 크리스티는 은행에 1억 600만 원의 예금을 갖고 있다. (수익의 33%를 세금으로 내야 한다고 가정해) 세금까지 계산해 보면 예금에는 임대로 벌어들인 600만 원, 집값 상승으로 생긴 300만 원이 포함돼 있다. 세전 총 수익은 900만 원으로 세후의 투자 수익률이 6%인 셈이다. 남은 1억 원은 그녀가 처음부터 넣은 투자 원금이다.

결과는 다음과 같다.

- 은행 예금 1억 600만 원
- 원금 혹은 초기 투자 금액 1억 원
- 임대 소득 600만 원 (50만 원씩 12개월)
- 집값 인상분 300만 원
- 33% 세금을 뗀 투자 수익 600만 원

크리스티는 부동산에서 발생한 수익 600만 원을 쓰고도 자산을 그대로 유지할 수 있다. 하지만 그보다 더 많은 돈을 쓸 경우엔 처음 시작할 때보다 더 적은 돈을 갖게 된다. 그녀는 투자자로서 600만 원 이상 쓸 생각이 전혀 없다. 원금 1억 원도 손대지 않고 고스란히 다른 부동산 혹은 수익을 창출하는 또 다른 자산에 재투자할 것이다. 원금을 쓰는 건 투자의 첫 번째 핵심 원칙을 위반하는 행위이자 자산을 구축하기는커녕 파괴하는 행위다.

장기간 성공을 거두는 투자자들은 애초에 이런 상황을 만들지 않는다. 삶의 역경에 맞닥뜨려서도 투자 원금을 현금화할 필요는 없도록 언제나 재무 상황을 정비해 둔다.

원칙 ❷ | 투자 수익을 대부분 재투자하라

자산을 구축하고 싶다면 투자 수익을 전부 써버려선 안 된다. 수익의 극히 일부분이라도 재투자해야 한다. 앞서 제시한 임대 부동산의 예를 보자. 투자를 통해 자산을 1억 원에서 1억 600만 원으로 늘인 크리스티가 돈을 더 벌고 싶다면 수익금 600만 원을 전부 써선 안 된다! 대신 600만 원의 일부라도 재투자해 이를테면 1억 400만 원짜리 부동산을 장만해야 한다. 더 크고 좋은 집일수록 이전 집보다 임대 수익도 더 클 테고 집값도 더 많이 뛸 것이다. 이 과정을 반복하면 자산을 더 빠르게 불릴 수 있다.

언젠가는 투자 수익만으로 생활비를 충당해야 금전적 자유를 이룰 수 있겠지만 그러기 위해서는 투자 수익의 대부분을 재투자하는 게 가장 중요하다. 이는 앞 장章에서 논의했듯 안전 인출 비율을 합리적인 수준에서 낮게 설정했을 때 가능하다. 핵심은 금전적 자유를 달성하면 안전 인출 비율 내에서 소비할 수 있다는 것, 그게 전부다!

앞서 사례로 든 주택의 경우 크리스티는 600만 원의 수익 중 200만 원을 쓰고 나머지만 재투자해도 충분한 자산을 구축할 수 있다. 금전적 자유를 달성하더라도 그녀는 투자로 창출된 총 수익보다 많이 써서 원금을 훼손해선 안 된다는 사실을 명심해야 한다.

투자의 목표가 금전적 자유의 조기 달성에 있는 만큼 맘껏 쓰는 건 수익에 한정돼야 한다. 항상 원금은 건드리지 않도록 주의하고 수익의 대부분을 재투자함으로써 목표를 향해 나아가자.

원칙 ❸ | 투자하려면 자본금이 있어야 한다

투자할 돈이 없으면 투자는 불가능하다. 또한 돈을 벌고 (혹은 상속받고) 모으지 않으면 자본금을 마련할 수 없다. 미국의 빈부격차가 그렇게 큰 원인이 바로 여기에 있다. 상당한 이점을 누릴 수 있는데도 미국인들은 대부분 일찌감치 큰돈을 모으는 데 실패한다. 하지만 이 책의 1부와 2부에서 제시한 절차를 실행에 옮기면 틀을 깨고 상당한 자본을 단기간에 축적할 수 있을 것이다.

투자를 시작해서 자산을 구축하고 금전적으로 자유로워지고 싶은가? 그렇다면 번 돈을 모아라. 쓰면 안 된다. 이 책의 앞부분부터 제대로 숙지하고 자산을 모은 뒤 열성적인 투자자가 되어라. 다른 이의 돈으로 투자하면서 제대로 하고 있다고 착각해선 안 된다. 개인 자산도 없으면서 자신을 투자자라고 부르는 이들에게 속아 넘어가서도 안 된다. 진정한 투자자는 자신의 돈을 투자한다는 사실을 명심하라. 이 원칙이 당연해 보이지만 다른 이의 돈을 관리하는 데 지나지 않으면서 '투자자'로 불리는 이들도 많은 게 현실이다. 그런 사람들이 하는 건 관리지 투자가 아니다.

회사의 스톡옵션을 받은 직원이 투자자가 아닌 것처럼 다른 이의 돈을 사업에 투자한 사람은 투자자가 아니다. 이런 경우에는 그 돈이나 주식을 운용한 사람이 이를 제공한 사람 혹은 기업을 위해 결과에 대한 책임을 져야 한다. 이처럼 투자자 이외의 누군가가 투자의 결과에 책임이 있다면 이는 금전적 자유의 조기 달성이라는 목표에 완전히 위배된다. 투자자는 이전 투자에서 발생한 수익, 혹은 직장이나 사업 등 다른 소득원에서 나오는 현금을 모으고, 그 현금 또는 그와 동일한 가치의 재화를 투자한다.

투자 조언을 구할 때에는 실제로 투자를 하는 사람의 조언인지, 행세만 하는 이의 조언인지 구분해야 한다. 그리고 자신도 다른 사람의 돈을 관리해 줄 뿐이면서 투자하고 있다고 착각해서도 안 된다. 금전적 자유는 직접 쌓은 자산을 이용해 투자하고 재투자할 때 이루어지는 것이다.

원칙 ❹ ㅣ 투자를 확실히 통제하고 있을 때에만 노력에 따라 수익을 거둘 수 있다

주식 선택이나 갓 시작한 자신의 포트폴리오에 대해 끝도 없이 떠벌리는 사람을 만난 적 있는가? 시장에 대해 꼼꼼하게 공부하고 평가절하된 주식을 찾는 사람 말이다. 이런 사람은 엄청난 열정과 노력 그리고 지식을 쏟아붓는다. 다른 누구보다 잘할 수 있다는 자신감 또한 갖추고 있다. 하지만 불행히도 그는 시간을 낭비하고 있을 뿐이다.

매번 적절한 주식과 타이밍을 찾으려 하거나 월스트리트의 수익률을 넘어서려 노력하는 건 명백한 낭비다. 일반적인 인덱스 펀드에 투자해도 장기적으로 훨씬 높은 수익을 올릴 수 있기 때문이다(이에 대해서는 뒤에서 좀 더 자세히 설명하겠다). 순자산이 적은 투자자들은 자신이 그렇게 많은 시간과 노력을 쏟아붓는 게 통계학적으로 전혀 쓸모없다는 얘기를 듣기 싫어하는 만큼 이 주제를 다루는 게 더더욱 중요하다.

물가상승률보다 수익률이 높은 투자는 당신을 부자로 만들어줄 수 있음을 명심해야 한다. 심지어 서툰 투자자들도 수익의 대부분을 재투자하고 장기적으로 물가상승률보다 높은 수익률을 기록할 수 있다면 부자가 될 수 있다. 안타깝게도 주식 선택을 잘해야 부자도 될 수 있다는 사실 때문에 많은 투자자들이 (여느 주식보다 가치가 가파르게 상승할 수 있는 평가절하된 주식을 찾아) 주식 분석이나 주식 거래가 생산적인 일이라는 오해를 한다.

하지만 다행히 당신은 그런 사람들 중 하나가 아니다. 월스트리트에서 몸 바쳐 일하거나, 공개 시장의 분위기를 제대로 파악하는 법을 배우거나, 훌륭한 기업들을 찾아내고 매입하며 체계적으로 관리 및 발전시킬 계획이 아니라면 인덱스 펀드에 투자하는 게 훨씬 효율적이다.

아마추어 투자자들이 공개 시장에서 주식을 선택해 전문가들보다 훨씬 좋은 성적을 내는 경우가 매우 많다. 하지만 이들의 노력과 과분한 수익률 사이에는 아무런 상관관계가 없다. 여기서 문제는 공개 거래되는 주식이나 채권에 투자했을 때 그 투자의 운명을 결정하는 건 다른 사람들이라는 사실이다. 기업의 실적, 부채 상환 여부, 해당 재무 기구의 성공을 결정짓는 건 다른 이들이다.

하지만 당신이 투자를 직접 통제할 수 있다면 노력으로 투자의 결과를 바꿀 수 있다. 예를 들어 본인 소유의 부동산을 직접 고칠 경우, 당신은 노동으로 시간당 5만 원, 10만 원, 심지어 25만 원도 벌 수 있다. 만약 이런 식으로 벌어들이는 돈이 당신의 임금보다 많다면 당신은 노력으로 상당한 수익을 올리고 있는 것이다.

원칙 ❺ | 투자 수익은 얼마나 알고 있느냐에 따라 달라진다

흥미롭게도 사람들이 주식을 선택하려는 이유 중 하나는 투자에 관한 수없이 많은 책들을 굳이 읽으려 들지 않기 때문이다. 그들은 성공한 투자자들이 주식 선택 같은 건 하지 말라고 하는 수학적 이유와 철학에 무지하다. 평균 이하의 수익률밖에 내지 못하는 건 무지의 소치인 것이다.

투자자들은 지식이 장기적 재무 상황 및 투자 수익률에 상당한 기여를 할 수 있음을 알고 있다. 적재적소에 활용만 잘하면 자기 손으로 투자를 쥐락펴락할 수 있는 것이다. 예를 들어 부동산 투자의 기본 원칙과 지역 시장을 정확히 파악하고 있는 부동산 투자자는 높은 수익을 꾸준히 올릴 가능성이 상당히 높다. 다 무너져 가는 건물들을 사들여 재건축을 추진하거나 임대 사업을 효율적으로 운영할 수 있기 때문이다. 반면, 주식 투자자가 할 수 있는 거라곤 기업의 효율적인 경영과 여론 조성으로 자신이 투자한 주식의 가격이 오르기를 염원하는 것뿐이다.

부동산 투자자도 부동산 관리를 위해 약간의 노동을 하지만 그들의 노력은 대개 부동산 투자의 원칙을 숙지하는 식으로 이루어진다. 계약서를 읽고 공부하는 것은 기본이요, 부동산을 어떻게 분석해서 어떻게 팔까부터 시작해, 어떻게 세입자들을 걸러내서 어떻게 부동산을 보호할까에 이르기까지 상당한 연구가 필요하다.

이를 위해서는 지식을 쌓을 필요가 있다. 투자에 물리적으로 들어가는 노력과 시간은 부동산 관리인이나 수리공, 계약업자 등에 완전히 외주를 맡길 수 있다. 그리고 투자자들이 부유해지면 당연히 이런 담당자들을 고용해야 한다. 괜히 아는 것도 없이 투자에 뛰어들거나 사업을 시작했다가는 엄청난 손해를 볼 수 있음을 기억하라. 지식은 투자의 위험을 줄이고 투자자에게 통제권을 선사한다. 반면, 지식을 쌓지 못하면 수익률도 낮아지고 심지어 투자 원금을 잃는 상황까지 생길 수 있다.

원칙 ❻ | 변동성과 위험을 혼동해선 안 된다

"주식은 위험하지 않아요?" 많은 투자자들이 주식은 일반적으로 채권보다 위험성이 크다고 확신한다. 하지만 어떤 투자가 위험한지 아닌지는 위험의 의미가 무엇인지에 따라 달라진다. 주식은 채권에 비해 위험하지 않다. 위험하다고 말하는 이들은 위험성의 정의를 모르거나, 금전적 자유를 조기에 달성해 지속적으로 누리는 게 목표인 사람에게는 적용되지 않는 정의를 사용하는 것이다.

물론 주식 시장을 통째로 놓고보면 채권보다 변동이 심한 게 사실이다. 하지만 위험과 변동성은 반드시 구분되어야 하고, 이 둘의 차이를 많은 투자자들이 적절히 이해하지 못하는 게 현실이다.

재무 설계사들, 주요 언론사들 그리고 많은 투자자들이 주식은 채권보다 위험하다는 인식을 머릿속에 철저히 심어 두었다. 그래서 단기는 물론 장기적으로도 상당한 손해를 입는 결정을 내리는 것이다. 이 같은 내용을 도식화한 그래프를 살펴보자. 이 도표는 재무부 채권과 주식을 똑같이 투자했을 때의 가치를 비교해 보여 준다. 뉴욕 대학교 스턴 경영대학원이 제공한 이 자료★에서 가장 눈에 띄는 특징은 연구가 진행된 동안 재무부 채권의 수익률이 주식에 비해 상당히 떨어진다는 것이다. 실제로 현대 들어 30년 단위로 똑같은 시나리오가 펼쳐지고 있다.

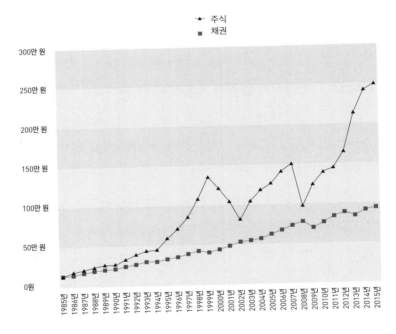

10만 원의 가치 - 주식 vs. 재무부 채권

★ 다모다란, 다모다란 온라인(Damodaran Online), 인터넷.

하지만 '주식이 채권보다 위험하다'는 고정관념에 빠진 학파는 위의 관찰 내용에 반박하면서 이 그래프에서 두 번째로 눈에 띄는 특징을 근거로 지적할 것이다. 바로 재무부 채권은 엄청난 손실 (주식 선에서 나타나는 급락)을 기록하는 경우도 없다는 사실이다. 물론 그렇기는 하다! 하지만 여기서 중요한 건 *삶을 변화시킬 만한 수익을 지속적으로 창출하는 자산을 구축하고 싶은 투자자들*은 투자의 핵심 개념을 이해한다는 것이다. 다른 무엇보다 중요한 핵심 원칙, 즉 *무슨 일이 있어도 원금을 건드려선 안 된다*는 원칙 말이다.

('무슨 일이 있어도'에 해당되는) 영원은 긴 시간이다. 성공적인 투자자들은 장기적으로 현금 수익 또는 투자 수익의 일부만으로도 잘산다. 따라서 그들에게 중요한 건 아주 장기간에 걸친 투자 실적이다. 첫 시점과 마지막 시점의 자산 차이, 그들이 선택한 투자가 대안보다 더 많은 총 자산을 창출했는지가 그들이 유일하게 신경 쓰는 문제인 것이다. 주식은 장기적 관점에서 보면 항상 채권보다 더 많은 수익을 창출했으며, 이는 관찰 시간이 길어질수록 통계학적으로 더 확실해졌다! 따라서 주식이 채권에 비해 가치 변동이 더 심하다는 두 번째 특징을 가장 중요하게 받아들이기에는 무리가 있다.

물론 단기적으로 투자자들은 주식 포트폴리오의 시장 가치가 급격히 하락하는 경험을 하게 될 것이다. 하지만 원금은 절대 건드리지 않으면서 투자를 계속해 나갈 거라면 주식이 분명 채권보다 갈수록 많은 자산을 창출할 거라는 사실을 알고 있는 만큼 이 같은 변동성은 받아들여야 한다. 그리고 결과적으로 이는 채권이 주식보다 더 위험하다는 말이 되기도 한다. 채권에 투자한 이들이 주식에 투자한 이들보다 장기적으로 훨씬 낮은 수익률을 기록할 테니 말이다. 여기서는 '위험'이 장기적 관점에서 '갈수록 자산이 줄어들 확률'로 더 분별 있게 정의되었고, 이렇게 더 적절한 정의에 따르면 채권이 장기적으로 주식보다 더 위험하다. 주식은 빈번하게 오르내리는 등 단기적으로 변동성이 더 심하기는 하지만 30년 주기로 보면 주식 시장이 항상 채권 시장을 앞지른 게 사실이다

당신의 투자 기간에 유념하라. 젊은 투자자는 100살까지 산다는 가정 아래 70~75년의 투자 기간을, 55세의 투자자는 최소 50년의 투자 기간을 설정할 것이다. 대부분의 '투자자'들은 65세에 퇴직하고 죽기 전까지 돈이 바닥나지 않기만을 빈다. 그런데 여기서 80세까지 살 계획을 세운다는 것 자체가 얼마나 위험한가. 남들보다 빨리 죽을지 늦게 죽을지는 아무도 모르는 일인데 말이다. 그렇다면 현재에 충실한 멋진 삶을 살되 금전적으로는 영원히 산다는 가정 하에 투자 계획을 세우는 게 유일하게 합리적인 방안이다.

주의: 투자 원금을 쓸 계획이라면 여기 소개된 위험의 정의는 당신에게 적용되지 않는다. 원칙 ①에 입각해 봤을 때 투자 원금을 쓸 계획이라면 투자가 아니라는 사실을 기억하라. 대신 '저축'을 하면서 투자의 핵심 원칙을 위반하고 있는 것이다.

위험성을 파악하라. 위험성은 당신의 투자 기간에 맞게 고려돼야 한다. 투자 기간이 (예를 들어 여생처럼) 길면 단기 변동성은 받아들일 수 있다. 하지만 통계학적으로 수익률이 낮은 게 확실한데 이를 자발적으로 용납해선 안 된다.

원칙 ❼ | 최고의 투자는 투자자의 개인적 상황에 따라 달라진다

대부분의 사람들, 특히 아마추어 투자자들은 주식 시장, 채권 시장, 심지어 부동산 시장의 평범한 투자로는 위대한 투자 수익을 낼 수 없다는 사실을 잘 모른다. 그보다 최고의 투자는 월별 개인 지출을 줄이는 데서 나온다. 실제로 매달의 현금 지출을 줄이는 건 자산의 증가로 이어지는 만큼 투자 수익처럼 여겨질 수 있다. 만약 다른 어떤 투자법보다 이 방법을 썼을 때 자산을 훨씬 빨리 쌓는다면 그대로 밀고 나가라. 그리고 이 방법을 가장 먼저 사용하라!

워커는 25만 원을 모았다. 주식 시장에 투자할 수도 있었지만 대신 중고 거래 사이트에서 괜찮은 중고 자전거를 샀다. 그의 출근 거리는 편도 8킬로미터고 차를 이용할 경우 킬로미터당 330원의 비용이 든다. 따라서 자전거로 출퇴근하면 하루에 약 5,500원, 연간 200일의 근무일 중 75%를 자전거로 출퇴근할 경우 1년에 82만 5,000원을 절약할 수 있다. 이는 그가 더 건강해지는 효과를 제외하고도 무려 300%의 연 수익률에 해당된다. 워커는 금전적 자유를 진지하게 연구하는 중이며, 자전거를 산 것도 본격적으로 투자를 시작하기 전에 치밀한 분석을 통해 도달한 일종의 투자였다.

이와 비슷하게 누군가는 자신의 시간과 돈을 투자해 집안의 백열전구들을 에너지 소모가 훨씬 적은 LED 전구로 싹 교체할 수 있다. 외식하는 대신 집에서 직접 요리해 먹고 싶은 기분이 들도록 좋은 주방기기를 장만하는 것도 일종의 투자다. 임대 부동산을 매입하는 것보다 집을 사서 남는 침실을 세놓거나, 혹은 다세대 주택을 매입해서 다른 세대를 임대하는 것도 좋은 방법이다.

이 모든 게 다 투자다! 돈을 절약하는 방식의 투자에 합당한 가치를 부여하는 사람들이 너무 적다. 그들은 페이스북이나 아마존 같은 유명 기업체를 매입하는 데에는 상당한 흥미를 느끼지만 월 지출을 크게 줄일 수 있는 소비 역시 똑같은 투자라는 사실은 믿지 않는다. 많은 경우 주식, 채권, 부동산보다 훨씬 많은 수익(투자 수익률 1,000% 이상)을 거둘 수 있는데도 말이다. 어떤 면에서 이 책의 1부는 주택 분할에 대한 부분과 마찬가지로 투자에 대한 소개였다고 할 수 있다. 똑똑한 소비는 지출을 급격하게 줄여서 (앞서 설명했던 직장에서 가까운 곳에 살 경우 누릴 수 있는 혜택들을 떠올려 보라) 자산 소득이 생활비로 덜 **빠져나가게** 하는 한편 저축을 늘려 다른 자산에 투자할 수 있는 능력을 배가시킨다.

매달 엄청난 돈을 무의미하게 지출하면서 전통적 의미의 투자를 하려고 궁리한다면 어리석기 짝이 없다. 그 정도 돈을 벌기 위해 열심히 일하거나 투자자로 성공하려고 열심히 공부하는 것보다 절약하는 게 훨씬 간단한 일일 때가 많다.

지출을 줄이면 세금에서도 많은 혜택을 누릴 수 있다. 중위 소득을 버는 직장인이라면 약 30%의 소득세를 낼 것이다. 그렇다면 임금이 1,000원 인상돼도 실제로 주머니에 들어오는 돈은 700원에 불과하다. 결과적으로 1,000원을 더 벌려고 노력하느니 1,000원을 아끼는 게 그 금액이 온전히 내 것이 된다는 점에서 훨씬 낫다! 대부분의 직장인들에게 돈은 버는 것보다 모으는 게 더 효율적이다. 투자를 하고 싶다면 돈을 모으는 걸 같은 금액을 버는 것보다 더 중요하게 여겨야 하는 이유다.

현명한 투자자를 위한 다섯 가지 개념

지금까지 소개한 핵심 원칙들을 따른다면 전략적 투자의 첫 단추를 잘 끼우고, 살아가는 내내 돈을 현명하게 쓰는 방법도 스스로 터득할 수 있다. 그런데 투자자로서 고려해야 할 사항들이 여러 가지 더 있다. 무엇인지 논의하기 전에 투자 결정을 내리려면 알아야 하는 다섯 가지 추가 개념들에 대해 알아보자.

- 투기 vs 투자
- 기회비용
- 분산 투자
- 자산 소득
- 중요성 vs 투자수익률

투기 vs 투자

당신한테 금에 투자하라고 제안한 이가 있는가?

금은 돌덩이다(엄밀히 말하면 금속이지만 일종의 비유니 넘어가자). 있는 자리에서 빛을 발하기는 하지만 어떤 가치를 창출하는 것도 아니고, 생명을 구할 수도 없으니 보기 좋은 걸 빼면 아무것도 아닌 것이다. 심지어 '보기 좋다'는 데에도 이견의 여지가 있다. (장기적 투자에 관한 한 세계에서 손꼽히는 전문가이자 세계 최고 부호 중 한 명인) 워런 버핏은 금에 대해 이렇게 말했다.

> 금에 대해 난 이렇게 말하겠습니다. 만약 이 세상의 금을 모두 모아 놓으면 한 변의 길이가 20미터에 이르는 정육면체가 될 거예요. [중략] 금으로 된 이 정육면체는 오늘 기준 가격으로 7,700조 원입니다. 미국 내 모든 주식을 합친 가격의 3분의 1 정도지요. [중략] 미국의 모든 농장을 매입할 수 있고, 엑슨 모빌 규모의 기업을 일곱 채나 사들이고도 용돈으로 1,100조 원을 쓸 수 있어요. [중략] 당신이 만약 내게 이 20미터짜리 금 정육면

체를 온종일 바라보고, 이따금 만지고 쓰다듬을 수 있게 해 준다면… 나더러 미쳤다고 해도 나는 모든 농장과 엑슨 모빌들을 소유하는 걸 택할 것입니다.★ 🙿

금은 투자가 아니다. 금을 모으고 있어도 어떤 가치를 창출할 수는 없다. 기껏해야 통화에 비해 가격이 더 오를 거라고 내기할 수 있는 정도다. 이런 건 투기라고 부른다. 투기를 해서도 돈을 벌 수 있고 부동산 같은 유형의 시장에서는 (시장 조사 내용을 바탕으로 조만간 시세가 오를 거라고 생각되는 지역에 집을 사는 등) 어느 정도 투기를 하는 것도 좋은 방법이다. 하지만 투기를 해서 훌륭한 사업가가 될 수도 있고, 해당 금융 시장에 아주 관심이 많은 사람이 되거나 심지어 상당한 부자가 될 수도 있지만 투자자는 결코 될 수 없다.

투기는 영원히 배가되고 수세대에 걸쳐 지속되는 재정적 성공을 보장하는 비법이나 공식이 아니다. 투기꾼들은 결국 몸담은 금융 시장에서 자신의 경쟁력을 잃게 돼 있다. 영업이나 커리어에서의 성공이 오랜 기간에 걸친 노력에 달려 있는 것처럼 지속 가능하고 장기적 관점에서의 성공은 꾸준한 노력을 통해서만 달성된다.

★ 메리맨, '23가지 인용문을 통해 본 워렌 버핏의 천재성(The genius of Warren Buffett in 23 quotes)', 인터넷

투자 전략은 장기적인 관점에서, 투기를 피해 설계해야 하는데 여기에 지나치게 충실한 나머지 단기적으로 손쉽게 거둘 수 있는 성과를 그냥 지나쳐서는 안 된다. 훌륭하고 창의적인 투자자들은 좋은 건수를 잘 알아볼 뿐 아니라 추진력도 상당하다. 우연한 기회에 (주택, 자동차, 수집품 등이 좋은 가격에 나와 있는 걸 발견해) 단기 자산을 사들였다 이내 되팔아 수익을 올릴 수도 있다. 전문가가 꼼꼼하게 조사한 지역에 좋은 물건이 나오면 손쉽게 성과를 거둘 수 있는 이점을 누려라. 하지만 투자 전략이라면 장기적 관점에서 다시없을 기회의 물건을 찾고 즉각 팔아 수익을 올리는 방식에 의존해서는 안 된다.

대신 당신의 전략은 수학적 원칙에 의거해 지속 및 반복이 가능한 방식으로 장기적인 부를 달성할 수 있도록 수립돼야 한다. 자산의 획득에 중점을 두고 그 결과 창출된 소극적 소득으로 현재의 생활 방식을 계속 누릴 수 있을 뿐 아니라 자산의 가치 및 가용 현금도 끊임없이 늘어날 수 있도록 전략을 짜야 한다.

수익을 올릴 기회를 발견하면 거침없이 덤비되 무조건 그런 기회에 의존해 투자 전략을 설계해선 안 된다. 그 같은 전략을 활용하는 일반 투자자는 장기적인 수익을 올리지 못한다. 소극적 소득을 창출하고 싶다면 새로운 투자 방법을 모색해야 한다.

기회비용

기회비용은 취할 수도 있었지만 다른 방식을 선택하느라 포기한 이득을 의미한다. 좀 더 간단하게는 무언가를 하지 않은 비용으로 정의되기도 한다. 행동하지 않은 비용인 것이다. 좀 더 정확히 말하자면 적절한 행동을 취하는 데 실패한 비용이라고 할 수 있다. 기회비용에는 세 가지 유형이 있다.

- 돈을 테이블 위에 그대로 내버려 두기
- 투자 실패
- 차선 투자 및 자본 비용

돈을 테이블 위에 그대로 내버려 두기

몇 년 전, 브록은 수리가 필요한 두 세대 주택을 매입하고 이중한 세대에 살면서 남는 침실을 월 55만 원에 친구에게 임대했다. 그는 나머지 한 세대를 직접 고치기로 결심하고 건축자재 매장에 가서 필요한 장비들을 구입한 뒤 작업에 착수했다. 그런데 90% 정도 완료했을 즈음 어려운 수리에 가로막혀 흥미를 잃고 다른 일들을 하느라 그 세대가 비어 있는 채로 4개월을 보냈다. 그래도 그는 이 문제를 별로 심각하게 여기지 않았고 조만간 해결해야겠다고만 생각했다.

어느 날 브록은 현실에 눈을 떴다. '이런, 나머지 세대에 들어올 세입자를 찾지 않아서 매달 100만 원씩 그냥 버리고 있었잖아!'

즉시 그는 주말마다 열던 파티를 중단했다. 주중에도 퇴근 후 더 이상 게으름 피우지 않았다. 다시 장비를 꺼내 수리를 마침으로써 거주할 만한 공간으로 변신시켰다. 인터넷에 세입자를 구하는 광고를 올리고 2주 후 세입자를 들였다.

브록이 다시 수리에 착수할 동기를 찾지 못한 건 기회비용의 개념을 이해하지 못했기 때문이다. 하루하루 버려지고 있는 집세가 본래 자신의 재산이라고 생각하지 않았던 것이다. 하지만 그의 재산이 분명했다. 아주 현실적인 관점에서 봤을 때 그는 간단한 행동을 하지 않는 바람에 손쉽게 획득할 수 있는 100만 원을 매달 쓰레기통에 버려 온 것이나 다름없다.

언제든지 획득할 수 있는 돈이 있을 때에는 실제로 지갑에 넣기 위해 필요한 행동들을 하라! 집어들기만 하면 되는 돈을 테이블 위에 그대로 내버려 둬선 안 된다.

투자 실패

투자자들은 언제나 자신의 돈과 시간을 투자할지 말지 결정해야 하는 상황에 직면한다. 그리고 어딘가에 투자하기로 한 선택은 그와 동시에 다른 곳에는 투자할 수 없는 결과를 부른다.

1980년 당시 1,000만 원을 갖고 있던 재닛은 애플 주식에 투자할지 아니면 침대 매트리스 밑에 그냥 숨겨 둘지 두 방안 사이에서 갈등했다. 결국 '더 안전한' 투자라는 이유로 돈을 그냥 숨겨 두기로 결정했고 그 돈은 수십 년이 지난 지금도 그곳에 안전하게 잘 모셔져 있다. 반면, 1980년에 1,000만 원을 들여 애플 컴퓨터의 주식을 매입한 잭은 지금 억만장자가 되었다.

물론 이 사례가 다소 극단적인 건 사실이다. 모두가 그 당시 자신이 애플에 투자했기를 바랄 테니 말이다. 하지만 이렇게 명백한 사례를 통해 우리는 기회비용의 역할을 분명히 확인할 수 있다. 재닛은 애플에 투자할 기회가 있었지만 열심히 번 돈을 잃을 수 있다는 두려움에 투자하지 않기로 결정했다. 덕분에 돈을 잃지는 않았지만 특정 투자가 선사했을 엄청난 기회를 눈앞에서 놓치고 말았다. 아주 현실적인 관점에서 봤을 때 애플 컴퓨터에 투자하지 않기로 한 결정으로 인해 재닛은 수억 원을 잃은 것이나 다름없다.

차선 투자 및 자본 비용

언제나 기회비용이라는 딜레마에 봉착하는 투자자들은 한 가지 단순한 사실을 받아들여야만 한다. 바로 엄청난 잠재력이 있는 모든 주식, 모든 부동산 그리고 모든 사업 기회에 큰돈을 투자하는 게 불가능하다는 사실이다. 투자가 매번 성공하는 사람은 아무도 없다. 하지만 투자를 '잘못' 했을 경우에는 투자 원금뿐 아니라 그 투자가 성공했을 경우 벌어들일 수 있었던 모든 수익 역시 잃는 셈이다.

매번 최고의 성공을 거둘 투자 종목을 선택하는 건 불가능하지만 각 투자자들의 장기간에 걸친 성공률은 측정할 수 있다. 이는 일정 기간 동안 다른 투자자들이 벌어들인 평균 수익을 자신의 수익과 비교하는 방식으로 이루어진다. 여기서 다른 질문이 등장한다. '평균 수익률은 무엇이고, 또 어떻게 계산하는 것일까?' 금융계에 몸담은 많은 이들은 이 질문의 답으로 서로 다른 수치들을 제시한다.

이 논의의 목표를 위해 투자자들이 연 평균 최소 10%의 수익률을 기록한다고 가정해 보자. 결과적으로 당신은 매년 10%를 훨씬 웃도는 수익률을 꾸준히 달성할 수 있도록 투자해야 한다. 10%가 투자 수익의 합리적인 기준인 이유는 다음과 같다.

첫째, 1928년부터 2015년까지 S&P 500의 평균 수익률은 9.5%로 이 10% 수익률에 상당히 가깝다. (사실상 노력이 전혀 필요하지 않으면서) 수익률이 S&P 500의 수익률과 거의 비슷한 인덱스 펀드에 투자하는 게 가능한 만큼 가만히 앉아서도 올릴 수 있는 수익과 별 차이도 없는 수익을 거두려 노력을 쏟는다는 건 말이 안 된다.

둘째, 10%도 타당하게 높은 수익률이다. 평판 좋은 사람들과 기업체들을 대상으로 하는 대출은 대부분 이자율 및 수익률이 10%보다 낮다. 10%보다 높은 수익률을 꾸준히 기록하려면 고민을 거듭하면서 많은 노력을 쏟아야 하고 개인의 손길도 필요하다. 투자자들이 일반인들보다 조금이라도 더 창의적이어야 하는 것이다.

셋째, 수익률 10%는 계산하기가 쉽다. 2,000만 원을 투자할 경우 10%의 기대 수익률을 달성하려면 연간 200만 원의 수익을 창출해야 한다는 사실을 쉽게 알 수 있는 것이다. 또, 계산하기 쉬우면 잠재 투자 종목의 빠른 검토가 가능하다는 장점이 있다.

재무 언어에서 연 10%는 우리의 자본 비용이다. 1,000만 원을 투자해 10%의 수익률을 올릴 수 있다면 우리의 자본 비용(투자에 실패했을 경우의 비용)은 100만 원이다.

다음은 기회비용 부분에서 발췌한 것들이다

- 행동을 취하지 않으면 실질적인 비용이 발생한다.
- 잉여 자금을 투자하지 않으면 실질적인 비용이 발생한다.
- 자금을 손실한 투자의 비용은 실제로 잃은 금액보다 크다. 다른 데 투자해서 거둘 수 있었던 수익 또한 잃은 것이기 때문이다!
- 투자 결정이 언제나 옳을 수는 없다. 따라서 투자자들은 평균 수익률보다는 높지만 가능한 최고의 수익률보다는 낮은, 하지만 받아들일 수는 있는 수준의 성공을 선택해야 한다.
- 투자 수익을 평가할 때에는 합리적인 목표치가 있어야 한다. 합리적인 목표치는 미국 주식 시장의 장기 평균 수익률인 10%보다 훨씬 높아야 한다.

- 투자자로서 지식을 쌓고 노력해서 10%보다 훨씬 높은 수익률을 기록할 자신이나 흥미가 없다면 인덱스 펀드에 투자해, 관리에 주력하는 대신 더 많은 돈을 벌고 더 많이 저축하는 데 초점을 맞춰야 한다.

분산 투자와 위험 관리

분산 투자는 흥미로운 개념이다. 보통 '위험을 줄이는' 방법으로 사용되기 때문이다. 하지만 이 책에서 위험은 단기적으로 가치를 잃을 가능성이 아니라 장기적으로 다른 투자에 비해 적은 자산을 창출할 가능성으로 정의된다. 금전적 자유의 조기 달성이라는 목표를 고려할 때에도 이 분산 투자라는 개념은 수많은 재무 설계사들이 말하는 정의대로 적용되지 않는다. 다음의 예시를 통해 종래의 분산 투자라는 개념을 알아보도록 하자.

조의 자산은 정확히 10억 원으로 다음과 같이 분류된다.

- 부동산 자산 2억 5,000만 원
- 주식 2억 5,000만 원
- 채권 2억 5,000만 원
- 현금 2억 5,000만 원

이 사례에서 조는 자산을 네 가지 유형으로 똑같이 나눠 투자했다. 재무 설계사는 조가 '경기침체로부터 보호' 받거나 '여러 유형의 자산을 모두 갖고 있다'고 말해 주었다. 맞는 말이다. 조는 주식 시장이 붕괴하더라도 자산 10억 원을 모조리 혹은 대부분 잃을 확률이 낮다. 예를 들어, 주가가 반토막(그의 경우 1억 2,500만 원으로) 난다고 하더라도 조의 자산은 아직 8억 7,500만 원이나 된다. 분산 투자하지 않고 10억 원의 자산을 모두 주식에 투자했다면 그는 5억 원을 잃었을 것이다.

상당한 자산을 가진 사람들 대부분이 분산 투자하는 이유는 자산의 상당 부분을 잃을지 모른다는 두려움 때문이다. 하지만 자산이 채 2억~3억 원에 미치지 못하는 합리적 투자자라면 손실 위험을 줄이는 방식으로 자산을 관리해서는 안 된다. 그보다 장기적인 관점에서 가용 수익을 가장 많이 창출할 확률이 높은 자산군에 중점을 두고 원하는 금액의 자산이 쌓일 때까지는 그곳에만 지속적으로 투자하는 게 좋다. 이 책의 목표는 얼마 되지도 않는 자산을 보존하는 것이 아니라 금전적 자유를 최대한 빨리 달성하는 것이다.

이 책의 목표를 공유하는 투자자들이 분산 투자를 통해 위험을 줄이기보다는 통계학적으로 자산을 창출할 가능성이 가장 높은 유형에 투자해야 하는 이유가 두 가지 있다.

첫째, 분산 투자에서 가장 중요한 건 원금 보호다. 물론 원금 보호도 중요하지만 투자자로서 우리는 이미 첫 번째 원칙을 지키고 있다는 사실을 기억하자. 투자자는 절대 원금을 건드리지 않는다는 원칙 말이다.

원금 보호가 가장 중요한 목표가 될 수는 없다. 이제 막 사회에 진출했거나 자산을 쌓기 시작한 이들에게는 특히 더 그렇다. 이 책을 읽는 독자들의 목표를 감안하면 합리적 범위 내에서 자본을 빠르게 축적하고 늘려 가는 게 훨씬 더 중요하다. 예를 들어 주택 분할을 통해 자산을 쌓는 게 주식에서 동일한 수익을 거두기 위해 노력하는 것보다 훨씬 효율적이라는 사실은 누구도 부인할 수 없다. 하지만 이 전략을 이용하면 포트폴리오가 거의 부동산으로 도배된다는 단점이 있다.

투자자가 이 전략을 차용해 전 재산을 부동산에 투자한다면 잘못일까? 위험에 처하게 될까? 그럴 수도 있다. 하지만 이렇게 최대 수익을 창출하는 유형에 투자하면 *분산 투자로 보호할 가치가 있는 수억 원의 자산을 구축할 확률이 높아진다.* 이제 겨우 2,500만 원 가치의 포트폴리오를 시작하면서 인덱스 펀드 및 채권 펀드에 세심하게 분산 투자한 사람과는 다르게 말이다.

당신은 어느 쪽을 선택하겠는가? 5억 원 중 상당 금액을 잃을 위험을 감수하더라도 분산 투자를 하지 않을 것인가? 아니면 5,000만 원을 안전하게 분산 투자하겠는가? 자산을 여러 다양한 유형에 투자하면 잃을 위험성이 확실히 줄겠지만 더 많은 수익을 올릴 가능성 역시 줄어들게 된다.

분산 투자는 특정 투자자들에게 아주 중요하다. 엄청난 부자들과 퇴직이 코앞인 이들에게는 특히 더 그렇다.

64세 지미는 퇴직 연금 계좌에 7억 5,000만 원의 자산을 쌓아 두었다. 생활비를 위해 매년 5,000만 원, 혹은 6.7%씩 인출해서 썼으면 하는 바람이 있다. 만약 이를 위해 주식에 투자했는데 시장이 급락해 포트폴리오에 있는 모든 주식의 가치가 반토막 난다면 지미는 망하고 말 것이다. 또한 기본적인 생활을 하는 데 매년 5,000만 원이 필요하다면 몇 년 안 돼 돈이 바닥날 확률이 높으며, 그렇다고 고임금의 직장으로 돌아가기엔 나이가 너무 많다. 지미에게는 적어도 현재의 가치가 유지될 가능성이 높은 안전한 투자처에 분산 투자하는 게 가장 합리적인 방법이다.

지미는 비교적 안전한 채권 및 상당히 안전한 부채의 형태로 자산을 분산시키고 주식 및 부동산처럼 다른 자산군에도 소액을 투자하는 게 현명하다. 하지만 이렇게 안전성을 택한 대가로 몇 %의 수익률밖에 올리지 못할 것이다. 어쩌면 보수적인 채권 투자를 통해 연 3~4%의 수익률을 올릴 수도 있다. 금전적 자유의 조기 달성을 꿈꾸는 젊은 투자자라면 이 방법이 적절하지 않다고 느낄 것이다. 물론 젊은 투자자는 보유 주식의 가격이 단기적으로 크게 요동치는 걸 경험할 수도 있다. 하지만 투자 기간이 50년이라고 가정할 때 초기 자본금을 주식 및 수익률 낮은 채권에 절반씩 투자할 때보다 인덱스 펀드에 100% 투자할 때 연 수익률 10%를 기록할 가능성이 훨씬 높아진다.

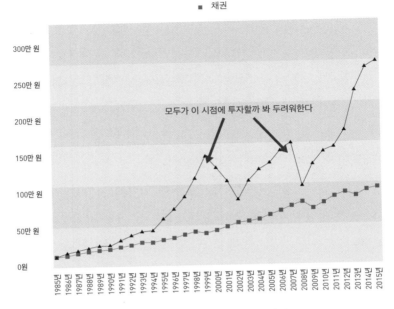

주식
채권

300만 원
250만 원
200만 원
150만 원
100만 원
50만 원
0원

모두가 이 시점에 투자할까 봐 두려워한다

1985년 1986년 1987년 1988년 1989년 1990년 1991년 1992년 1993년 1994년 1995년 1996년 1997년 1998년 1999년 2000년 2001년 2002년 2003년 2004년 2005년 2006년 2007년 2008년 2009년 2010년 2011년 2012년 2013년 2014년 2015년

10만 원의 가치 - 주식 vs 재무부 채권

분산 투자의 전통적 의미가 이 책의 독자들에게 적용되지 않는 두 번째 이유는 이 독자들이 시장 붕괴의 가능성을 사실 환영하는 삶의 태도를 갖고 있기 때문이다. 이는 달러 코스트 애버리징dollar cost averaging이라는 개념을 통해 설명할 수 있다.

사람들은 자신이 투자한 시점이 하필 주가가 최고점에 오른 때여서 곧장 폭락하는 건 아닐지 항상 두려워한다. 다시 말해 자신들이 이 그래프의 최고점에서 투자를 하고 있다고 생각하는 것이다.

문제는 자신이 투자한 초기 자본금을 끝까지 지키려 하고, 사는 동안 투자 수익을 계속 재투자한다고 가정하면 실제로 주가 폭락을 겪는 이는 아무도 없을 거라는 사실이다. 생각해 보라. 이 책의 1부와 2부의 내용을 실천에 옮기지 않았다면 당신의 은행 계좌에 투자되기만 기다리는 5,000만 원이 과연 들어 있을까? 아마 없을 것이다. 대신 그보다 훨씬 적은 돈이 들어 있어서 처음엔 매달 몇십만 원, 혹은 몇백만 원부터 저축하거나 투자할 계획을 세울 것이다. 그리고 그렇게 돈이 생기는 대로 당신은 포트폴리오를 꾸준히 늘려 갈 것이다.

주식 시장 폭락이 두려울 게 없는 이유는 앞서 언급한 달러 코스트 애버리징이라는 개념을 통해 가장 잘 설명할 수 있다. 달러 코스트 애버리징은 일정량의 투자를 꾸준히 하는 행위를 말한다. 예를 들어, 인덱스 펀드를 수년 동안 매월 100만 원어치씩 사기로 했다면 이게 달러 코스트 애버리징이다. 사람들이 월급을 받거나 여윳돈이 생기면 한 달, 혹은 2~3주에 한 번씩 투자 포트폴리오에 일정 금액만 입금하면 되기 때문에 널리 활용되는 투자법 중 하나다.

베키가 10년 이내에 퇴직하기를 원한다고 가정해 보자. 주식 시장은 처음 5년간 급등했다 6년과 7년째 되는 해에 급락하고 결국 다시 급등했다. 이 기간 동안 베키가 월급을 받을 때마다 금액을 꾸준히 늘리면서 투자했다고 가정하면 그녀는 급락 시장도 성공적으로 헤쳐 나갔을 것이다. 급락 전에도, 급락한 기간에도, 그리고 급락한 이후에도 주식을 사들였기 때문이다. 그녀에게는 일관성이 있었다. 물론 급락 직전에 했던 투자의 가치는 떨어졌지만 급락 기간에 했던 투자의 가치는 크게 상승해 손실의 상당 부분을 회복했다. 급락 시장은 이렇게 헤쳐 나오는 것이다!

물론 현실에서 당신은 최대한 많이 벌고 최대한 많이 저축한 뒤 그 차액을 투자하는 만큼 투자 원금이 매달 같을 수 없다. 하지만 이 원칙을 적용해 임금을 받을 때마다 합리적으로 가능한 범위 내에서 최대한 많이 투자하면 달러 코스트 애버리징의 결과가 반복적으로 나타나고 투자한 종목에서도 평균 수익률을 지속할 확률이 높다.

이는 한 번에 한 가지 자산군만 선택해 투자하더라도 불안해하지 않아도 된다는 뜻이다. 당신이 향후 몇십 년간 주가가 높을 때에도, 또 낮을 때에도 주식을 사들일 거라는 사실을 알고 있기 때문이다. 그리고 오늘 주식을 시작했는데 내일 시장이 폭락한들 무슨 상관이라는 말인가? 목표는 시장 상황을 완벽하게 예측하는 게 아니라 자산 창출 시스템을 지속하는 것이다. 장기적 관점에서 수익을 지속적으로 창출하는 자산군을 꾸준히 매입하고 그 선택에 만족한다면 당신은 시장이 요동치는 것과 상관없이 자산을 구축할 수 있을 것이다.

이 책에서 설명한 투자 목표와 철학을 가진 투자자들은 시장이 아무리 극과 극으로 요동쳐도 단기적인 변동성에 불안해할 필요 없다. 먼저, 그들은 아직 금전적 자유를 이루기 위해 열심히 노력 중이고 자산 소득만으로 생활을 지속하는 단계에도 이르지 못했기 때문이다. 게다가 총 지출을 넘어서는 금액의 수익으로 상당한 자산을 쌓음으로써 유동성을 구축해 가고 있기 때문이다. 또한 시장이 폭락하면서 투자금에 상당한 손실을 입더라도 저렴한 비용으로 자산을 추가 매입할 기회가 생길 것이기 때문이다.

이 같은 철학을 가진 투자자들은 결국 모든 게 다 잘 풀려서 보상받을 것이다. 누군가 주식에 투자했는데 주가가 오른다면 좋은 소식이다! 수익이 발생하면서 투자자의 순자산도 늘었기 때문이다. 만약 주가가 하락하더라도 이 역시 좋은 소식이다! 어제는 불가능했던 저렴한 가격으로 주식을 매입할 수 있고, 따라서 다음번 투자에 앞서 주가가 오르는 경우보다 이익이기 때문이다.

분산 투자 정리

자산을 쌓아야 하는 가장 중요한 이유는 당신의 삶에서 일찌감치 선택의 폭을 넓히고 놀라운 기회들을 붙잡을 수 있는 여건을 완성하기 위해서다. 앞으로 몇 년간 이 목표를 위해 노력할 예정이라면 투자를 통해 단기적인 변동성을 감수하더라도 장기적으로 지속 가능한 부를 창출하는 것도 좋은 방법이다. 분산 투자를 해야 시장이 폭락하더라도 투자자를 보호할 수 있다는 재무 설계사들의 말도 맞지만, 그럴 경우 특정 자산군이 강세를 보였을 때 혜택을 완전히 누리지 못한다는 단점도 있다.

분산 투자와 관련해 추가적으로 논의할 사항이 두 가지 더 있다. 첫째, 한 가지 자산군 내에서 분산 투자를 하는 건 아주 현명한 선택이다. 주식을 예로 들어 보자. 단 한 기업의 주식에 자산을 몽땅 투자하는 건 위험 부담이 무척 크다. 개별 기업은 언제든지 하락세를 타거나 파산할 가능성이 있는 만큼 투자자가 평생 모은 자산이 순식간에 위험해질 수 있기 때문이다. 그보다 미국 및 전 세계 기업들의 주식들을 다양하게 사들이는 이른바 인덱스 펀드를 매입하는 게 좋다. 한 기업의 가치는 부지불식간에 폭락할 수도 있지만 그렇다고 지구상의 (혹은 심지어 한 나라의) 모든 대기업들이 한꺼번에 파산할 리는 없다. 이는 현명한 분산 투자 방법이다. 인덱스 펀드 투자는 제10장에서 상세히 소개하도록 하겠다.

분산 투자는 자산이 쌓이면서 보호할 게 많아졌을 경우 유용한 도구가 될 수 있다. 퇴직을 눈앞에 두고 있거나, 다시는 일하지 않을 예정이거나, 자산이 가능한 오래 지속되길 바라거나, 가족들을 위해 확실성이 높은 자산을 따로 떼어 놓고 싶은 이들은 반드시 분산 투자해야 한다. 앞서 예로 든 조와 같은 자산 비율(총 10억 자산 중 부동산, 주식, 채권, 현금이 각각 2억 5,000만 원)도 조만간 퇴직해 다시는 일하지 않으면서 밤에는 편안히 자고 싶은 이들에게 나쁘지 않은 계획이다. 이에 비해 조의 자산의 1%(1,000만 원)를 갖고 있으면서 전액을 채권 및 부동산에 분산 투자한 초보 투자자의 사례를 보자. 1,000만 원을 보호할 수는 있겠지만 자산을 늘리는 속도는 지지부진할 것이다.

자산이 1억 원, 2억 원, 5억 원, 심지어 10억 원이 넘으면 분산 투자할 기회는 얼마든지 많다. 하지만 금전적 자유를 조기에 달성하는 게 목표라면 종잣돈 2,500만 원을 주식, 채권, 금 등에 분산 투자해서는 하루빨리 목표를 이룰 수 없다.

소극적 소득

'소극적 소득'이라는 용어는 '그 어떤 노력도 들일 필요 없이 소극적으로 벌어들이는 돈'이라는 뜻으로 받아들일 수도 있다는 점에서 부적절하다. 대부분의 투자자들은 이런 종류의 소득을 많이 갖고 있지는 않다. 완전히 소극적인 소득을 추구하기보다 상대적으로 적은 노력만 들이고도 높은 수익을 거둘 수 있는 투자를 추구하는 것이다. 이들은 어떤 문제에 맞닥뜨렸을 때 이를 해결하면서도 돈을 아끼거나 수익을 창출할 수 있는 방법을 모색해야 한다. 필자의 개인적 경험을 예로 들어 설명하겠다. 부동산은 결코 완전히 소극적인 소득이라 할 수 없어서 본인 소유의 부동산과 관련된 문제를 해결하려면 고임금의 전문가가 필요하다. 필자 소유의 두 세대 주택에서 임대를 놓은 한 세대의 월세는 262만 5,000원이다. 부동산 관리 전문 기업에 의뢰할 경우 매달 (임대료의 10%인) 26만 2,500원이 관리비로 나갈 것이다. 하지만 필자는 부동산 관련 문제로 세입자에게 전화가 오면 문제의 성격에 맞춰 수리공, 배관공 혹은 전기업자를 불러 준다.

이렇게 하면 부동산 관리 전문 기업이 하는 일이라고는 서류 작업 및 임대료 납입 관리뿐이다. 수리할 일이 생겨도 세입자들이 필자에게 직접 연락하기 때문이다. 다른 경우를 예로 들어 보자.

필자의 임대 부동산 옥상에 쥐가 활개를 치고 다니는 불상사가 생겼다. 해충 박멸 업체에 견적을 문의하자 3시간 작업에 200만 원을 제안했다. 구멍 몇 개 막고 6만 원짜리 쥐덫 하나 놓는데 200만 원이면 터무니없이 비싼 금액이다. 말도 안 되는 돈을 내는 대신 필자는 전화를 끊고 3시간 동안 직접 쥐 박멸 작업을 했다.

여기에 들어간 비용이라고는 필요한 자재들을 사는 데 약 20만 원, 그리고 토요일 오후의 3시간 정도를 쓴 게 전부다. 이게 진정 소극적 소득일까? 아닐 것이다. 당신은 시간당 60만 원을 번 적이 있었는가?

소극적 소득이라도 가만히 손 놓고 앉아서 벌어들일 수 있다고 생각하면 오산이다. 자산 관리는 평생 해야 하는 일이다. 당신의 자산, 사업 혹은 부동산에 적극적으로 개입할 필요는 없어지더라도 당신의 자산 관리인은 계속해서 관리해야 한다. 소극적 소득의 진정한 의미가 자산에 대해 전혀 생각할 필요가 없다는 뜻이라면 이는 절대 실현할 수 없을 것이다. 약간의 노력만 들이면 벌어들일 수 있는 돈을 그냥 외면하지 말고, 주기적으로 조금만 신경 쓰면 이례적으로 높은 임금을 벌 수 있는 직장이라고 여기는 태도가 필요하다.

중요성 vs 투자 수익률

주식 투자로 100만 원이나 벌었다고 떠벌리는 사람을 본 적 있는가? 참으로 애처롭다. 연봉이 8,000만 원도 넘고 일류 경영대학원 학위까지 갖췄지만 페이스북 주식으로 100만 원의 수익밖에 올리지 못하는 이들 말이다. 이들은 투자 수익에 두 가지 핵심 포인트가 있다는 사실을 모르고 있다. 첫째는 투자의 수익률이고, 두 번째는 투자의 중요성이다.

여기서 말하는 중요성이란 '관련 있거나 중요한 정도'로 정의된다. 다음 사례를 통해 이 정의를 구체적으로 살펴보자.

에반이 코스트코에 가서 5만 원을 들여 생수 100병, 얼음 한두 팩과 아이스박스를 구입했다고 가정해 보자. 그는 곧장 옆에 있는 야구장에 가서 경찰 및 경기장 안전요원들을 피해 다니며 생수를 한 병에 1,000원씩 받고 팔았다. 경기가 끝날 즈음 그는 10만 원을 벌어 200%의 투자 수익률을 올릴 수 있었다.

이 시점에서 에반은 두 가지를 선택할 수 있다.

1. 자신이 얼마나 높은 수익을 올렸는지 자랑한다.
2. 자신이 사실상 최저임금 노동을 하고 있음을 깨닫고 재무 상황에 실질적으로 도움이 될 만한 일을 한다.

당신이 당장 생수를 사서 야구장으로 직행하지 않는 것도 투자 대비 수익이 너무 적어서 시간을 들일 가치가 없기 때문이다. 다시 말해 투자 규모나 노동력에 비해 수익이 의미 있는 수준에 미치지 못하는 것이다.

대부분의 사람들은 이 사실을 받아들이고 굳이 경기장 밖에서 생수를 판매하지 않는다. 물론 저임금 노동자나 실직자들에게는 시간을 들일 가치가 충분히 있는 일이기는 하다. 하지만 이제 막 투자를 시작한 중산층 미국인들은 이런 부분까지 논리적으로 따져 보지 못한다.

그들은 주식 투자처럼 노력이 필요한 다른 일에서도 생각을 이 부분까지 확장하지 못한다. 주식 종목 선택은 시간 낭비다. 초기 자본금이 적은 청년들에게는 특히 더하다. 몇 시간씩 앉아서 주식 종목을 고르는 것도 직장인들이 경기장에서 생수를 파는 행위와 다를 바 없다. 임금도 낮고 큰 수익을 올릴 확률도 희박한 만큼 제대로 된 보상을 받을 수 없는 것이다. 자본금 적은 청년들 중에 투자의 귀재가 있어서 (워런 버핏처럼) 놀랄 만한 수익률을 기록한다 하더라도 투자금 자체가 워낙 적어서 종목을 고르는 시간이 아깝기는 마찬가지다. 이 주제에 대해서는 다음 장에서 좀 더 상세히 다루도록 하겠다.

대안 투자들

뒤에서 우리는 금전적 자유의 조기 달성과 관련 깊은 주식 및 부동산 투자에 대해 알아볼 것이다. 그밖에 수없이 많은 투자 유형들에 대해서는 안타깝지만 간단한 소개에 그칠 것이다. 하지만 이 책에서 다뤄지지 않는다고 해서 효율적 투자법이 아닌 건 아니다. 일찌감치 금전적 자유를 달성하거나 상당한 자산을 축적한 많은 이들이 자신의 고유한 환경 혹은 기회를 최대한 활용했음을 알아야 한다.

만약 금전적 자유를 빨리 달성하고 싶은 마음이 너무 커서 부동산 및 인덱스 펀드 투자도 지지부진하게 느껴진다면 한층 더 공격적이고 개인적 상황에도 더 잘 맞는 다른 투자 수단을 찾아야 한다.

다음은 일찌감치 자산을 쌓아서 금전적 자유를 달성한 이들의 다양한 투자 사례들이다.

- 옵션 투자
- 블로그 개설 또는 매입
- 소기업 매입
- 책 집필
- P2P 대출을 통한 대출*
- 유튜브 크리에이터 데뷔
- 엔젤 투자자 데뷔**
- 에어비앤비를 통한 주택 임대
- 어플리케이션 개발
- 온라인 강좌 개설

★ P2P 대출(peer-to-peer lending): 인터넷을 통한 개인 간의 직접적인 금융 거래
★★ 엔젤투자(angel investment): 기술력 있는 초기 단계의 벤처 기업에 대한 투자

- 도박 (결코 권장하지 않는다)
- 인터넷 사업

위 전략들 중에서 각자에게 맞는 전략은 또 각기 다를 것이다. (P2P 대출처럼) 인덱스 펀드 투자보다 더디기는 하지만 더 많은 현금 수익을 창출하는 아이템도 있고, (인터넷 사업처럼) 상당한 자산을 빠르게 구축할 잠재력이 있는 아이템도 있다. 또, (도박처럼) 성공 확률은 지극히 낮지만 그 과정이 재미있는 것들도 있다.

당신이 금전적 자유를 향해 나아가며 경제 활주로를 더 늘여 갈수록 위의 수단들 및 다른 방법들을 통해 자산을 구축하고 매입하며 창출할 기회들은 점점 더 많아질 것이다. 효율적인 투자법들을 이 책에서 모두 논의할 수는 없지만 살아가는 내내 셀 수도 없는 기회들이 당신의 눈앞에 나타날 것이다. 당신이 해야 하는 일은 손을 뻗어 그것들을 잡는 것뿐이다! 금전적 자유가 가까워질수록 더 많은 기회가 생기고, 이 기회들을 붙잡기 위해 활용할 수 있는 자원들도 더 많아진다.

다음의 두 장(章)에서 논의할 두 가지 투자 유형은 인덱스 펀드와 부동산이다. 물론 뭔가 새로운 것을 시도하고 싶다면 다른 접근법을 시험해 보지 못할 이유가 없다. 또한 인덱스 펀드 투자는 너무 오래 걸리고, 부동산 투자는 일이 너무 많거나 당신에게 맞지 않는다고 느껴지면 다른 전략을 따르는 데 필요한 도구나 기술을 받아들이면 된다. 실제로 그런 사람이 있다면 행운을 빌며, 성공할 경우 다른 이들에게 비법을 알려 주길 바란다.

결론

투자는 어렵고, 헌신이 필요하지만 그만큼 보상받을 수 있고 재미도 있다. 투자는 평생 공부하고 끝없이 신경 써야 하는 자산 관리 영역이다. 어린 나이에 금전적 자유를 달성한 이들이라면 직장에 다니기보다 투자 및 자산을 관리하며 보낸 시간이 더 많을 것이다. 훌륭한 수익률을 기록하려면 사는 동안 끊임없이 주의를 기울여야 하지만, 월급을 모으거나 검소하게 생활해서 이룰 수 있는 것보다 훨씬 큰 규모의 자산을 창출할 수 있다.

하지만 개인 자산도 마땅히 없으면서 상당한 투자 수익(연간 1,000만 원 이상)을 창출하려고 드는 건 비효율적이고 위험하다. 자본금이 1억 원 미만인 젊은 투자자는 금전적으로 더 빨리 자유로워질 만한 수익을 창출하기 힘들다. 따라서 일단은 투자할 자산을 쌓는 데 노력을 쏟아야 한다.

게다가 아직 자산을 구축하는 중인데 분산 투자를 하는 것도 말이 안 된다. 분산 투자로 인해 줄어드는 건 위험뿐만이 아니다. 한가지 특정 자산군에 투자함으로써 거둘 수 있는 잠재 수익률까지 줄어드는 것이다. 보유 자산은 많지만 더 이상 돈을 벌고 자산을 쌓는 데 흥미도, 능력도 없는 이들은 분산 투자를 하면서 현재의 자산을 보호하는 수준에 머물러도 괜찮다. 하지만 금전적 자유의 조기 달성을 추구하면서 분산 투자를 한다는 건 신속하게 자산을 쌓을 기회를 저버리는 것이나 마찬가지다.

위험성이 뭔지 제대로 인식해야 한다. 위험성이란 '시간이 갈수록 자산이 줄어들 가능성'이다. 이자가 거의 없는 채권으로 구성된 포트폴리오는 주식으로 구성된 포트폴리오에 비해 적은 자산을 창출할 확률이 높다. 역사적으로 봤을 때에도 주식을 보유한 이들이 채권 소유자들에 비해 갈수록 더 큰 부자가 되는 경우가 많았다. 평균 이상의 투자 수익률을 기록하고 싶다면 당신이 신뢰하는 자산군에만 투자하는 게 좋다.

이 여정을 계속해 나가는 동안 투자의 일곱 가지 핵심 원칙에 철저히 따라야 한다. 당신이 통제할 수 있고 경쟁 우위를 점할 수 있는 투자에 지식과 노력을 총동원하라. 투자 원금은 절대 건드리지 말고 투자 수익의 대부분을 재투자하면서 영원히 자산을 쌓아 나가라.

이 책을 통해 훌륭한 철학을 가진 해박한 투자자로 거듭난다면 평생 자산을 늘려 가는 수확을 거둘 수 있을 것이다. 애버리지 조에게 적용되는 개념이 당신에게는 적용되지 않는 이유를 이해하라. 부자처럼 투자하라. 소극적 소득을 창출하고 투자를 통해 성장하라. 주식 시장에서 거둘 수 있는 10%의 수익률보다 훨씬 높은 수익률에 도전하라. 다소 어렵다고 생각되면 역사적으로 10% 수익률을 꾸준히 기록해 온 인덱스 펀드에 투자하는 걸 고려해 보

라. 혹은 당신의 일이나 라이프스타일과 상당한 시너지를 낼 수 있는 창의적인 뭔가에 주력하는 것도 좋다. 이렇게 선택의 여지는 많다. 이들을 탐구해 보는 걸 망설여선 안 된다. 언제나 적극적인 태도로 금전적 자유의 조기 달성을 추구하라.

제10장
●
주식 시장에
투자하기

　앞에서 잠시 언급한 것처럼 인덱스 펀드 투자는 통계학적으로 주식 시장의 역사적 수익률을 달성할 확률이 높은 훌륭한 방법이다. 이는 거꾸로 당신의 수익률이 주식 시장의 역사적 수익률을 뛰어넘지는 못한다는 걸 의미하기도 한다. 평균 수익률 가지고는 금전적 자유로 가는 여정을 단축할 수 없겠지만, 사실상 노력을 전혀 들이지 않고도 평균 수익률을 달성할 수 있다는 사실은 그만큼 돈을 더 벌고 효율적인 생활 방식을 구축하는 데 더 많은 노력을 쏟을 수 있다는 뜻이다.

　주식에 투자하는 건 그 기업의 일부를 매입하는 것이다. 예를 들어, 잭이 애플 주식의 일부를 살 경우 그 기업의 상당히 작은 부분을 소유하게 된다. 애플은 지난 세기의 초기 주주들에게 최고의 투자처였다. 1970년대와 1980년대에 애플 주식을 사서 보유하고 있던 투자자들이 이제 억만장자가 되었다는 사실은 이미 잘 알려져 있다.

하지만 애플과 함께 공개 거래된 기업들 중 대박을 터뜨리기는 커녕 결국 파산한 기업들도 상당하다. 이 기업들의 주식을 매입한 투자자들은 자본금의 전부 혹은 대부분을 잃고 말았다.

한 기업체에만 투자하는 건 무척이나 위험한 조건이다. 원금을 전부 잃고 회복 불능이 될 가능성이 높기 때문이다. 따라서 돈을 잃을 위험성을 줄이는 방법 중 하나는 여러 기업들의 주식을 사는 것이다. 예를 들어, 투자자가 다음 기업들의 주식을 똑같이 보유하고 있다고 가정해 보자.

- 애플
- 알파벳 (구글의 모기업)
- 마이크로소프트
- 아마존
- 버크셔 해서웨이
- 엑손 모빌
- 페이스북
- 존슨앤존슨

- 제너럴 일렉트릭
- 웰스 파고

이 같은 포트폴리오의 주인은 가까운 시일 내에 투자 원금을 모두 잃을 가능성이 낮다. 하나같이 안정적인 대기업들인 만큼 조만간 파산하는 경우는 없을 테니 말이다. 설사 한 기업으로 인해 상당한 돈을 잃게 되더라도 다른 아홉 개 기업이 안정적으로 성장해 손실분을 충당해 줄 것이다.

이런 식의 분산 투자는 현명하다. 투자자들의 통제 밖에 있는 사건들로부터 보호해 주면서도 주식 시장의 혜택은 통째로 누릴 수 있는 것이다. 주식은 연간 10% 내외의 누적 수익률을 기록하는 만큼 이렇게 분산 투자해서 장기적인 가치 상승을 노리는 것도 좋은 방법이다.

개별 주식을
매입해선 안 된다

노련한 독자라면 위에 언급된 10개 기업의 주식을 사는 것보다 그중에서 가장 빠른 성장세를 보이는 한 기업의 주식을 사는 게 훨씬 효과적이라고 지적할 것이다. 앞으로 가장 무섭게 성장할 것으로 여겨지는 기업에 자산을 모두 투자하면 더 빠른 시일 내에 훨씬 더 큰 부자가 돼 있을 거라고 말이다. 투자를 공부하는 사람이라면 누구나 처음엔 이 같은 결론을 내릴 것이고 분명 맞는 말이기도 하다. 애플의 사례를 보라! 우리가 애플처럼 성장할 기업을 찾지 못할 이유가 어디 있는가?

이 질문에 대한 답은 다소 길다. 자산이 거의 없는 평범한 투자자들이 개별 주식에 투자해 봐야 수익 창출도 안 되고 시간만 낭비할 뿐인 이유 두 가지를 살펴보자.

이유 ❶ | 당신이 이길 수 있는 경쟁이 아니다.

높은 수익을 창출할 개별 주식을 선택하기가 어려운 이유 중 하나는 수없이 많은 투자자들이 똑같이 그렇게 하고 있기 때문이다. 다른 사람들의 돈을 관리하는 재무 산업 종사자들도 그중 하나로, 이들은 시장 평균보다 빠르게 성장할 것 같은 기업들을 찾는 데 혈안이 돼 있다. 대개 높은 연봉을 받고 오랜 경력까지 갖춘 데다 온갖 고급 정보에 접근할 수 있고 기업 관리까지 가능하니 당신과 게임이 될 리 없다.

매트를 소개하겠다. 매트는 석유 및 가스 에너지 시장에서 주식을 연구하는 투자가다. 그는 10년이 넘는 기간 동안 매주 80시간씩 정기 보고서, 주식 시장 뉴스, 블룸버그 터미널(실시간 주식·금융·암호화 화폐 데이터 분석 도구 플랫폼)로 들어오는 소식들, 투자 가이드 등을 읽으며 에너지 산업을 분석했다.

뿐만 아니라 정기 주주 총회에 참석하고, 그가 투자하는 포춘 500 기업들의 임원진과도 인맥을 형성하고 있으며, 미국 전역의 대주주들과도 만남을 갖는다. 매트는 업계에서 가장 정확하고 풍부한 정보력을 자랑하는 인물 중 한 명이며, 따라서 이들 기업의 향후 운명을 예측할 수 있는 최고의 위치에 있다고 해도 과언이 아니다.

그는 수백 시간 동안 세심하게 조사하고 체계적으로 계산한 결과 및 십여 년의 경험을 바탕으로, 수백억 원 혹은 수천억 원 가치의 주식 매입을 시행하거나 추천했다. 그리고 이 기업들의 주식을 언제 버려야 하는지도 알고 있다.

매트는 당신만큼이나 똑똑하고 최고 경영대학원의 졸업생인 만큼 당신보다 더 많이 배웠다. 매주 80시간씩 기꺼이 일할뿐더러 중요한 정보가 발생하는 순간 손에 넣기 위해 무엇이든 한다. 그는 온종일 시장을 연구하고 밤에 자면서도 시장에 관한 꿈을 꾼다. 그 어느 때보다 철저한 주의를 기울이기 위한 방편으로 (역시 당신보다 똑똑하고 더 많이 배웠으며 더 오래 일하는) 젊은 분석가들을 훈련시킨다. 그의 훈련과 전문성, 자원 및 성과들 덕분에 수천 명의 부유한 투자자들이 매트에게 투자를 맡기거나 그의 조언을 바탕으로 투자에 나선다.

매트는 관리하는 자산만 해도 5,000억 원이 훌쩍 넘는다. 엄청난 가치의 주식들을 사고파는 만큼 단 한 건의 주식 거래나 조언만으로도 시장의 금액을 바꿔 놓을 수 있다.

노력, 자원, 훈련 그리고 전문성 덕분에 매트는 분석가로 일하는 내내 시장 평균보다 1~2% 높은 연간 수익률을 올려 왔다. 단연코 뛰어난 활약에 힘입어 높은 수수료를 청구해 왔고 투자자들 역시 기술 주식에 투자하는 소극적 펀드에 투자했다면 불가능했을 성과를 거둘 수 있었다. 경쟁자들의 85%가 수수료를 제하고 나면 표준 수익률을 넘어서는 데 실패한 만큼 매트에게 투자를 맡긴 건 행운이었다.

매트 같은 이들이 주식 시장 자금의 대부분을 운용한다. 당신의 경쟁자들은 직장에 다니면서 틈나는 대로 주식에 투자하는 당신 같은 사람들뿐만이 아니다. 매트 역시 당신의 경쟁자다. 그는 수백억 혹은 수천억 원의 기업 자금을 주무르지만 보통의 투자자들이 만지는 돈은 수십만 혹은 수백만 원에 불과하다.

남는 시간에 직접 종목을 골라 투자하면서 매트 같은 성과를 내려면 매일 새벽같이 일어나도 모자랄 것이다. 부디 행운을 빈다.

이유 ❷ | 알파는 가치가 없다

당신이 매트 같은 사람은 존재하지 않는다고 생각하는 걸 알고 있다. 당신에게 겁을 주려고 만든 동화 속 괴물일 뿐이며, 혹시 존재한다고 해도 당신이 얼마든지 이길 수 있다고 생각할 것이다. 다른 책들과 블로그 포스트에서, 그리고 삼촌 지미Uncle Jimmy(미국의 유명 방송인 James Nolan Jr.의 애칭)도 매트는 지나치게 정보가 많고 지나치게 똑똑하며 지나치게 거물이라고 이야기한다. 당신이 그보다 낫다고 말이다. 당신은 평범한 사람들이 어떻게 사는지 알고 있다. 월스트리트의 사람들은 알 수 없거나 알려 들지 않는 현실 세계에 발을 딛고 있는 것이다. 당신은 천재다.

당신이 주식 종목을 선택하는 데 역사상 최고의 천재라고 해도 수억 원 혹은 수십억 원의 자본금이 있을 때에만 평균 수익률을 넘어서기 위한 노력을 쏟을 가치가 있다. 하지만 이 책의 독자 중 99%가 그 정도 자산은 수중에 없다. 1부와 2부를 실천에 옮겼다고 해도 말이다. 어느 정도 규모의 자본금 없이 시장 평균을 넘어서는 수익률을 좇는 건 떠벌릴 수 있는 '수익'을 올리겠답시고 경기장 밖에서 생수를 파는 것만큼이나 어리석은 짓이다.

데이비드는 지난 2014년 초, 처음으로 500만 원을 모으고선 직접 종목을 골라 주식에 투자하기로 했다. 몇 시간씩 들여 이른바 '마이크로캡스'(시장 가치 1천억 원 미만인 기업들)의 연간 보고서를 읽고, 핵심 간부들과 접촉하고, 해당 기업체의 상품을 팔거나 사용해 본 경험이 있는 매장에 일일이 전화를 거는 등 가능한 사전 조사는 모두 정신없이 시행했다.

그래서 어떻게 됐을까? S&P 지수가 11.4%나 오른 2014년에 그는 돈을 잃었다. 그 이유는 세 가지로 점쳐 볼 수 있다. 그가 진짜 운이 없었거나, 진짜 바보였거나, 종목 선택이 진짜 어렵거나. 이 세 가지가 전부다.

상황이 다르게 흘러갔다고 가정해 보자. 그가 매트처럼 종목 선택의 귀재거나 워런 버핏처럼 장기 수익률을 지속할 수 있는 전설의 투자자라고 말이다. 그는 2014년에도 돈을 잃지 않고 자본금 500만 원에서 25%의 수익률을 기록해 125만 5,000원을 벌었다. 심지어 직장에서 일하고 남는 시간만 주식에 할애해 주당 10시간씩만 조사하고도 매트 및 버핏 같은 전업 투자자들을 능가하는 놀라운 실적을 낼 수 있었던 것이다.

이 시나리오상에서 그는 11.4%의 평균 수익률을 13.6%나 넘어섰다. 이 13.6%의 추가 수익률(다시 한 번 말하지만 투자 실적으로는 이례적 수준인)을 투자자들은 '알파'라고 부르며, 이는 '시장 평균 수익률을 넘어선 초과 인상분'으로 정의된다. 여기서 투자 원금 500만 원에 대한 데이비드의 알파는 68만 원이다. 500시간도 넘는 탐구 시간(주당 10시간씩 50주)이 그 알파를 창조했다. 시간당 임금으로 계산하면 1,360원 돈이다.

이쯤 되면 경기장 밖에서 생수를 파는 게 차라리 나아 보이지 않는가? 5~10경기를 치르거나 총 15~30시간만 일해도 그 정도 돈은 벌 수 있을 테니 말이다! 중요한 건 25%의 수익률을 올린 게 대단한 성과처럼 보여도 실제로는 그게 아니라는 사실이다. 이 시나리오대로라고 해도 데이비드는 최저임금 노동을 하거나, 소극적 자산을 구축하거나, 돈을 더 모으는 데 주력하는 게 훨씬 나았다. 수익성 측면에서 주식 종목 선택은 완전한 시간 낭비였다. 이례적인 투자 수익률을 기록했다고 해도 정작 데이비드가 받은 보상은 쥐꼬리만한 수준이었으니 말이다. 심지어 투자 원금

5,000만 원에 똑같은 수익률을 올렸더라도 그의 수중에 들어오는 돈은 시간당 1만 3,600원에 불과했을 것이다!

최고 중에서도 단연 최고인 투자자가 장기적인 관점에서 시장 평균 수익률을 1~2%라도 넘어서길 꿈꾸는 게 현실이다. 온 시간을 바쳐 시장 조사를 한 노력을 제대로 보상받으려면 임금 평균인 연 5,000만 원은 벌어야 하고, 또 이를 위해서는 은행에 25억~50억 원의 예금이 있어야 한다. 그래서 남는 시간에만 시장 조사를 한다고? 그렇다면 행운을 빈다.

어떤 연유에선지 사람들은 일하고 남는 시간에만 투자 활동을 한다. 그래선 안 된다. 그런데 대체 종목 선택은 왜 하는 것인가? 이유는 그들이 게을러서다. 몇백만 원만 있으면 새싹 투자자들도 인터넷으로 쉽게 할 수 있는 일이기 때문이다. 투자자들은 책 몇 권 읽고 자기가 하는 일을 잘 아는 척할 수 있으며, 선택 종목 대부분이 떨어지고 단 몇 개만 올라도 스스로 아주 잘하고 있는 것처럼 느낄 수 있다.

종목 선택은 약간의 시간만 들여도 되고, 사람들과 얘기 나누면서 젠체할 수 있는 주제이며, 근무 도중 몰래 하거나 침대에 누워서도 할 수 있는 일이다. 확인하고 추적하며 계획을 세우기도 쉽고, 동료, 친구, 가족들과 함께 논의하기에도 좋은 주제인 것이다.

개별 종목 투자자들이 입증했듯 오르는 종목을 선택하는 게 가능하기는 하다. 다만 확률이 낮을 뿐이다. 예상보다 더 많은 변수가 작용하고 지식과 노력이 성공에 아무런 영향도 미치지 못할 뿐이다. 결국 질 게 빤히 보이는 게임인 것이다.

그럼에도 불구하고 직접 시장 조사를 한 뒤 개별 종목을 선택해 투자하겠다면 웬만한 마음가짐으로는 안 된다. 얼마나 어려운 일인지, 시장의 평균을 넘어설 가능성이 얼마나 낮은지 제대로 파악하고 엄청난 시간과 노력을 기꺼이 쏟겠다는 각오를 다져야 한다.

인덱스 펀드 탐구

주식에 투자할 계획이라면 인덱스 펀드에 투자하라. 인덱스 펀드 중 하나가 뱅가드 500 인덱스 펀드(티커 심볼은 VOO)인데 이는 S&P 500에 포함된 각 기업의 주식을 사들이며 대부분의 인덱스 펀드와 마찬가지로 가중 펀드다. 가중 펀드란 투자자의 포트폴리오에서 빠르게 성장하는 기업은 시장 가치가 가중되고 하락세의 기업은 비율이 점점 더 줄어드는 것을 말한다.

- 티커 심볼Ticker Symbols: 티커 심볼은 당신이 투자할 수 있는 주식이나 펀드의 약어를 의미한다. 뒤의 실전 부분에서 우리는 첫 투자를 위해 주식을 어떻게 매입하면 되는지 시연해 볼 것이다. 이를 위해서는 먼저 티커 심볼을 이용해 매입할 주식이나 펀드를 찾아야 한다.
- 가중 평균: 션이 두 개의 기업에 각각 50만 원씩 100만 원을 투자했다고 가정해 보자. 션의 포트폴리오는 A 기업과 B 기업이 각각 50%씩 차지하고 있다. 이후 A 기업의 주가는 올랐

고 B 기업은 떨어졌다. 션의 포트폴리오에서는 이제 A 기업이 75만 원, B 기업이 25만 원을 차지한다. 션의 포트폴리오는 여전히 총액이 100만 원이지만 가중치가 달라지면서 A 기업이 75%, B기업이 25%를 구성하게 된 것이다. 포트폴리오를 구성하는 주식이 수십만 개라고 해도 비율이 더 많은 기업들로 분산될 뿐 이 같은 계산은 똑같이 적용된다.

인덱스 펀드는 투자자가 성공할 수 있도록 세 가지의 강점을 제공한다. 첫째, 하나의 기업이 파산하더라도 포트폴리오 전체가 붕괴되는 일은 없다. 둘째, 투자자가 여러 다양한 기업들을 접할 수 있는 한편, 빠른 성장세의 기업들은 더 큰 비중으로 포트폴리오에 기여하는 게 가능하다. 셋째, 인덱스 펀드는 운용비가 저렴해 적극적으로 운용되는 뮤추얼 펀드보다 수수료가 낮다는 중요한 장점이 있다.

각 펀드에는 (앞서 소개한 주식 투자 전문가 매트와 같은) 펀드 매니저들이 있어서 시장에서 단연 빠르게 오를 종목들을 찾는 데 주력한다. 적극 운용 펀드에 투자하는 게 인덱스 펀드에 투자하는 것보다 수익률이 낮다는 연구 결과 및 자료가 차고 넘치는데도 불구하고 여전히 적극 운용 뮤추얼 펀드에 투자하는 이들이 수백만 명에 이른다.

• 적극 운용 펀드: 적극적으로 운용되는 펀드에서 펀드 매니저

는 일정 자금을 확보해 다른 종목들보다 많이 오를 것으로 예상되는 종목을 선택하고, 이에 대한 대가로 수수료를 부과한다. 예를 들어, '성장 펀드' 매니저는 개미 투자자 수천 명으로부터 1,000억 원을 모아서 가치가 급상승할 것으로 예상되는 기술 기업들을 고른다. 그 대가로 투자자들은 매년 투자금의 1%, 이 경우에는 10억 원을 매니저에게 지급해야 한다. 앞서 이야기한 것처럼 장기적 관점에서 시장 평균 수익률을 계속해서 넘어설 수 있는 종목을 고르기란 거의 불가능한 일이다. 그리고 혹시 시장 평균을 약 0.5% 넘어섰다고 해도 이정도 추가 가치는 펀드 매니저가 가져가는 1% 수수료보다도 낮은 수익이다. 다른 펀드 매니저의 투자 성과를 수년간 계속 압도할 수 있는 매니저를 찾기란 시장 평균 수익률보다 빠르게 오를 종목을 찾는 것보다도 어려울 것이다. 이는 통계학적으로 성공한 사례를 찾을 수도 없는 만큼 전략이라고 볼 수도 없다. 반면 인덱스 펀드의 수수료는 상당히 저렴하다. 뱅가드 앤 피델리티처럼 이례적으로 비용이 낮고 대중적인 펀드의 경우 대략 0.05~0.07%의 수수료를 물린다. 이는 합리적으로 가능한 범위 내에서는 최저 수준이다. 이렇게 낮은 수수료 덕분에 인덱스 펀드 투자자들이 시장 평균에 근접한 수익률을 달성할 수 있다.

• S&P 500: S&P 500은 미국 주식 시장을 대표하는 최대 종목 500가지를 모아 둔 것이다. 많은 투자자들이 S&P 500의 종

목들에 투자하기를 선호하는 이유는 미국 대기업에 대한 투자는 곧 수익 창출이라는 공식이 100년이 넘는 기간 동안 정립돼 왔기 때문이다.

인덱스 펀드 투자는 초보 투자자들이 남는 돈을 똑똑하게 투자할 수 있는 가장 간단하면서도 쉬운 방법일 것이다.

인덱스 펀드에 투자하는 방법

인덱스 펀드에 투자하기 위해서는 피델리티, 스콧트레이드, 이트레이드 혹은 뱅가드처럼 규모는 크지만 비용은 저렴한 투자 기관이나 브로커를 방문하라. 투자자들이 무료로 주식을 거래할 수 있는 휴대전화 어플 '로빈후드'를 이용하는 것도 좋은 방법이다. 가입한 후에는 이 기업들의 안내에 따라 중개 계좌를 개설하고 은행 계좌를 연동한 뒤, 투자하고 싶은 금액을 새 중개 계좌로 입금하면 된다. 여러 다양한 인덱스 펀드들을 직접 조사하고, 경제의 단면을 합리적으로 반영하는 하나 혹은 여러 개의 펀드를 선택하라. 이후 중개 혹은 투자 관리 기업의 웹사이트나 어플에서 인덱스 펀드의 주식을 매입하면 된다. 이를 위해서는 매입하고자 하는 주식이나 펀드의 티커 심볼과 투자하고자 하는 종목의 개수와 금액을 알아야 한다. 예를 들어 당신이 총 100만 원을 투자한다면 10만 원짜리 주식 종목을 10개 살 수 있다.

결론

주식 시장, 좀 더 구체적으로 인덱스 펀드에 투자한다고 해서 하루아침에 부자가 될 수는 없다. 하지만 별다른 노력을 쏟지 않고도 평균 수준의 결과를 달성하는 게 가능하다. 이런 식으로 자산을 축적하면 별로 노력하거나 신경 쓸 일이 없다는 강점이 있다. 단, 이때 금전적 자유를 앞당길 수 있는 유일한 방법은 버는 돈과 쓰는 돈의 차이를 계속해서 늘려 가는 것뿐이다. 보수적 안전 인출 비율을 적용해 주식 투자로 금전적 자유를 달성하는 시점에 이를 때까지 소득은 계속 늘리고 소비는 줄여야 한다.

모든 법칙에 예외가 있기는 하지만 사실은 시장 분석을 통해 평균 수익률을 넘어서고자 하는 투자자들의 대다수가 인덱스 펀드에서 기록하는 평균 수익률에도 미치지 못하는 경우가 태반이다. 돈을 관리해 줄 펀드 매니저를 선택하는 경우도 마찬가지다. 주식에 투자해 인덱스 펀드의 수익률을 넘어서는 성공을 꾸준히 달성하는 사람은 찾아보기 힘들다.

인덱스 펀드를 통한 투자 수익 이외에도 연간 2,500만 원을 저축할 수 있다면 12년 안에 금전적 자유(5억 원까지)를 달성할 수 있을 것이다. 만약 연간 저축 금액을 5,000만 원으로 늘리면 그 기간은 8년으로 줄어든다. 인덱스 펀드 투자 전략을 자산 축적의 주요 수단으로 삼을 경우, 소득을 늘리고 소비를 줄이는 데 모든 노력을 집중해야 목표를 이룰 수 있다는 걸 명심하라.

제11장
•
부동산 투자

제4장에서 우리는 주거지 매입에 대해 상세히 알아보고, 투자용으로 매입해 거주도 할 수 있는 주택 분할의 경제적 영향 역시 분석해 보았다. 한 주택에서 남는 세대나 방을 임대하는 주택 분할을 실시하면 적지 않은 수익을 올려 자산을 구축할 수 있다. 이런 식으로 주거지를 매입했을 경우의 상당한 혜택들을 고려했을 때, 이 전략은 몇 번이고 반복적으로 실시된다고 가정해도 논리적으로 문제 될 게 없다.

이는 투자자의 자유 시간을 최소한으로 침해하면서 취미처럼 할 수도 있어 빠른 시일 내에 자산을 구축하는 효율적인 방법이 될 수 있다. 실제로 주택 분할을 통해 금전적 자유를 조기에 달성한 사람들도 많다. 주택을 분할하면 투자 전략과 생활 방식이 일치하게 되는 만큼 투자자가 투자를 하는 데 개인의 손길과 노력을 보탤 수 있게 된다.

어떻게 인수하든 임대 부동산은 주식 시장보다 높은 평균 수익을 창출하고 싶은 이들이 자산을 구축할 수 있는 완벽한 도구다. 빨리 배울 수 있는 대신 부동산을 선택하고 관리하는 데 상당한 시간이 소요되기는 하지만 말이다. 금전적 자유의 조기 달성을 추구하는 이들에게 부동산 투자가 왜 최고의 투자법인지 다섯 가지 이유를 알아보자.

부동산에 투자해야 하는
다섯 가지 이유

이유 ❶ | 임대 부동산은 다양한 방법으로 자산을 구축하게 해준다

임대 부동산은 다음 세 가지 방법으로 투자자들의 자산 구축을 돕는다.

1. 수익 창출
2. 가치 상승

3. 대출 상환

임대 부동산은 임대료의 형태로 수익을 창출한다. 투자자가 시장 조사를 제대로 해 좋은 물건을 매입했다고 가정하면 임대료로 주택담보대출금, 세금, 보험, 수리비, 유지비, 그밖에 임대 부동산 보유로 발생하는 여러 비용들을 모두 충당할 수 있다. 그리고도 남는 돈은 금전적 자유의 조기 달성을 위해 쓰거나, 모아서 임대 부동산 혹은 소득을 창출하는 다른 자산을 매입하는 데 재투자할 수 있다.

임대 부동산은 시세가 오르거나 집이 좋아지면 가치가 상승한다. 투자자는 평가 절하된 부동산이나 한창 뜨는 지역의 부동산을 매입해서 가치가 크게 상승하기를 노릴 수 있다. 이런 식의 투기는 지역 시장의 경향을 최대한 이용하고 싶어 하는 투자자들에게 더 좋은 방법이다. 단, 이때 부동산은 지역 시장 가치가 오르든 오르지 않든 꾸준히 수익을 향상시키는 자산이어야 한다. 게다가 투자자는 부동산을 직접 수리하거나 수리 과정을 관리함으로써 더 큰 가치 상승을 이룰 수 있고, 이는 또 임대료 인상 혹은 부동산 가치 상승으로 이어진다.

마지막으로, 임대 부동산은 대출을 받아 매입하는 경우가 많다. 매달 세입자들이 집세를 내는 만큼 이 집세로 대출금을 갚아 나가는 것이다. 대출금을 모두 갚으면 주택 소유주의 순자산은 늘어나고, 가치 상승 및 주택에서 나오는 소득에 따라 부를 쌓게 된다.

임대 부동산 투자의 이 같은 장점들은 부동산 투자자들이 누리는 특별 세금 혜택들 덕분에 극대화된다. 예를 들어, 부동산 가치 하락 같은 유령 비용을 임대 소득으로 보전하는 것이 가능하도록 세제 혜택을 준다. 이는 다른 유형의 투자보다 세후 수익을 늘리는 효과를 가져온다.

이유 ❷ ┃ 임대 부동산은 투자자의 통제가 가능하다

부동산 투자자들은 주식 시장 및 공개 거래되는 다른 증권에 투자하는 이들보다 투자를 스스로 통제할 수 있는 여지가 더 크다. 창의적인 방법으로 비용을 줄이고, 문제가 걷잡을 수 없이 악화됐을 때 인수해 해결할 수도 있다.

임대 사업을 하는 이들 중에는 경험도 거의 없고 효율적 운영을 위한 체계적인 시스템도 갖추고 있지 못한 이들이 넘쳐난다. 즉, 임대 사업을 진짜 사업처럼 운용하면 얼마든지 경쟁력이 있다는 뜻이다. 가만히 있다 임대 부동산을 물려받고, 이사 나온 후에도 살던 집을 못 팔고 있으며, 사전 지식이나 준비가 전혀 없이 부동산을 매입해 임대하는 사람들이 수없이 많으니 말이다.

반면 이 같은 사실은 투자자들이 임대 부동산 사업을 진지하게 고려해 보는 기회가 되기도 한다. 노련한 투자자는 문제 해결 체계를 구축하고, 여건에 따라 직접 부동산을 수리하거나 외주를 준다. 해당 사업에 장기적으로 헌신하며 적극적으로 노력할 마음이 있는 투자자에게는 시장에서 효율적으로 경쟁할 기회가 얼마든지 존재한다.

이유 ❸ | 임대 부동산은 투자자가 레버리지의 이점을 누리게 해준다

(대출받아 부동산을 매입하는) 레버리지leverage를 이용하면 투자자들이 적은 돈으로도 많은 부동산을 살 수 있는 만큼 똑똑한 투자자들은 자산을 더 빠르게 구축하고 금전적 자유를 향해 나아갈 수 있다. 20%의 계약금만 지급하면 가진 돈으로만 살 때보다 다섯 배나 더 비싼 부동산을 매입할 수 있는 것이다. 이렇게 하면 금전적 보상 및 위험성이 즉시 다섯 배로 늘어난다.

1억 원의 자산을 가진 로웰은 대출 없이 (1억 원짜리) 부동산을 매입했다. 1년 후 이 부동산의 가격이 5% 오르면 1억 500만 원이 될 테고 로웰은 500만 원의 수익을 올릴 것이다.

반면, 1억 원을 계약금으로 지급하고 4억 원을 대출받아 5억 원짜리 부동산을 매입한다면 로웰은 레버리지를 이용하는 것이다. 이때 부동산 가격이 5% 오르면 이는 5억 2,500만 원에 해당되고 로웰의 수익은 2,500만 원이나 된다!

재정 모델을 이용해 이 레버리지의 효과를 산출해 볼 수 있다. 재정 모델에서는 시장 평균 수준의 수익이 계속 발생한다고 전제하지만 실질적으로 수익이란 변동적일 수밖에 없고 부동산 가격은 수년에 걸쳐 인상과 하락을 반복하며 예측하기 힘든 곡선을 그린다. 그럼에도 이 같은 재정 모델은 일반적인 투자자들이 장기적 관점에서 전략을 세우는 데 유용하다.

이 분석에 이용된 모델은 6,250만 원짜리 부동산으로, 이중 1,250만 원의 계약금은 직접 지불하고 5,000만 원(레버리지 비율 4:1)은 대출을 받았다. 하지만 이 같은 계산은 아주 저렴한 부동산부터 수십억 혹은 수천억 원짜리 부동산 매입에 이르기까지 거의 모든 경우에 적용된다. 이 견본을 토대로 작성한 그래프 두 가지를 살펴보자.

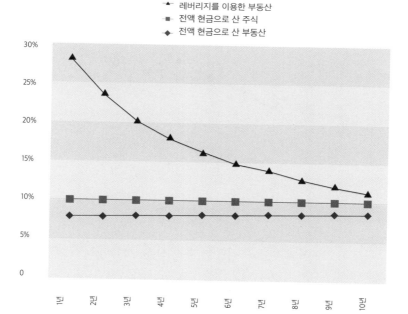

향후 10년간 연간 자산 수익률

• 주목: 무엇보다 레버리지를 이용하지 않은 부동산(다이아몬드 곡선)의 평균 수익률은 처음부터 주식 시장 수익률에도 미

치지 못한다. 반면 레버리지를 이용한 부동산은 첫 10년간 계속해서 주식 시장보다 높은 수익률을 기록하다 대출금이 줄어들고 결국 부채가 상환되자 평균 수익을 밑돌게 된다.

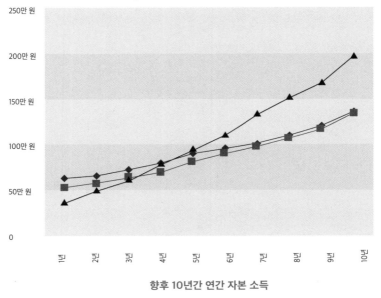

향후 10년간 연간 자본 소득

- 주목: 레버리지를을 이용한 부동산은 처음에는 S&P 인덱스 펀드에 같은 규모로 투자해서 받는 배당금보다 자본 소득이 더 적다. 사실, 레버리지를 이용한 부동산의 자본 소득은 3.5년이 지난 후에야 전액 현금으로 산 부동산이나 주식에서 발생하는 자본 소득을 넘어설 수 있다.

레버리지를 이용한 부동산은 매년 대출금이 줄어든다는 사실을 명심해야 한다. 부동산의 대출금이 줄면 임대료 수익은 늘고 집주인은 더 풍부한 경험과 함께 더 많은 자산을 보유하게 된다. 따라서 자산 수익률이 떨어지더라도 레버리지를 이용하지 않은 경우의 자본 소득을 신속히 넘어설 수 있다.

레버리지를 이용한 부동산 투자자들은 몇 년이 지나면 사실상 행복한 고민에 빠진다. 일단 대출금을 모두 상환하고 나면 시세 인상에 따른 소극적 소득을 올리는 게 한 가지 방법이다. 혹은 부동산을 팔아서 그 돈으로 주식 투자를 하거나, 그게 아니면 더 크고 멋지고 최근에 지어진 부동산을 한 번 더 레버리지 받아 매입할 수도 있다. 이는 행복한 고민임에 분명하지만 투자 전략을 수립할 때에는 언제나 '다음엔 어떻게' 할지를 염두에 둬야 한다. 그렇지 않으면 생각지도 못한 실수로 금전적 손해를 볼 수도 있기 때문이다. 여기서 기억해야 할 핵심 포인트는 다음과 같다.

1. 레버리지를 이용한 부동산이 이용하지 않은 부동산보다 평균적으로 훨씬 높은 수익을 창출한다.
2. 레버리지를 이용한 부동산이 이용하지 않은 부동산이나 주식 시장 배당금보다 초반의 자본 소득은 더 적다.
3. 매년 대출금을 갚고 부동산 가치가 상승하면서 자산 수익률은 떨어지지만 자본 소득은 늘어날 확률이 높다.

이유 ❹ | 부동산 투자자들은 투자 규모를 늘릴 수 있다

2017년에 메건은 2억 4,000만 원을 대출받고 1,000만 원의 계약금을 지불해(소유주 자격으로 계약금이 적은 대출을 이용했다) 2억 5,000만 원짜리 두 세대 주택을 매입했다. 그리고 4년 후 3억 원(그녀가 이 집에 사는 동안 상당한 시간을 들여 직접 수리함으로써 가치가 상승하고 주변 시세도 오를 것이다)에 매물로 내놓을 것이다. 매매 시점에 남은 주택담보대출금이 2억 2,500만 원이라면 그녀는 7,500만 원의 수익을 올릴 것이다. 그리고 다른 부동산들의 임대 소득과 임금을 잘 저축할 경우 매매 수익 7,500만 원에 추가적으로 7,500만 원이 더 쌓여서 그해에 총 1억 5,000만 원의 자산을 구축하게 된다. 그녀는 이 자산을 계약금으로 지급해서 6억 원짜리 부동산을 매입할 수 있고, 이 부동산은 이제 향후 몇 년간 이전의 두 세대 주택에 버금가는 수익을 창출할 것이다.

이 사례는 부동산 투자자들이 시간이 흐르면서 어떻게 부자가 되는지 잘 보여준다. 메건은 자신의 예금 1,000만 원으로 다소 저렴한 부동산을 매입했고, 이를 이용해 불과 몇 년 만에 7,500만 원의 수익을 올리는 데 성공했다.

성공하는 투자자들은 대출금을 모두 상환한 부동산은 매매한 뒤 더 크고 신축인 부동산을 사서 더 많은 임대료 및 가치 상승으로 인한 수익을 누린다. 이런 주기를 반복하면 수익을 올리는 속도를 크게 향상시킬 수 있고, 좋은 회계사와 중개인의 도움을 받아 세금도 줄일 수 있다.

이유 ❺ | 부동산은 직장에 다니면서도 관리할 수 있다

부동산은 매입할 때는 물론 관리하는 데에도 온갖 노력과 훈련이 필요해서 여러 성향들을 시험할 수 있는 기회가 된다. 이런 도전을 즐기는 사람들이야말로 주당 80시간씩 일하면서 수십억 원 규모의 포트폴리오나 사업들을 운용할 수 있는 것이다. 이들은 비즈니스를 성장시키기 위해 할 수 있는 모든 일을 하며 큰 거래 하기를 좋아한다. 물론 그렇지 않은 사람도 많다.

많은 투자자들이 부동산 투자를 선택하는 이유는 남는 시간에 부업처럼 일해서 소극적 소득을 창출해 대규모 자산을 쌓음으로써 일찌감치 금전적 자유를 이루기 위해서다. 이들은 직장에서 임금을 받아 검소하게 생활하고, 그렇게 모은 돈을 취미처럼 부동산에 투자한다.

아무리 바쁜 직장인도 1년에 1건 정도의 부동산 거래를 할 만한 시간은 충분히 낼 수 있고, 꾸준히 하면 10년 이내에 인생이 달라지는 재정 상태를 이룰 수 있다. 특히, 부동산을 여러 개 갖고 있다면 그중 관리도 힘들고 시간도 많이 잡아먹는 부동산은 마음대로 팔 수 있어 좋다.

한 부동산 투자 웹사이트의 여론 조사에 따르면 사실, 투자자들의 90% 이상이 다른 직장에 다니면서 부동산 투자에 뛰어들었다. 계약금을 낼 돈밖에 없는 투자자들은 보통 자신들의 임금 소득을 이용해 대출 승인 자격을 얻기 때문이다.

부동산에 투자하는 방법

부동산에 투자하는 방법은 여러 가지다. 하지만 이 책에서는 오래된 옛 방식에 발을 담그길 제안한다. 이 책의 1부와 2부를 실천에 옮겼다면 당신은 1억 원의 자산을 확보해 미국 대도시에 위치한 중간 수준 부동산을 20%의 계약금을 주고 매입할 수 있다. 예를 들어, 3억 원짜리 부동산을 사려면 적어도 6,000만 원이 필요하다. 그런데 1억 원의 자산이 있다면 계약금을 감당할 수 있을 뿐 아니라 이후 남는 돈도 상당하다. 결과적으로 부동산을 소유하면 뒤따르기 마련인 수리비를 비롯한 온갖 비용들도 가뿐히 처리할 수 있다.

물론 부동산에 투자했다 파산한 사람들도 많다. 이는 투자자가 공부를 게을리했거나 경제적 여건이 부동산 투자에 적합하지 않았기 때문이다. 하지만 임대 부동산을 보유하고 있는 미국인만 해도 수백만 명이다. 이는 기본 원칙에만 충실하면 임대 부동산으로 자산을 쌓는 게 드물거나 유난히 까다로운 일이 아니라는 뜻이다.

부동산 투자자로서 성공 확률을 높이고 싶다면 몇 가지 기본 원칙들만 잘 지키면 된다.

- 소득 규모에 비해 검소한 삶과 비즈니스를 꾸려 간다.
- 예상치 못한 수리 및 유지 작업에 대비해 충분한 자본을 비축한다.
- 금융 및 유지비용을 제하고도 자본 소득을 창출할 수 있는 합리적인 부동산을 매입한다.
- 선호도 높은 지역 혹은 누가 봐도 선호도가 점차 높아질 것 같은 지역의 부동산을 매입한다.
- 세입자 및 거래처 사람들을 정직하고 공정하게 대한다.
- 장기적 관점에서 일관되게 처신한다.

이 원칙들을 마음속에 잘 새겨 충실하게 지키는 투자자라면 비관적 시나리오를 두려워할 필요 없이 매달 엄청난 소극적 소득과 부동산 자산을 창출하게 될 것이다.

결론

이 길이 모두에게 성공을 안겨 줄까? 물론 아니다. 몇몇 부동산 투자자들은 자신들의 경제 상황이나 부동산 사업 관리 능력 부족으로 실패하고 말 것이다. 하지만 부동산 투자는 기존의 생활방식을 방해하지 않으면서 성장 가능성도 높은 사업을 원하는 수많은 직장인들에게 괜찮은 투자로 입증되었다.

부동산은 자본력이 탄탄하고 삶에서 안정적인 지위에 있는 투자자들이 매입했을 때 가장 큰 수익을 창출한다. 예금 수억 원을 다음번 매입을 위해 따로 떼어 놓은 투자자들, 대출 승인을 미리 받았거나 언제든지 받을 수 있는 이들 혹은 언제든지 돈을 끌어 쓸 수 있는 출처가 있는 사람들이 부동산 매입으로 성공할 확률이 가장 높다. 같은 맥락에서 부동산 투자 그리고 수리 및 임대 절차 감독의 기본 원칙을 성실하게 배울 시간과 의지가 있는 사람들이, 그러기엔 너무 바쁜 사람들보다 성공 확률이 훨씬 높다.

갈수록 가치가 상승하고 안정적인 부동산은 올바른 투자자들이 장기적 관점에서 자산을 지속적으로 구축할 수 있는 방법이다. 반면 하루빨리 부자가 될 수 있다면 자신의 모든 것을 바칠 정도로 야망이 크고 굶주린 공격적 기업가들 또는 자산 창출에 유리한 입지를 점하기 위해 조금의 노력도 쏟고 싶지 않은 이들에게는 적합하지 않다.

하지만 금전적 자유의 조기 달성을 원하는 이들, 그래서 이 책의 1부와 2부를 실천에 옮겨 자산을 쌓고, 그 자산을 부동산에 투자할 준비가 된 이들에게는 더할 나위 없이 훌륭한 방법이다.

이 전략을 시행하면 임대 소득, 시세 상승, 부채 상환 및 축적되는 거래 노하우가 복합적으로 작용해 25% 수익률을 어렵지 않게 올릴 수 있다. 수익은 배가되는 성질이 있는 만큼 연간 25%의 수익률을 기록해 연 5,000만 원을 저축할 수 있다면 5~6년 안에 인생을 바꿀 만한 금액의 자산을 쌓을 수 있다. 연 2,500만 원을 저축하더라도 8년이면 가능하다.

제12장

자신의 발전 상황 점검하기

　장기적 관점에서 성공하려면 주력 분야에 노력을 쏟아붓는 건 물론, 주기적 점검도 병행돼야 한다. 금전적으로 그리고 다른 방면에서도 성공하려면 현재 자신이 내고 있는 성과를 지속적으로 파악하고 이를 바탕으로 가능한 부분에 수정을 가해야 한다. 특히, 시간과 돈에 있어서는 당신의 노력을 추적하고 측정하는 게 중요하다.

　완벽한 사람은 아무도 없다. 누구나 시간을 낭비하고 돈도 낭비한다. 목표는 돈과 시간을 쓰는 데 있어 완벽해지는 게 아니라 매일매일 끊임없이 발전해서 궁극적으로는 당신의 최대 목표를 이룰 수 있는 위치에 도달하는 것이다. 이렇게 매일매일 지속적으로 발전해 나간다면 더 행복하고, 건강하며, 더 생산적이고 풍요로운 삶을 살게 될 것이다.

자신의 재무 상태 점검하기

여기서는 당신이 금전적 자유를 향해 가는 과정에서 어느 정도 진전을 이루었는지 점검하는 방법을 알려줄 것이다. 이 여정을 평가할 수 있는 가장 중요한 측정 기준은 가용 순자산, 좀 더 구체적으로는 '진짜 자산'이다. 좋은 소식은 이런 유형의 순자산을 꽤 정확하면서도 손쉽게 추적할 수 있다는 것이다. 단 몇 분이면 당신의 재무 상황을 실시간으로 점검 가능한 체계를 만들 수도 있다.

사람들은 순자산을 점검할 때 마이크로소프트 엑셀 같은 스프레드시트를 이용하기도 하고, 단순히 종이와 연필로 적어 내려가기도 한다. 둘 다 지난 수년간 제 기능을 해온 만큼 어느 쪽을 선택해도 상관없다. 하지만 요즘엔 이를 거의 자동으로 처리해 주는 훌륭한 프로그램들도 많다. 이 책을 집필 중인 시점에 이 산업의 선두주자로 올라선 인터넷 서비스 두 가지는 민트Mint와 퍼스널 캐피탈Personal Capital이다.

당신의 재무 상황을 주기적으로 점검하는 데 수동적인 방법을 쓰고 싶지 않다면 이런 부류의 서비스에 가입하면 된다. 민트와 퍼스널 캐피탈은 투자 계좌, 은행 계좌, 대출 및 다른 재무 계좌에 직접 연동돼 당신의 신용 점수와 관련해 꽤 정확한 정보를 제공한다. 심지어 외부 출처에도 연동되는데, 이를 테면 켈리 블루 북 Kelly Blue Book을 통해 당신의 자동차의 가치를, 질로우Zillow를 통해 당신이 보유한 부동산의 가치를 평가해 준다. 이 같은 자산 가치 평가는 실제 시장 가치와 상당히 차이 날 수 있는 만큼 크게 의존하지는 않는 게 좋다.

제대로 설치하면 민트와 퍼스널 캐피탈 같은 프로그램은 당신의 계좌를 모두 모아 전체적인 경제 상황을 한눈에 파악할 수 있게 해준다. 부채가 얼마인지, 자산은 또 얼마인지 알 수 있는 것이다. 단 몇 초 만에 거래 내역 및 동향을 볼 수 있어서 몇 시간씩 투자해 스프레드시트의 내용들을 일일이 확인하는 것보다 훨씬 간편하다. 예를 들어, 민트는 당신의 계좌에서 (거액의 이체 같은) 특이 활동이 일어나면 바로 알려 준다. 이 같은 감독 기능 덕분에 혹시 모를 사고나 사기를 방지하고, 실수를 반복하는 걸 피할 수 있다. 분명히 알아 두어야 할 것은 민트나 퍼스널 캐피탈이 당신의 계좌에서 직접 거래를 하는 것은 아니라는 것이다. 단순히 점검하고 그래프나 차트로 정리해 보여줄 뿐이다. 유명 대기업들이 관리하는 안전한 소프트웨어인 만큼 안심하고 사용해도 좋다.

당신의 계좌들을 민트나 퍼스널 캐피탈에 연동시키고 싶지 않다고 해도 이어서 다룰 내용들은 알고 넘어가야 한다. 위의 소프트웨어들을 사용하지 않고도 경제 상황을 계속해서 제대로 파악하려면 몇 가지는 변경하고 발품도 더 팔아야 할 것이다. 어떤 방식을 선택하든 개별 거래 내역과 순자산을 점검하는 건 필수다. 이 같은 데이터가 있어야 당신의 소비 패턴을 분명히 파악할 수 있기 때문이다. 그럼 이제 당신이 점검해야 하는 수치들이 뭔지 알아보자.

첫 번째 재무 지표
: 순자산

순자산은 단순히 보유 자산에서 부채를 뺀 금액이다. 사람들은 다양한 방법으로 순자산을 추적하고, 그중 어떤 방법이 최고인지에 대해서도 다양한 이론들을 갖고 있다. 다음은 평범한 미국인들이 순자산을 추적할 때 가장 많이 사용하는 방법이다.

샘의 명의로 된 자산은 다음과 같다.

- 2,000만 원짜리 혼다 어코드 한 대
- 3억 원짜리 집 한 채
- 현금 700만 원
- 퇴직 연금 계좌의 2억 원
- 총 자산: 5억 2,700만 원

샘에게는 다음과 같은 부채도 있다.

- 자동차 대출금 1,700만 원
- 주택담보대출금 2억 4,000만 원
- 신용카드 부채 400만 원
- 학자금 대출금 3,000만 원
- 총 부채: 2억 9,100만 원

샘의 순자산은 2억 3,600만 원이다.

당신의 '순자산'을 보여주는 재무 내역서는 기업의 '대차대조표' 와 같다. 이 경우 순자산 약 2억 5,000만 원을 축적한 샘은 꽤 뿌듯할 것이다.

그렇다면 이 수치가 왜 그렇게 중요한 것일까? 순자산은 한 개인이 자신의 명의로 보유하고 있는 모든 유형의 재산을 통틀면 정확한 금액이 어떻게 되는지 보여 준다. 또한 이는 대부분의 사람들이 최대한 많이 늘리려고 하는 수치이기도 하다. 순자산은 모든 금융 계좌 및 소유물을 모두 통합해 당신의 재정 상황을 가장 정확하게 알려 준다.

진짜 및 가짜 순자산 분리하기

이 책의 목표는 보통 생각하는 것처럼 순자산을 늘리는 게 아니라 독자들이 금전적 자유를 일찌감치 달성할 수 있도록 돕는 것이다. 따라서 우리는 가짜 자산이 아닌 진짜 자산을 매입하고 구축하는 데 주력해야 한다. 일반적으로 순자산에는 주택, 퇴직 연금 계좌, 자동차 등의 자산이 포함된다. 하지만 이 가짜 자산들은 소득을 창출하지도 않고 심지어 부채가 포함돼 있는 경우도 있다. 이들은 진짜 자산을 매입하거나 경제 활주로를 늘리는 데 사용할 수 있는 돈을 빨아들인다. 예를 들어, 집에 주택담보대출이 걸려 있다면 소유주는 매달 주택담보대출 상환금 및 유지비가 나가지 않는 이들보다 더 많은 투자 소득을 창출해야만 한다. 금전적 자유의 조기 달성이라는 목표가 멀어질 수밖에 없는 것이다. 많은 이들이 자산으로 분류하는 자동차 및 다른 명품들도 마찬가지다. 금전적 자유를 하루빨리 이루고 싶다면 일반적 정의의 순자산을 늘리는 데 주력해서는 안 된다. 그보다 현금 및 현금성 자산으로 구성된 실제 순자산을 추적해야 한다. 당신의 목표에 직접적으로 도움이 되는 자산을 쌓는 데 주력하라. 소득을 창출하지도 못하고 가치 상승 여부도 불분명해 가까운 시일 내에 활용하지 못하는 자산은 아무런 소용이 없다.

금전적 자유의 조기 달성을 추구하는 사람이 퇴직 연금 계좌에 2억 원이 있다 한들 과연 신경이나 쓸까? 만약 그 사람이 30세 미만인데 앞으로 30년 이내에 그 돈을 쓰고 싶다면 수수료를 물어야만 한다! 이 퇴직 연금 계좌 역시 일상적인 의사 결정, 심지어 (10년 이상이 장기로 간주된다면) 장기적인 의사 결정에도 사실 아무런 영향을 미치지 못하는 가짜 자산인 것이다. 퇴직 연금 계좌는 퇴직 연령 훨씬 전부터 이용이 가능할 때에만 중요한 변수로 취급되거나 현재 재무와 관련된 의사 결정 과정에서 의미를 갖는다. 퇴직 연금 계좌는 보유하고 있어도 나쁠 건 없지만 금전적 자유의 획득이 목표인 사람에게는 별로 유용하지 않다.

금전적으로 자유로워지는 게 목표라면 순자산 중에서도 이 목표에 직접적으로 연관되는 요소들에만 신경 쓰도록 하자. 진짜 순자산에는 앞서 사례로 들었던 샘의 순자산 중 상당 부분이 포함되지 않는다. 한편, 당신의 진짜 자산과 가짜 자산 모두의 실시간 상황을 정확히 파악하는 건 분명 중요하다. 마찬가지로 당신의 퇴직 연금 계좌, 주택 자산, 자동차와 다른 아이템들 및 금전으로 환산이 가능한 자산들의 가치 역시 주시해야 한다. 이 재무 게임에서는 끊임없이 관심을 기울이지 않으면 패배하고 만다. 실제로 자신의 자산에 별로 신경 쓰지 않고 돈이 어디로 나가는지조차 모르고 있는 이들은 도난, 혹은 교활한 은행이나 신용 기업들이 부과하는 사소한 수수료 등을 통해 머니 게임에서 천천히 도태되고 말 것이다.

해결책은? 두 가지 유형의 순자산을 모두 관리하라. 일반적으로 산정되는 순자산과 당신의 진짜 순자산 말이다. 예를 들어, 전자를 A라는 소프트웨어로 관리한다면 후자는 B라는 소프트웨어로 관리할 수 있다.

만약 지금 당신의 (진짜 혹은 일반적으로 산정되는) 순자산이 얼마인지 모르고 주기적으로 점검하지도 않는다면 당장 작업에 착수해야 한다. 점수가 얼마인지조차 계산하지 못하는데 머니 게임에 동참할 이유가 어디 있겠는가?

진짜 순자산 계산하기

위에서 우리는 일반적인 방식으로 샘의 순자산을 계산해 보았다. 다음은 샘의 진짜 순자산을 계산하는 방법이다.

샘은 자신의 명의로 다음과 같은 진짜 자산을 보유하고 있다.

- 현금 700만 원
- 총 가용 자산: 700만 원

샘에게는 다음과 같은 부채도 있다.

- 자동차 대출금 1,700만 원
- 주택담보대출금 2억 4,000만 원
- 신용카드 부채 400만 원
- 학자금 대출금 3,000만 원
- 총 부채: 2억 9,100만 원

샘의 가용 순자산은 2억 8,400만 원 적자다.

어떻게 이런 일이 벌어졌을까? 샘은 중산층 미국인들 상당수가 흔히 저지르는 주요 실수들을 그대로 답습했다.

- 그는 대출 받아 차를 샀다.
- 그는 엄청난 액수의 주택담보대출을 받아 고급 주택을 매입했다.
- 그는 학자금 대출을 받아 학위를 땄다.
- 그는 퇴직 연금 계좌 이외에 번듯한 자산을 전혀 쌓지 못했다.

이것이 미국인들 대부분이 탄탄한 재정이라고 여기는 자산의 실체로, 애처롭기 짝이 없다. 평생 '똑똑한' 결정을 내려온 샘이 지금은 2억 8,400만 원의 재정 구멍에 직면해 있는 것이다. 다시 말해, 샘은 2억 8,400만 원의 부채를 안고 있어서 인생의 중대 사안도 자신의 의지대로 결정할 수 없고, 결과적으로 현재 소득 및 생활 방식에도 지장이 생긴다. 이 때문에 샘은 현재 직장 혹은 비슷한 곳에서 수십 년간 계속해서 일하는 수밖에 없다. 조만간 금전적 자유를 획득하는 경로에서는 분명 크게 벗어나 있는 것이다.

진짜 순자산을 계산할 때 가짜 자산은 포함되지 않지만 가짜 자산에 따르는 부채는 포함된다. 대출을 받아서 가짜 자산을 사는 건 이중으로 골칫거리다. 금전적 자유의 조기 달성에 아무런 도움이 안 되는 건 물론, 이자가 붙는 부채까지 갚아야 하기 때문이다. 금전적 자유를 하루빨리 획득하고 싶다면 부채를 끼고 가짜 자산을 매입해선 안 된다! 신용 대출을 받아 명품을 사는 행위야말로 재정에 큰 타격을 입힌다. 대출받아 산 자동차, 보트, 트럭, TV,

컴퓨터 등은 금전적 자유라는 목표 달성에 전혀 도움이 되지 않으며 부채는 재정 상태를 좀먹는 원흉으로 간주돼야 한다.

샘은 이제 어떻게 해야 할까?

이 책의 1부와 2부가 중요한 이유를 알겠는가? 거기에 나온 내용들을 실천에 옮기면서 세후 현금 혹은 현금성 자산을 구축하라. 그 자산을 이용해 소득을 창출하고 가치도 상승할 만한 부동산을 매입하라.

금전적 자유의 조기 달성을 향해 나아가려는 이들 중 샘과 같은 처지가 상당히 많다. 하지만 이 같은 재정 상황보다는 차라리 아무것도 없는 게 낫다. 샘은 성인의 삶을 살기 위해 지극히 현명하고 정상적이며 자연스러운 과정이라고 여기는 결정들을 거부해야만 한다. 그리고 금전적 자유를 일찌감치 달성할 수 있을 만한 자산을 구축하기 위해 완전히 새로 시작해야 한다.

만약 당신의 재정 상태도 샘과 다르지 않지만 금전적 자유는 일찌감치 달성하고 싶다면 지금까지 당신이 내린 금전적 결정들이 수억 원의 재정 구멍을 만들었다는 사실을 받아들여야 한다. 지금부터라도 흡족할 리 없는 당신의 진짜 순자산을 분명히 파악해 정확하게 재정을 관리해야 한다. 꾸준한 노력으로 천천히 재정 구멍에서 빠져 나와 금전적 자유로 가는 여정에서 첫발을 뗐음을 받아들이고 언제든지 쓸 수 있는 돈을 모으기 시작해야 한다. 그렇지 않으면 항상 현재의 상황을 유지하는 데 급급하다 평생을 보내고 말 것이다.

샘 역시 금전적 자유를 일찌감치 달성하고 싶다면 당장 극적인 변화를 감행해 진지한 태도로 자산 구축을 시작해야 한다. 달갑지 않겠지만 다음의 조언들을 실행에 옮겨야 할 것이다.

- 첫째, 집을 팔아서 남는 6,000만 원을 이용해 다세대 주택 혹은 이전 집보다 훨씬 싼 주거지를 매입해야 한다.
- 둘째, 자동차를 팔고 300만~700만 원 예산 내에서 중고차를 구입해야 한다.
- 셋째, 매달 수백만 원을 저축할 수 있도록 효율적인 생활 방식을 구축해야 한다.
- 넷째, 개인 부채(특히 신용카드 부채)를 상환하여 제로로 만들어야 한다.
- 다섯째, 퇴직 연금 계좌에 매달 입금되던 돈을 일반 저축으로 전환해 금전적 자유의 조기 달성에 도움이 될 수 있는 진짜 자산을 쌓아야 한다.

샘이 이 조언들을 귀담아 듣는다면 향후 몇 년 동안 신속하게 진짜 자산을 쌓는 데 주력해 삶에서 진짜 기회들을 누리게 될 것이다. 더 이상 주택담보대출, 직장 그리고 퇴직 연금 조기 수령 수수료에 얽매일 필요가 없다. 조만간 수천만 원, 심지어 멀지 않은 미래에 수억 원의 진짜 자산을 주식, 채권, 투자용 부동산 그리고 자본금 등의 형태로 갖게 될 테니 말이다. 이전에 보유했던 모든 명품들을 현금으로 다시 사들이고 자신의 의사에 따라 직장을 완전히 그만두는 선택도 할 수 있다.

물론 이는 동화 속 이야기다.

샘은 그의 집을 팔지도 않고 생활 방식을 바꾸지도 않을 것이다. 차를 팔지도 않고, 퇴직 연금 납입액 이외에 매달 몇백만 원씩 모으기 위해 지출을 대폭 줄이지도 않을 것이다. 불행히도 샘 그리고 그와 같은 많은 이들은 어떤 구실이든 찾아 결코 달라지지 않는다. 샘은 자신의 집은 물론 멋진 SUV도 포기하지 않고 심지어 점심 도시락을 싸는 일도 시작조차 하지 않을 것이다.

우리가 할 수 있는 최선은 샘의 마음속에 씨앗을 심어 그의 자산 중 대부분이 부채, 혹은 금전적 자유에 아무 도움도 안 되는 가짜 자산에 불과하다는 사실을 깨닫게 해주는 것이다. 샘은 이 사실을 명심하고 있기만 해도 몇 년 뒤 연봉이 인상되면 그에 따라 지출을 늘리는 대신 인상분으로 부채를 갚기 시작할 것이다. 이런 식으로 시간이 더 흐르고 연봉이 더 인상되면 샘은 부채를 완전히 상환하고 퇴직 연금 계좌와는 별도로 투자를 시작할 수 있다.

이처럼 샘이 아주 천천히라도 생활 방식을 바꿔서 금전적 자유의 조기 달성을 향해 나아가기를 빈다. 샘은 아이들이 학교에 입학하면 값비싼 유모를 고용하는 대신 방과 후 프로그램을 이용하는 방법을 선택할 것이다. 또, 10년이 지나 집을 팔 때에는 감당할 여력이 되는 주택들 중 가장 크고 멋진 집을 사는 대신 합리적인 가격의 주택을 매입할 것이다. 천천히 하지만 분명히 그의 재정 상황은 발전할 테고 언젠가는 진짜 순자산도 흑자로 돌아서서 어쩌면 그의 삶에서 선택의 기회들을 다시 누리게 될지 모른다.

샘! 필자가 그 긴 세월에 걸쳐 당신을 구제할 수 있기를 바란다. 필자의 글을 통해 일전에 당신이 내린 결정들이 금전적으로 어떤 결과를 초래하는지, 그리고 당신의 최대 '자산'을 포기하고 대신 그 돈을 진짜 자산을 창출하는 다른 곳에 활용하면 얼마나 큰 풍요를 누릴 수 있는지 확실히 깨닫기를 빈다.

당신이 그 모든 가짜 자산을 사지 않았더라면! 그 돈으로 다세대 주택에 투자했더라면! 돈을 모아서 세계 여행에 나서는 등 살면서 진짜 하고 싶었던 일들을 했더라면! 이미 이것들에 실패했지만 적어도 앞으로는 주택 자산 및 퇴직 연금 계좌와 별도로 약간의 자산을 구축하기 바란다. 이 자산을 늘려 가는 데 투자 전략의 초점을 맞추고 천천히 하지만 확실히 삶에서 결국은 자유를 되찾길 바란다. 일을 계속 할지 말지, 한다면 어디서 할 것인지뿐 아니라 하루의 정점, 일주일 중 최고의 날, 생애 최고의 해에는 무엇을 할지 스스로 결정할 수 있는 권한을 회복하길 빈다.

당신도 샘과 비슷하다면 삶의 여러 중요한 부분들에 다양한 변화를 기해야 할 것이다. 당신의 현재 상황을 정확히 파악하고 추적 관리도 꾸준히 해서 당신의 결정이 어떤 변화를 가져오는지 지켜보도록 하자.

두 번째 재무 지표
: 지출

지출은 월급쟁이로서는 가장 쉽게 통제할 수 있는 지표임에 분명하다. 따라서 돈을 쓸 때에는 항상 세심한 주의를 기울여야 한다. 지출을 관리할 수 있는 방법은 많다. 그중에서도 모든 방법에 공통되는 한 가지는 돈을 지출할 때마다 빠짐없이 기록해 두는 것이다! 이는 절대 피해 갈 수 없는 절차다. 중요한 의사 결정을 할 때에는 관련 정보를 정확히 파악해야 하는 만큼 당신이 쓴 비용들을 막연히 짐작하는 건 허용되지 않기 때문이다.

이는 자동으로 처리할 수도 있고 극도의 성실함이 필요하기도 하다. 이 책을 읽는 독자들의 상당수는 체크카드나 신용카드 혹은 인터넷 뱅킹으로 돈을 가장 많이 쓸 것이다. 당신도 그렇다면 앞에서 언급한 두 가지 소프트웨어 상품(민트와 퍼스널 캐피탈)으로 지출 비용을 추적 관리 및 분류하는 게 좋다. 이런 프로그램을 이용하고 싶지 않다면 은행이나 신용카드 회사 웹사이트로부터 거래 내역을 다운받아서 일일이 스프레드시트에 입력하는 방법도 있다.

예전에는 이게 훨씬 어려웠다. 뭔가를 살 때마다 일일이 영수증을 챙겨 뒀다가 한꺼번에 가계부에 기입하거나 우편으로 받은 은행 거래 내역서를 다시 베껴 써야 했으니 오죽했을까! 하지만 이는 지난 세기의 이야기일 뿐이다. 21세기에는 민트나 퍼스널 캐피탈 같은 놀라운 소프트웨어를 이용해 지출 내역을 자동으로 추적하고 분류할 수 있다. 물론 현금 지출 내역은 이 소프트웨어에 따로 입력해 넣어야 한다.

예를 들어, 민트를 이용하면 외식비 5만 원은 '음식점' 비용으로 기록될 것이다. 하지만 민트에서 누락되는 지출 내역도 있을 수밖에 없다. 이를 방지하기 위해 주기적으로 민트를 검토하고 분류 항목도 살펴봐야 한다. 한 달에 한 번, 10분 이내의 시간만 투자하면 가능한 일이다.

분류 항목이야 원하는 대로 만들면 그만이지만 어떤 분류 항목들이 존재하는지, 그중 당신의 직업과 관련된 항목이 어떤 것인지는 정확히 파악해야 한다. 금전적 자유의 조기 달성이 목표인 만큼 (통근 비용처럼) 직업에 관련된 지출을 생활비로 분류해서는 안 된다. 밥벌이를 위한 직장에서 탈출하는 대로 이 지출 항목은 제거될 테니 말이다.

예산안이 필요한가?

'예산안 짜기'라는 주제가 금융 분야 저자들 사이에 상당한 인기다. 우리도 당신의 재정 상태, 특히 지출 내역을 관리하는 방법과 이유에 대해 논의 중인 만큼 '예산안 짜기'라는 주제 역시 다룰 것이다. 1부에서 잠시 소개한 대로 금전적 자유를 위해 진지하게 노력하는 이들에게 (다음 주 혹은 다음 달에 예정된 지출 내역의 구체적인 개요인) 예산안은 별 필요가 없다. 이 책의 기본 전제에 동의한다면 돈을 쓸 때마다 금전적 자유를 하루빨리 달성하는 것보다 지금의 이 소비가 더 중요하다고 스스로를 설득한다는 사실을 알고 있을 것이다. 소비 여부는 항상 순간적으로 결정되며 모든 지출은 당신의 자유를 늦추는 벌금이다. 물론 금전적 자유를 늦출 가치가 충분한 거래도 있기는 하지만 진짜 당신을 위하는 게 뭔지 하루빨리 깨달아야 한다.

이미 알고 있다면 불필요한 지출은 삼가야 하며, 지금 이 순간 진정한 차이를 만들 수 있는 소비에 대해서는 전용 예산이 따로 확보돼 있어야 한다. 당신이 금전적 자유를 진심으로 원해서 경솔한 지출은 거의 하지 않는다면 예산안 같은 건 불필요하다. 반면, 당신이 사소한 것들에 돈을 너무 많이 써서 이를 방지하고 싶다면 예산안을 짜는 것도 좋은 방법이다.

예산안 활용 여부와 무관하게 지출은 항상 세심하게 추적 관리해서 돈이 새나가는 재정 구멍이 있는지 살펴야 한다. 예를 들어, 몇 달 전 잡지 구독을 신청했다 까맣게 잊었다고 가정해 보자. 매달 구독료가 불필요하게 빠져나갈 텐데 이런 일을 방지하려면 이전 달의 지출 내역을 정기적으로 검토하는 수밖에 없다.

지출을 추적 관리하는 이유는 그때그때 충동적 기분에 좌우되는 매일의 지출을 제어하기 위해서가 아니다. 당신의 재정 상태에 큰 영향을 미치는 일상적 소비 경향을 진단하기 위해서다. 그리고 그렇게 얻은 정보를 바탕으로 삶에 유의미한 변화를 가져올 결정들을 내릴 수 있다. 이때가 개인적인 성향이 가장 크게 반영되는 시점이다. 따라서 당신은 주요 거래 내역을 분석하고 소비 패턴을 분류해 지출이 지나치게 많은 항목이 어딘지 확인해야 한다. 그리고 과감한 변화를 단행해 당신의 재정 상황에 긍정적인 결과를 도출해야 한다.

당신의 지출 내역을 꾸준히 분석함으로써 얻을 수 있는 결과는 두 가지다. 첫째, 지출이 가장 큰 항목을 파악해 돈을 가장 많이 아낄 수 있는 기회를 확보할 수 있다. 당신의 지출 그래프는 제2장에서 소개된 애버리지 조의 지출 내역과 당연히 일치할 리 없다. 현재의 지출 내역을 파악하고 효율적으로 분석해서 발전 가능성이 가장 큰 항목을 찾아내야 한다.

둘째, 당신이 원하는 스타일대로 사는 데에는 얼마나 들지 알 수 있기 때문에 그에 따라 계획을 세우는 건 물론, 일찌감치 퇴직하려면 소극적 소득이 어느 정도 필요한지 결정할 수 있다. 이처럼 꾸준한 분석을 통해 얻을 수 있는 혜택은 놀라울 정도다. 많은 이들은 살아가는 데 점점 더 많은 돈이 든다고 믿는다. 하지만 자신의 재정 상황을 꾸준히 추적 관리하고 불필요한 소비를 줄이는 이들은 정반대로 생각할 것이다. 지속적으로 분석하고 지출을 현명하게 줄여 나가면 당신의 생활비는 더 늘어나는 게 아니라 갈수록 줄어들 수밖에 없다. 금전적 자유에 가까워질수록 지출은 줄고 즐거움은 늘며 일할 필요는 결국 사라지게 된다!

세 번째 재무 지표
: 소득

돈을 더 많이 벌 기회 따위는 없고 월급이 거의 유일한 수입원인 애버리지 조에게 소득을 추적 관리하는 일은 무의미할 수 있다. 그는 자신의 월급이 언제, 얼마만큼의 액수가 나오는지 정확히 알고 있는 것이다.

당신도 그렇다면, 몇 개월 혹은 1~2년 후 1,000만 원 이상을 투자하고, 실적에 따라 임금을 지급하는 새 직장을 구하거나 부업을 시작하는 등의 행동을 취한 뒤에 이 책의 이 부분을 다시 펼쳐보라. 반면 이미 몇 건의 투자를 했고, 월급 이외에도 고정적인 수입원이 있으며, 소득도 어느 정도 통제하고 있다면 소득을 세심하게 기록해 나가면서 정기적으로 소득 경향을 점검하고 발전 기회도 모색해야 한다.

당신의 목표에 직접적인 도움이 될 수 있는 소득은 반드시 추적 관리해야 한다. 금전적 자유의 공식을 충족시키는 소극적 소득이 바로 그것이다. 소극적 소득은 투자 방식에 따라 당신의 영향력이 닿는 통제 범위 내에 있을 수도 있고 아닐 수도 있다. 만약 당신의 통제 범위 이내에 있다면 소득을 잃을 위험은 제거하고 계속 늘려가기 위한 행동을 취할 것이다. 반면, (예를 들어 인덱스 펀드 투자에서 나오는 배당금 소득처럼) 통제 범위 밖에 있다면 할 수 있는 일이라고는 소득이 늘어나는 걸 지켜보면서 금전적 자유가 얼마나 가까워지고 있는지 체계적으로 추적 관리하고, 편안한 마음으로 직장을 그만둘 시점을 점치는 것뿐이다.

한 가지 사례를 보자. 영업직에 종사하는 애덤은 고정적인 기본급과 실적에 따른 수수료를 합산하여 임금을 받는다. 이 돈으로 부동산과 주식에 투자하는데 다음은 그의 세후 수익 내역이다.

- 기본급 200만 원
- 수수료 150만 원
- 부동산 임대 소득 50만 원
- 부동산 가치 상승 100만 원
- 부동산 담보 대출 원금 삭감 50만 원
- 주가 상승 100만 원
- 주식 배당금 25만 원

여기서 애덤은 연봉이 4,200만 원에 불과한데도 매월 675만 원, 매년 8,100만 원씩 자산을 쌓아 가고 있다. 이는 미국 평균을 웃도는 훌륭한 수준이만 이 책에서 설명한 과정들만 실천하면 몇 년 안에 도달할 수 있는 수치이기도 하다. 애덤은 자산 증가분을 적절히 분류하고 분석해서 다음과 같은 사실을 깨달았다.

- 첫째, 그의 소극적 소득은 월 75만 원이다(임대 부동산 소득 50만 원과 주식 배당금 25만 원). 이 금액이 지속적으로 발생

하는 소득인지 아니면 여건이 특히 좋거나 나쁜 달의 소득일 뿐인지 파악해야 한다.

- 둘째, 애덤은 주식 및 부동산에서 더 많은 수익이 창출되도록 어떤 노력도 쏟지 않았고 따라서 이들은 그의 통제권 밖에 있다. 아직 수익성이 좋기는 하지만 애덤의 걱정도 크다.

- 셋째, 애덤의 급여는 거의 고정적이지만 실적에 따라 받는 수수료는 변동 폭도 크고 임금에서 큰 비율을 차지한다. 따라서 애덤은 수수료 분석을 단행해 어떤 아이템이 가장 큰 수익을 내는지, 판매 전략을 어떻게 짜야 좋을지 파악해야 한다.

이 소득 분석을 통해 얻은 가장 큰 수확은 수수료다. 수수료야 말로 자산 중 유일하게 애덤의 통제권 이내에 있고, 총 소득 중 꽤 많은 비중을 차지하기 때문이다. 따라서 애덤은 판매량을 늘림으로써 총 소득을 늘릴 수 있다.

네 번째 재무 지표
: 시간

사람들은 대부분 자신이 시간을 어떻게 보내는지 알지 못한다.

아침은 어떻게 보내는지, 일과 시간 중에, 그리고 주말에는 뭘 하는지 잘 모르는 것이다. 그 결과, 자신이 목표 달성에 도움이 되는 방향으로 살아가고 있는지 전혀 알 수가 없다(사실, 사람들은 대부분 확실한 목표를 갖고 있지도 않다).

당신의 목표는 금전적 자유의 조기 달성이다. 적어라. 그리고 계산해 보아라. 내년, 다음 분기, 다음 주 그리고 오늘 현실적으로 할 수 있는 일이 뭔지 파악하라. 매일 당신의 목표에 한 발 더 다가갈 수 있도록 처신하라. 이는 비단 금전적 자유의 조기 달성이라는 목표에만 해당되는 것이 아니다. 인생의 다른 큰 목표들에 대해서도 그렇게 해야 한다.

매일같이 금전적 자유의 조기 달성을 위해 뭘 할지 결정하라. 거창할 필요 없다. '민트Mint 설치하기' 혹은 '부동산 거래 사이트에서 좀 더 싼 아파트들 찾아보기'처럼 사소한 일들도 좋다. 매일 작은 목표들을 달력에 적어 두고 완수하고 나면 지워라.

매주 금전적 자유의 조기 달성을 위해 뭘 할지 결정하라. 이는 하루하루의 목표에 비하면 좀 더 거창해질 것이다. 이를 테면 '나의 진짜 순자산, 일반적으로 산정되는 순자산, 소득, 월 지출 파악하기' 식이다.

매 분기마다 금전적 자유의 조기 달성을 위해 뭘 할지 결정하라. 당신의 매 분기 목표는 다른 이들이 이루려면 1년은 온전히 걸리는 큰 목표가 될 것이다. 하지만 당신은 시간 관리를 잘하고 목표 달성을 위한 작은 실천들을 매일같이 하고 있기 때문에 그렇게 큰 목표라도 몇 개월 혹은 몇 주 안에 성취할 수 있다.

매년, 금전적 자유의 조기 달성을 위해 뭘 할지 결정하라. 자산이 거의 없는 상태에서 출발하더라도 3~5년 안에는 1억 원의 진짜 순자산을 구축할 수 있어야 한다. 당신의 연간 목표는 이 책의 1, 2, 3부에서 설명한 자산 창출의 각 단계를 가속화할 수 있도록 설정돼야 한다. 중간 수준의 임금을 버는 월급쟁이라고 해서 3년 안에 1억 원 고지를 넘지 못할 이유는 없다. 단, 이 책의 조언들을 귀담아 듣고 당신의 목표를 이룰 수 있도록 영리하게 처신해야 한다. 1억 원의 자산을 쌓는 시기와 완전한 금전적 자유를 달성하는 시기의 차이는 당신이 기회를 어떻게 활용하고, 어떤 투자를 하며, 생활비를 얼마나 줄이느냐에 따라 길어질 수도 줄어들 수도 있다.

이렇게 시간을 관리하고 목표를 설정 및 달성하는 건 성공 전문가들이 인정한 복잡한 성공 절차는 아니다. 성과가 이미 입증된 성공 '공식'이나 '비법'이 아닌 것이다. 그저 마이크로소프트워드에서 작성할 수 있는 일련의 문서에 불과하다. 완성한 문서를 매일, 매주, 매달, 매 분기 그리고 매년 인쇄해서 매일같이 실천하라. 당신이 원하는 목표가 무엇인지 파악하고 종이에 적어서 그 목표를 위해 노력하라!

매일, 매주, 매달, 매 분기, 매년의 목표를 설계할 수 있는 견본은 부록에 첨부해 두었다. 이 양식을 차용하고 싶다면 얼마든지 그래도 좋으며, 직접 양식을 만드는 것 역시 환영이다. 한편, 사람마다 생활 방식이 다르고, 우선순위가 다르며, 목표도 다 다르다. 따라서 부록의 견본은 참고만 하고 직접 만드는 게 훨씬 바람직하다. 일/주/분기/년 중 원하는 시간 단위를 선택해 당신이 가장 중요하게 여기는 가치들(두세 가지 이하!)을 서술하라. 그리고 이 가치들을 실현하는 데 가장 도움이 될 과제, 습관 혹은 관계들을 파악하라.

여기서 반드시 해야 하는 일 중 하나가 시간을 좀 더 체계적으로 관리하는 것이다. 어떤 목표를 세우든, 그리고 진척 상황을 어떻게 추적 관리하든 당신이 가장 중요하게 여기고 목표에 더 다가가게 해주는 일을 매일같이 의도적으로 완수해야만 한다. 이따금 스스로 완수하기로 약속한 일을 끝내지 못하는 날도 있을 것이다. 그런 날들을 최소화하도록 노력하고 쉬운 일 한 가지라도 완수하라.

하루하루의 목표를 설정하고 시간을 잘 배분해 목표 달성에 도움이 되는 일들을 하라. 책을 쓰는 사람이라면 시간을 세심하게 쪼개 계획을 세울 테고, 영업을 하는 사람이라면 자유 시간을 전반적으로 활용하되 판매량을 높일 수 있는 품질 향상에 최대한 많은 시간을 들일 것이다.

하루의 계획을 세우고 시간 관리를 하는 건 결국 당신의 하루에서 가장 중요한 일을 대하는 태도가 진지하며, 그 일을 완수하기 위해 집중할 수 있는 몇 시간을 따로 떼어 두겠다는 의미다. 하지만 그러다가는 실로 중요한 사람들과 교류할 시간을 확보할 수 없는 만큼 하루를 시간이 아닌 용도별로 구분해서 다른 사람을 만나

도울 시간도 마련해야 한다.

당신에게 중요한 사람들을 귀하게 대하고 하루의 중요한 순간들을 내주도록 하라. 만약 외향적인 성격이 아니라고 해도 그날의 목표에 중요한 사람들을 포함시키고 당신의 애정을 보여 줄 수 있는 작은 실천들을 하도록 하라. 고객에게 짧은 감사의 편지를 쓰는 것도 좋고 몇 달 전 알게 된 누군가에게 연락해 특정 사안이 어떻게 진행되고 있는지 물어도 좋다. 그밖에 수년간 연락하지 않은 오랜 친구에게 메시지를 보내는 것도 좋은 방법이다.

시간을 관리하는 방법

매일의 목표는 시간을 관리할 수 있는 방식으로 구성돼야 한다. 한 가지 방법은 하루를 다음과 같이 시간별로 분류하는 것이다.

- 이른 아침 (오전 9:00 이전)
- 늦은 아침 (오전 9:00~정오)
- 이른 오후 (정오~오후 2:30)
- 늦은 오후 (오후 2:30~5:00)
- 이른 저녁 (오후 5:00~7:30)
- 늦은 저녁 (오후 7:30 이후)

하루 동안 알람을 설정해 두고 각각의 시간대에 무엇을 했는지 간략히 적어 두자. 온종일 생산적일 필요가 전혀 없으며, 그러려고 노력하다가는 오히려 더 산만해질 수 있다. 이렇게 간단한 습관을 통해 당신에게 진짜 중요한 것들에 집중할 수 있다는 사실을 깨닫고 나면 무척 놀랄 것이다. 단, 스스로에게 가혹할 정도로 솔직해야 한다. 그러면 '내가 이 시간대에 중요한 일을 하나라도 했는지 모르겠음', '이러저러한 일들을 하느라 이번 시간대는 완전히 낭비했음' 또는 '축구 경기를 봤더니 기분이 좋지 않음' 등의 얘기를 적게 될 수 있다.

실패하더라도 괜찮다. 완벽한 사람은 없으며 완벽해지려고 노력해서도 안 된다. 하지만 대부분의 시간대에서 목표에 도움이 되는 일을 한 가지씩이라도 해낸다면 당신은 놀라운 발전을 이룰 것이다. 당신에게는 목표를 위해 중요한 일을 최소 한 가지씩이라도 할 수 있는 기회가 하루에 여섯 번이 있는 것이다.

당신이 발견한 사실을 분석하는 방법

우리가 지금까지 논의한 순자산, 지출, 소득, 시간의 관리를 비즈니스 용어로는 '회계'라고 부른다. 좋아하는 사람은 많지 않지만 회계란 꾸준한 기록을 통해 데이터를 생성하고, 그 데이터를 분석한 뒤 발전으로 이어질 수 있는 결정들을 내리는 것이다. 하지만 사람들 중에는 이를 지루하게 여겨서 자신들의 경제 상황을 추적 관리하고 분석하는 데 무관심한 이들도 있다.

이런 일을 좋아하지는 않지만 금전적 자유는 하루빨리 달성하고 싶다는 이들에게 필자가 할 수 있는 말은 안됐다는 것뿐이다. 어쨌든 해야 한다. 회계를 좋아하는 사람은 아무도 없지만 부자들은 누구나 한다. 이는 마치 운동과 같다. 날씬한 몸매를 유지하고 싶다면 운동을 해야만 한다. 부자가 되고 싶다면 당신의 재정 상태를 실시간으로 파악하고 끊임없이 검토해 발전을 이뤄야 한다. 당신의 과거 소비 패턴을 세심하게 분석하고 조사하며 연구해야 금전적 발전으로 이어지는 진정한 변화를 일구는 데 필요한 정보들을 수집할 수 있다.

회계는 그 자체로 중요하기도 하지만 이 책에서 꼽는 최고의 가치는 당신이 원하는 대로 결정할 수 있도록 해주는 능력에 있다. 당신이 이미 자신의 재정 상태를 잘 파악하고 있고, 보통 미국인처럼 지출하고 저축하며 벌어들인다면 제2장의 지출 부분에서 제공한 분석은 당신의 자산 구축을 돕는 강력한 도구가 될 것이다. 거액의 임대료 혹은 주택담보대출금, 자동차 할부금, 그리고 엄청난 식비 및 외식비를 줄이는 게 미국인들 상당수가 귀담아 들어야 할 분석의 핵심 결과다. 당신이 지극히 평범하며, 재정 상태를 분석한 데이터가 애버리지 조의 것과 다를 게 없다면 제1장과 제2장에서 제안한 방안을 당신에게도 그대로 적용할 수 있다.

하지만 책에서 단순히 온 국민을 대상으로 조언하는 것보다 더 큰 금전적 자유를 이루고 싶다면 당신만의 분석을 시행해서 당신에게서 고유하게 나타나는 행동 패턴을 파악해야 한다. 당신의 비용과 시간을 추적 관리하고 그 정보를 바탕으로 가장 가치 있는 결정을 내리도록 하라!

중요성

제9장에서 우리는 '투자' 수익을 얻기 위해 경기장 밖에서 생수를 판매하는 게 얼마나 어리석은 행동인지 알았다. 중요성은 여기서 지출, 소득 그리고 투자 실적의 분석에 적용할 수 있다. 자신의 재정 상태를 추적 관리하고 분석해 의사 결정의 토대로 삼고자 하는 이들은 지출을 분류하고 심혈을 기울여 중대 결정을 내려야 한다.

만약 그 결정이 월 지출에 1~2% 미만밖에 영향을 미치지 못한다면 중요하다고 할 수 없다. 합리적으로 결정하고 중요한 문제에 좀 더 많은 시간을 들여라. 그렇다고 해서 아예 무시하라는 이야기가 아니다. 연간 50만 원 혹은 세후 소득의 1%를 차지하는 케이블 요금을 당신은 줄이고 싶을 것이다. 하지만 금전적 자유의 조기 달성을 원한다면 어떤 결정을 내릴지는 이미 분명하다. 그 문제를 갖고 복잡한 계산을 반복하면서 몇 시간씩 고민할 필요가 전혀 없다. 최대한 빠른 시일 내에 케이블 요금을 통째로 없애는 게 답이다.

게다가 적은 금액의 돈 때문에 자신을 희생할 필요가 없다. 30분 거리의 슈퍼마켓에서 장을 보면 5,000원을 절약할 수 있지만 바로 옆에도 슈퍼마켓이 있다면 시간 절약에 초점을 맞추고 가까운 곳에서 장을 보라. 어떤 결정을 내리든 차이는 미미한 정도

인데 쓸데없이 자신을 힘들게 만들 필요는 없다. 같은 맥락에서 몇천 원 아끼겠다고 슈퍼마켓의 쿠폰을 모으는 것 또한 비효율적이다. 냄비, 프라이팬, 반찬 용기를 구입해서 하루 세끼 식사를 꾸준히 직접 만들어 먹는 것만으로 연간 수백만 원까지는 아니더라도 수십만 원을 아낄 수 있다. 이런 방안이야말로 당신이 시간과 에너지를 들여 분석하고 실천해야 한다.

실제로 효과가 있는 게 뭔지 파악하라. 당신의 재정에서 비중이 큰 항목과 관련한 결정들이 각각 어떤 결과를 가져올지 긴 시간을 들여 검토하지 않는다면 말이 안 된다. 하지만 지극히 사소한 결정들에 상당한 시간을 쏟는 것 역시 말이 안 되기는 마찬가지다.

휴가가 가장 좋은 예가 될 수 있다. 많은 사람들은 자신의 경제적 미래를 설계하는 것보다 휴가 계획을 세우는 데 더 많은 시간을 투자한다. 애버리지 조가 휴가에 쓰는 비용은 연간 200만 원 미만이다. 그의 소득의 5%도 안 되는 금액인 만큼 그리 집착할 이유가 없다. 심지어 몇 시간 더 근무해서 휴가 비용을 충당할 수도 있다. 대신 앞으로 어디서 살지, 어떤 교통수단을 이용할지, 식사는 어떻게 해결할지를 계획하는 데 훨씬 많은 시간을 쏟아야 마땅하다.

이 예시의 핵심은 당신이 좀 더 세심하게 관찰하고 전문가가 돼야 하는 분야는 당신의 예산에서 아주 중요한 지위를 차지하는 항목이어야 한다는 것이다. 대부분의 사람들에게 이는 식비, 주거비, 교통비다. 이 세 가지 항목의 진짜 비용을 파악하지도 못하고,

또 어떻게 해야 크게 절약할 수 있는지 진지하게 연구하지 않는 데에는 변명의 여지가 없다. 당신의 재정 상태를 정기적으로 추적 관리하고 분석하며, 어느 항목에 더 신경을 써야 발전이 있을지 결정하는 건 당신 몫이다.

결론

재무 설계, 데이터 분석, 회계, 예측까지, 비즈니스 세계의 상당 부분이 이 개념들을 토대로 이루어진다. 현대를 사는 우리는 데이터의 축적 및 분석에 있어 무한한 능력을 갖추었으며 비즈니스 세계에서 이를 십분 활용하고 있다. 당신도 직접 소득을 통제하고 금전적 자유를 추구하고 싶다면 똑같이 해야 한다. 하지만 못지않게 중요한 것이 보이지 않는 요소들이다. 인간적인 측면 말이다. 감히 넘볼 수 없는 것들에 도전하는 능력도 중요하다.

당신이 달성하고자 하는 목표와 관련된 수치들을 추적 관리하고, 그 결과로 나온 데이터를 분석하는 게 당신의 장기적 성공에 핵심적이다. 당신의 삶에서 활용할 수 있는 재정 도구들을 파악하고 꾸준히 발전시켜야 한다. 하지만 이 데이터가 의미하는 바에도 한계가 있음을 명심해야 한다. 당신의 본능, 직감, 느낌이 데이터와는 전혀 다른 이야기를 한다면 행동에 착수하기 전에 한 번 더 생각하라. 효율성의 진정한 핵심은 논리적으로, 그리고 감정적으로 납득할 수 있는 데다 데이터의 지지까지 받는 해결책을 찾는 것이다. 한 고객이 당신이 그들에게 판매하는 아이템으로는 성공할 수 없음을 안다면 팔아선 안 된다! 입사를 제안받은 고연봉의 직장이 뭔가 느낌이 안 좋다면 그 제안을 받아들이지 마라! 데이터는 이야기의 절반에 불과하다. 그 이상도 그 이하도 아니다. 가능한 모든 데이터를 수집해서 그 데이터가 의미하는 바를 받아들인 뒤 완전히 무시하고 데이터에서 제시하는 내용과는 전혀 다른 결정을 해도 문제 될 게 없다. 그렇다고 해서 데이터 없이 결정을 내리지는 마라. 수치를 파악하되 데이터의 결론이 다르다는 이유만으로 당신이 맞다고 느끼는 일을 실행하지 못해서는 안 된다.

상황을 논리적으로 파악하고 다른 누구도 꺼내지 않는 질문을 제기한다면 당신은 재정 및 다른 분야의 목표를 향해 놀라운 진척을 이룰 수 있다. 통계 분석의 이점을 과대평가해선 안 되지만 그렇다고 그 수치를 완전히 무시한 결정을 내려서도 안 된다. 수치는 타당하며 거짓말하지 않는다. '차량 및 교통비'로 연 1,000만 원을 쓰는 걸로 나타났다면 이 데이터는 시사하는 바가 있다. (전국을 다니면서 고객들을 만났거나 인생을 돌아보고자 1년간 여행을 다녀와서) 그럴 수밖에 없었던 것인지 아니면 (직장에서 불과 8킬로미터 떨어져 있고 당신의 동네와 똑같은 지역을 놔두고 일반적인 교외 지역보다 16킬로미터 더 떨어진 곳에 살아서) 철저하게 돈을 낭비한 것인지는 당신이 결정할 문제다.

제13장
•
습관이 금전적 자유에
미치는 영향

많은 사람들이 부자가 되려면 어떻게 해야 하는지 알고 있다. 그만큼 분명하다. 즉, 돈을 벌고 아껴서 차액을 투자하면 된다. 이 과정을 반복하며 자산을 점차 늘려 가면 금전적 자유를 달성할 수 있다. 이때 필요한 것이라고는 일관성과 시간 그리고 영리한 노력뿐이다. 하지만 작은 실수와 나쁜 습관이 쌓이면 진척 과정이 극도로 느려지고 금전적 자유도 불필요하게 지연될 수 있다.

사람들은 툭하면 금전적 자유로 향하는 여정을 시작할 시간이 없다고 불평한다. 매일 밤 2~3시간씩 투자한다고 엄청난 부수입을 올릴 가능성은 희박하지만(그래서 소득이 증대될 잠재력이 충분한 직업으로 바꿔야 하는 것이다) 금전적 자유의 달성을 향해 상당한 발전을 이룰 시간은 충분하다. 게다가 당신이 현재 주어진 시간의 상당 부분을 낭비하고 있을 가능성도 높다. 이렇게 행복이나 즐거움을 선사해 주지도 못하는 활동에 낭비해 온 시간을 대신 당신의 목표를 위해 쏟아부어라.

인간이 지금처럼 다양한 기회에 광범위하게 노출돼 있었던 적은 역사를 통틀어 그 어느 때도 없었다. 당신이 가진 재능, 열정 그리고 조심성을 생산적으로 활용할 방식은 수도 없이 많지만 정작 진짜 중요한 것들을 파악하지 못하게 만드는 활동들도 수없이 많다는 것을 알아야 한다.

대부분의 사람들은 의미 있는 목표를 정하고 성취하기 위해 고군분투한다. 이때 일상적으로 우리를 가로막는 다양한 방해 요소들을 고려하게 된다. 이번 장에서 다루는 내용이 그리 달갑지는 않을 것이다. 당신의 실제 나쁜 습관들, 성공하지 못하도록 당신의 발목을 잡고 있는 습관들을 알아볼 테니 말이다. 일상생활에서 과감한 변화를 단행해야 할 만큼 금전적 자유를 간절히 원하는지는 당신이 결정할 문제다.

그렇다고 이 습관들을 완전히 뿌리 뽑아야 한다는 건 아니다. 일단 최대한 줄여서 삶의 한구석으로 밀어내기만 해도 성공이다. 때때로, 특정한 기분이 들 때에만 이런 행동에 탐닉하는 정도는 문제될 게 없다. 이 행동들이 매일같이 하는 습관이 돼서 일상생활의 일부가 되는 게 문제다.

이제부터 얘기할 내용이 마음에 들지는 않겠지만 반드시 읽어 봐야 한다.

삶에서 추방해야 할 10가지 습관

습관 ❶ | TV/넷플릭스

당신이 삶에서 진정 원하는 것들을 이루는 데 있어 넷플릭스 및 TV 프로그램의 99.9%는 도움 될 게 전혀 없다. 일에 방해가 되고 시간 낭비인데 그중 최악은 기회비용이 크다는 점이다. 당신은 매 분, 매초마다 더 나은 일을 할 수 있다. 특히, 결정 장애로 인해 뭘 볼지 정하지 못하고 TV 채널만 계속 돌리고 있는 시간은 아깝기 그지없다.

당신에게 목표 달성이 중요하다면 TV 및 비디오 프로그램이 더 이상 삶의 일부가 되어선 안 된다. 애버리지 조는 주말을 포함해 하루 평균 2.8시간 동안 TV를 본다. 매일 2시간 48분 꼴이다. 이 중 절반은 당신의 목표를 위해 노력하면서 보내고 남은 절반은 친구나 가족들과 함께 보내 보자. 조기 퇴직을 꿈꾸는 당신의 일상에 TV가 들어올 자리는 없다.

습관 ❷ ㅣ 스포츠 엔터테인먼트

스포츠는 프로 경기든 대학 경기든, 아마추어 경기든 하나같이 집중을 방해한다. 거의 모든 경우 그 시간에 더 생산적인 일을 할 수 있다. 그렇다고 스포츠 경기를 전혀 관람해선 안 된다는 얘기가 아니다. 다만 지역 프로 풋볼팀의 열렬한 팬이거나 전미대학체육협회 농구 대회의 모든 경기를 관람한다면 그만한 비용을 지불하게 된다는 뜻이다. 엄청난 시간 말이다. 중요한 경기를 관람하거나 동호회에 가입하는 건 이해할 수 있지만 광적인 스포츠팬으로 살아갈 때의 기회비용을 생각해 보라. 가장 좋아하는 스포츠팀으로 자신의 하루와 정체성을 구성하는 사람이 될 수 있는 건…광적인 스포츠팬뿐이다.

그게 당신이 진정 원하는 것인가?

조기 퇴직을 꿈꾸는 당신의 일상에 스포츠 엔터테인먼트가 들어올 자리는 없다.

습관 ❸ ㅣ 직장에서 멀리 떨어진 호화 주거지

집 자체에 많은 비용이 들어간다는 사실은 제4장에서 이미 다룬 바 있다. 하지만 그 외에 호화로운 생활도 유지에 많은 돈과 시간이 들어가는 '나쁜 습관'이라는 점을 짚고 넘어가야 한다. 호화 주택에는 못지않게 호화로운 가구가 필요하고, 호화 가구를 위해서는 화려한 장식이 필요하다. 그리고 화려한 장식 역시 무색하지 않게 만들려면 온갖 값비싼 잡동사니들이 있어야 한다. 이렇게 호화 주거지 및 그에 어울리는 온갖 부속물들을 갖추기 위해서는 시간과 에너지 그리고 돈이 필요하다. 결국 돈과 관련해 금전적 자유를 지연시키는 결정들을 내릴 수밖에 없다.

이런 식으로 사는 이들은 임대료나 주택담보대출금을 감당하느라 자산 구축은 꿈도 못 꾸고, 평소 출퇴근에 버리는 시간이 너무 많다 보니 웬만하면 집에 있고 싶어 한다. 일하느라 혹은 직장까지 오가느라 외롭고 지루하며 피곤한 하루와 한 주를 보내는 생활이 계속될 뿐이다. 호화로운 생활은 유지하고 가꾸는 데 많은 돈이 들뿐더러 (TV, 스포츠, 외식, 밤 문화, 쇼핑 등) 목표에서 멀어지는 행동들을 더 많이 하게 만든다. 이런 생활 방식을 선택하는 이들은 길고 긴 통근 시간을 보상받고 싶어서, 그리고 호화 주택에 어울리는 높은 생활 수준에 맞추기 위해 값비싼 자동차까지 구입한다. 그렇게 깨끗하고 값비싼 집에 살면서 명품 매장에서 산 최신 유행 옷을 입고 고급 승용차를 몰고 다녀 봐야 마음에 드는 이성을 만날 수 있는 것도 아니다.

삶에서 궁지에 몰렸다고 느끼는 이들의 절망은 (직장과의 거리는 물론 도로 상황 측면에서도 지극히 잘못된 선택으로 인해) 도로 정체로 꼼짝도 못하는 고급 승용차 안에서 더 커질 것이다. 이들은 집을 유지 관리하는 데에도 상당한 시간을 투자해야 한다. 집이 좀 더 높은 목표를 이루는 데 방해만 되는 줄은 모르고 오히려 사회적 지위를 유지해 주는 '자산'이자 교외 주택 소유주의 경우 '부를 창출하는' 투자라는 헛된 믿음에 빠져서 그렇게 살아간다.

당신의 고급 주거지를 (적어도 단기적으로) '희생'해 직장에서 좀 더 가깝고 저렴한 집으로 옮기는 건 당신의 시간과 돈을 해방시킬 수 있다는 점에서 꿈에 다가가는 가장 강력한 계기가 될 것이다.

조기 퇴직을 꿈꾸는 당신의 일상에 호화로운 생활이 들어올 자리는 없다.

습관 ❹ ㅣ 외식하기

살다 보면 누군가를 만나 함께 점심식사를 해야 할 때가 있다. 친구나 가족, 잠재적 사업 파트너 혹은 동료를 만나 함께 점심을 먹거나 맥주를 마시는 건 시간을 소중하게 보내는 방법이다. 이를 위해 적당한 음식점을 활용하는 것도 나쁘지 않다. 당신이 목표를 향해 나아가도록 도울 수 있는 멘토 등 일련의 사람들을 만날 수 있다면 주기적으로, 가능하면 매일 만나라.

이에 비해 혼자 혹은 매일 똑같은 사람들과 점심, 저녁, 심지어 아침까지 나가서 먹는다면 이는 당신의 꿈을 갉아 먹는 거나 마찬가지다. 대신 점심 도시락을 싸서 다녀라. 식사 시간을 줄이고 그 시간에 좀 더 생산적인 활동을 하라.

주기적으로 외식을 하는 데에는 다음과 같은 부작용이 따른다.

- 돈이 많이 든다.
- 시간이 많이 걸린다.
- 건강에 안 좋다.

외식은 어떤 행사에 초대받았을 때, 혹은 당신이 도움을 받을 수 있거나 사랑하는 누군가를 만나는 자리일 때에만 하는 게 좋다. 고객들, 계약 상대들, 잠재적 멘토들을 만나야 한다면 외식을 하라. 하지만 우리는 사실 재정 상황은 물론 생산성과 건강에도 절대손실에 불과한 점심식사에 대해 '생산적'이라고 착각하는 경우가 너무 많다. 그와 같은 덫에 빠져선 안 된다. 직접 요리해서 언제나 건강하고 효율적이며 맛있는 음식을 즐길 수 있도록 하자.

조기 퇴직을 꿈꾸는 당신의 일상에 주기적 외식이 들어올 자리는 없다.

습관 ❺ | 소셜 미디어

페이스북, 링크드인, 트위터, 인스타그램, 핀터레스트를 비롯하여 주요 소셜미디어의 여러 채널들은 이제 엄연히 생활의 일부가 되었다. 업무의 일환으로 이런 네트워크를 활용해야 하는 이들에게는 심지어 의무기도 하다. 게다가 이를 활용해 더 많은 이들과 소통하고, 나만의 콘텐츠와 성취들, 획기적인 사건들을 공유하며 비즈니스를 창출할 수도 있다.

단, 이 어플리케이션들이 당신의 집중을 방해하도록 고안됐다는 점은 문제가 될 수 있다. 당신의 주의를 최대한 오래 붙들어 두고 최대한 자주 방문하도록 만들어진 것이다. 이게 그들의 일이며 돈, 그것도 큰돈을 버는 방법이다. 그리고 그들은 여기에 아주 능숙하다.

진심으로 성공을 원하고 큰 목표들을 이루고 싶다면 온종일 소셜미디어에 매달려 있어선 안 된다. 소셜미디어는 당신의 목표와 관련 있는 이슈들을 접하고, 다른 이들과 공유 및 협력할 때 효율적이고 효과적이며 간편하게 사용하는 도구일 뿐이다. 친구들이 어떻게 지내는지 꾸준히 알고 싶다면 일주일에 한 번씩만 새로운 피드들을 확인하면 된다. 조기 퇴직을 꿈꾸는 당신의 일상에 목적 없는 소셜미디어가 들어올 자리는 없다.

습관 ❻ | 일할 때 음악 듣기

아, 벌써부터 야유가 들리는 듯하다. 음악은 그 자체로 아름다운 데다 당신의 삶을 풍성하게 해준다. 아침에 일어나 좋아하는 노래를 듣고, 일하는 동안 클래식 음악을 듣거나, 운동하기 전에 신나는 음악으로 활력을 북돋운다면 삶에서 이를 배제하는 건 실수다.

하지만 일하는 중에 좋아하는 랩, 컨트리, 록, 팝 혹은 인기 차트의 곡들을 듣는 건 목표를 이루는 데 전혀 도움이 안 된다. 출근길에 듣는 라디오 음악 채널을 오디오북이나 부동산, 비즈니스, 자기계발 등 생산적인 내용의 팟캐스트로 바꾸어야 한다. 음악은 목표를 위해 노력하는 당신이 집중하는 데 방해가 된다. 이는 과학적으로도 입증된 바 있다. 생산적이고 창의적인 일을 하거나 삶과 비즈니스와 관련해 중요한 결정을 내려야 할 때에는 음악 듣는 걸 중단하라.

게다가 당신이 목표와 관련된 일을 하고 있지 않을 때나 자유 시간을 가질 때, 무의식적으로 집안일을 반복할 때에도 비즈니스, 자기계발, 또는 새 기술을 배울 때 도움이 되는 내용을 듣는 게 훨씬 생산적이다. 당신이 가장 좋아하는 뮤지션의 음악을 듣는다면 당신의 커리어나 개인적 발전 혹은 인생의 다른 목표들보다도 음악을 들어서 느끼는 기쁨이 더 중요하다는 사실을 먼저 인정해야 한다.

음악이 다른 일을 할 수 있는 능력을 앗아가지는 않지만 목표를 이루는 데 실질적인 도움이 되는 다른 뭔가로 대체될 수도 있고 집중에 방해가 되기도 한다. 1년 이상의 장기적인 관점에서 보면 공부 및 자기계발에 관련된 오디오를 들은 이들이 음악을 들은 이들보다 훨씬 많은 강점을 지니게 될 것이다.

조기 퇴직을 꿈꾸는 당신의 일상에 인기 차트 속 노래들이 들어올 자리는 없다. 그리고 같은 곡을 30번씩 반복해 듣는 대신 당신의 커리어 계발에 도움이 되는 오디오북이나 팟캐스트를 듣는 게 훨씬 현명한 선택이다.

습관 ❼ | 밤 문화

밤 문화를 즐기는 데 너무 빠진 나머지 잔뜩 술에 취해서 술집을 휘젓고 다니는 게 생산적이라고 주장하는 이들을 이따금 만날 수 있다. 특히 우스운 망언을 하나 인용하겠다. '한 달에 20만

원씩 저축해 봐야 별 볼일 없지만 밤마다 나가서 인맥을 쌓으면 6,000만 원의 연봉 인상도 가능하다.'★

이 말을 그대로 믿는다면 당신도 속는 것이다. 클럽이나 술집에 가서 자정이 지나도록 술에 취해 노는 게 어떤 방식으로든 당신의 목표에 도움이 된다고 자신을 속여선 안 된다. 물론 그렇게 노는 게 재미는 있다. 반박의 여지가 없다. 하지만 시내나 술집에서 만나는 사람들이 당신의 목표를 이루는 데 도움을 주거나 그 명분들을 발전시키는 데 흥미 있을 리 없다. 다른 습관들과 마찬가지로 가끔씩 밤 문화를 즐기는 게 당신을 완전히 망치지는 않겠지만 목표에 다가가는 걸 지연시킬 수는 있다. 이에 유념하고 스스로를 적절히 통제하라.

조기 퇴직을 꿈꾸는 당신의 일상에 밤 문화가 들어올 자리는 없다.

습관 ❽ | 쇼핑

살다보면 다른 것에 비해 생산성에 큰 차이를 미치거나 효과가 더 오래 지속되는 아이템들이 몇 가지 있다. 예를 들어, 새로운 매트리스, 투자할 부동산, 컴퓨터, 보험 상품 등은 삶의 질, 생산성과 마음의 평화 그리고 재무 상태에 큰 영향을 미치는 만큼 오랜 시간 고민해서 결정하는 게 합당하다.

★ 마틴, '20대에 저축을 하는 당신에겐 문제가 있다', 온라인

하지만 그래 봐야 거기서 거기인 옵션들을 비교하느라 오랜 시간을 허비해선 안 된다. 이는 목표의 부재로 불필요한 돈 낭비를 초래하는 나쁜 습관이다. 당신에게 진짜 필요한 게 뭔지 파악하고 당신의 목표에 도움이 되거나 진심으로 즐길 수 있는 것들을 하라! 이 목록에 있는 다른 많은 습관들처럼 목적 없는 쇼핑은 돈과 시간 낭비에 불과하다. 특히, 괜찮은 사진 한 장을 건지려고 여러 아이템들을 사는 것보다 더한 낭비는 없다.

당신한테 필요한 것을 파악하는 데 드는 시간과 상품을 획득하기 위해 필요한 돈 이외에 쇼핑에 더 많은 걸 들여선 안 된다. 결정을 위한 고민이란 중요한 게 많이 걸려 있을 때에만 가치가 있다.

조기 퇴직을 꿈꾸는 당신의 일상에 취미로서의 쇼핑이 들어올 자리는 없다.

습관 ❾ | 스누즈 버튼

스누즈 버튼(아침에 잠이 깬 뒤 좀 더 자기 위해 누르는 알람 버튼)은 야망이 높은 이들에게 훌륭한 동지다. 경쟁자들이 침대에 머물게 함으로써 경쟁할 수 없게 만들기 때문이다. 심지어 그들의 생산성을 떨어뜨리고 기운 없이 축축 처지게 만들어 곧장 침대에서 나왔을 때보다 훨씬 나쁜 컨디션을 끌어낼 수 있다.

처음 스누즈 버튼이 울리고 이를 끄기 위해 잠에서 깨어나면 그걸로 끝이어야 한다. 이때 15분, 30분, 심지어 1시간씩 끌어 봐야 10분마다 알람이 울리는데 제대로 휴식을 취할 수 있을 리 없다.

오히려 잠을 통해 피로를 해소한다는 측면에서 보면 처음 알람을 듣고 침대에서 나올 때보다 컨디션이 훨씬 나빠진다.★

스누즈 버튼은 당신이 침대에서 비생산적으로 보낸 몇 분보다 더 많은 시간을 대가로 치르게 만든다. 이어지는 몇 시간 동안 생산성도 떨어지고 정신도 혼미해 업무의 결과물이 제대로 나오지 않는 것이다.

잠에서 깨는 건 마음가짐의 문제다. 알람이 울리면 재빨리 일어나 어쨌든 잘 잤다고 되뇌어라. 조금이라도 더 자려고 미적대고 있는 건 도움이 안 된다.

조기 퇴직을 꿈꾸는 당신의 일상에 스누즈 버튼이 들어올 자리는 없다.

습관 ⑩ | '난 모든 걸 해 보고 싶어' 정신

밀레니얼 세대(정확한 구분 기준은 없으나 대다수의 전문가들은 1980년대부터 2000년대까지 출생한 세대를 주로 일컫는다)는 여러 유형의 소비에 탐닉하는 대신 경험을 중시한다고 대체적으로 기록돼 왔다. 이 같은 가치관은 전혀 문제될 게 없다. 실제로 금전적 자유의 조기 달성으로 얻을 수 있는 혜택 중 하나는 연 3주의 휴가를 제외하고 주당 40시간씩 1년 내내 일해야 하는 동료들보다

★ 더 자세한 내용은 CNN 에린 버클란의 '스누즈 버튼은 당신에게 해로운가?(Is the Snooze Button Bad for You?)'를 참고할 것

고유한 경험을 훨씬 많이 할 수 있다는 데에 있다. 하지만 이를 극단적으로 해석하면 다음과 같은 결과로 귀결된다. 이들은 여러 다양한 영역들을 아주 가볍게 경험해 다른 일들을 수행하는 데에는 꽤나 어설프다. 결국 진심으로 좋아하는 몇 가지 영역에서조차 완벽해질 기회를 얻지 못한다.

새로운 도시나 생활 방식을 체험해 보는 등 새로운 경험을 쌓고 싶은 욕구가 너무 강하면 진심으로 경험하고 싶은 특정 문화나 취미, 혹은 열정이 있는 분야에서 달인이 되기는 어렵다. 이 세상의 모든 것들을 빠짐없이 경험하는 데 혈안이 돼 있다면 실제로 어떤 프로젝트나 비전에 헌신해 성공하거나 세상에 영향력을 발휘하기 힘든 것이다. 너무 많은 이들이 삶에서 방대한 종류의 경험을 쌓는 자체를 중요하게 여겨 결과적으로 좀 더 좁은 분야에서 높은 수준의 전문성이나 열정을 갖추는 데 실패하고 있다.

그렇다고 당신이 순수하게 사랑하는 취미, 열정 등을 추구해선 안 된다는 이야기가 아니다. 모든 걸 다 해보고 싶다고 지나치게 많은 분야들에 발을 들이지 말고 진심으로 좋아하는 몇 가지만 골라 그 분야에서 깊은 조예를 쌓도록 노력하라는 얘기다. 그렇게 하는 게 기쁨도 훨씬 클뿐더러 여가 활동에 드는 전반적 비용도 줄어들 것이다.

물론 당신이 익숙하고 편안한 범위 밖에서 새로운 흥밋거리를 계발하는 건 좋은 일이다. 다만 당신의 강점은 십분 활용하고 약점은 극복해 진정으로 원하는 것을 이루는 데 모든 관심과 노력을 쏟아부어라.

조기 퇴직을 꿈꾸는 사람이라면 '무엇이든 다 할 수 있지만 제대로 하는 건 아무것도 없는 사람'이 되어선 안 된다.

결론

지금까지 나열한 나쁜 습관들은 일상의 행복에 아무런 기여도 못할 뿐 아니라 매일 습관처럼 이루어지는 삶의 일부가 될 경우 좀 더 의미 있는 삶을 누릴 기회마저 빼앗아 가고 만다. 사람들은 나무를 보느라 정작 숲은 보지 못하면서 이 같은 습관에도 실제로 장점들이 있다고 주장하기도 한다. 하지만 제발 자신에게 솔직해져서 이런 낭비는 하지 않도록 하자. 위와 같은 나쁜 습관들을 뿌리 뽑아 매일 두세 시간씩 추가로 확보하게 되면 당신의 목표에 도움이 되는 기회들을 수도 없이 만나게 될 것이다. 뿐만 아니라 당신이 좋아하는 일을 하고, 당신을 진정 행복하게 해주는 사람들을 만나는 데 더 많은 시간을 보낼 수 있다.

이 습관들이 잡아먹던 시간들을 대신 당신이 진정으로 사랑하고 당신의 목표에 도움이 되는 일들을 하면서 보내도록 하자. 이런 습관들을 포기한다고 해서 당신이 감수해야 하는 건 아무것도 없다! 오히려 자신에게 더 나은 삶을 선사하는 것이다! 위의 습관들에 할애하던 시간들을 이제 운동하고, 건강하고 맛있는 음식을 만들어서 즐기며, 가까운 친구 및 가족들과 어울리는 데 쓰도록 하자. 더불어 목표를 위해 노력하고, 멘토를 찾는 등의 가치 있는 새로운 관계들을 형성하며, 자원봉사에 전념하는 것도 좋다.

나오는 말

 부자가 되어라. 돈 때문에 일하는 걸 중단하라. 진짜 삶을 살 채비를 하라. 최대한 빠른 시일 내에 말이다!

 당신은 금전적 자유를 일찌감치 달성함으로써 밥벌이를 위한 출퇴근의 압박에서 얼마든지 해방될 수 있다. 경제 활주로를 구축함으로써 자유롭게 취미 생활을 즐길 수 있고 세상을 바꿔 놓을 사업이나 기구도 자유롭게 시작할 수 있다. 일반 직장인이라면 결코 상상할 수 없는 세계 여행을 자유롭게 떠나서 현지인처럼 살아 보고 새로운 문화를 체험하는 것도 가능하다. 화요일 아침이면 헬스클럽에 가고, 수요일 오후엔 공원 나들이를 하며, 목요일 밤에록 콘서트를 관람하더라도 사무실에서 뒤처질 걱정 따위는 하지 않아도 된다. 자녀들의 인생에서 가장 중요한 시기에 하루의 대부분을 자녀들과 함께 보내는 자유 역시 누릴 수 있다.

금전적으로 자유로운 이들도 원한다면 직장에 계속 다니면서 동료들과 같은 생활 방식을 지속할 수 있다. 차이가 있다면 이들은 금전적으로 '일할 필요가 없다'는 사실이다. 금전적으로 자유로운 사람들은 '해야 하는 일'이 아니라 '원하는 일'을 바탕으로 하루를 구성한다. 그리고 한심한 핑계를 허용하지 않는다. 그래서 현재 "자신의 일을 사랑한다"고 해도 금전적 자유를 추구하고 유지하는 것 역시 결코 게을리하지 않는다. 이들은 자신의 일과 동료들이 오늘은 너무 좋지만 내일 당장 어떻게 될지 모른다는 사실을 잘 알고 있다.

이 여정에서 가장 힘든 부분은 (자산이 거의 없는) 밑바닥 상태에서 약 1억 원을 모으기까지다. 종잣돈 2,500만 원을 모으려면 어느 정도 희생을 감수하면서 서둘러 소득을 늘리고, 그렇게 마련한 돈을 재능과 지식, 창의력을 총동원해 수익을 창출하고 갈수록 가치가 높아질 만한 유형의 자산에 투자해야 한다. 처음에는 고통스러울 만큼 진척 속도가 느리겠지만 일단 수익이 나기 시작하면 결코 멈추는 법이 없을 것이다. 이렇게 자산이 계속해서 늘어 갈수록 적은 노력만으로 더 많은 소득을 벌어들일 수 있다.

금전적 자유를 향해 가는 여정의 첫 번째 단계는 매달 현금 수익 흑자를 기록해 1년짜리 경제 활주로를 구축하는 것이다. 금전적 자유의 조기 달성을 꿈꾸는 이들은 '바로 오늘' 가능한 범위 내에서 최대한 저축을 시작해야 하고 이를 위해서는 매달 지출을

150만~200만 원 이내 혹은 이보다 더 낮은 수준으로 줄여야 한다. 제1장에서 설명한 방법을 통해 2,500만 원의 자산을 구축하고, 이 돈으로 지금 하는 일보다 훨씬 빠르게 인생을 바꿔 줄 수 있는 일자리, 사업 혹은 투자의 기회를 붙잡아라. 온갖 위험 요소나 산업 및 기업의 변화에 휘둘리지 않고 고용주에 대한 금전적 의존성에서 벗어나려면 최대한 열심히 일해야 한다. 우선 직장에 다니지 않아도 1년간 버틸 수 있는 재정적 여건을 구축하라. 이후 5년, 심지어 영원히 지속되는 식으로 경제 활주로를 점차 늘여 가야 한다.

금전적 자유를 일찌감치 달성하는 방법은 중요하지 않으며 이 책에서 제시하는 절차도 두루 적용되는 접근법은 아니다. 하지만 뉴욕, 샌프란시스코나 로스앤젤레스에 살지 않는 독자들이라면 금전적 자유라는 목표를 위해 대체적으로 활용할 수 있는 한 가지 방법이 있다. 바로 주택이다. 중위 임금을 버는 근로자라면 사실상 미국 내 거의 모든 지역에서 부동산을 구입할 능력을 갖추고 있다. 소유주 및 실 거주자로서 투자형 부동산을 매입하는 것보다 금전적으로 더 큰 영향을 미칠 수 있는 결정은 존재하지 않는다. 매입한 주택에 살면서 남는 침실 혹은 세대를 임대하라. 그래서 세입자들이 당신의 거주 비용까지 지급하도록 하라. 임대료 및 주택담보대출금을 걱정할 필요 없이 공짜로 사는 것이다. 이렇게 하면 다른 이의 돈으로 주택담보대출금을 갚을 수 있으며 집값 상승의 혜택까지 누릴 수 있다. 이처럼 놀라울 정도로 강력한 전략을 활용하지 못하는 이들은 비효율적인 방법으로 자산을 구축해야 하는 만큼 직장에 더 오래 의존할 수밖에 없다.

각자의 커리어에 종사하는 사람들에게 최고의 시나리오는 연봉이 매년 10%씩 인상되고 18~24개월마다 승진하는 것이다. 이 시나리오에는 이렇게만 하면 이 회사의 직원들이 내년은 물론 내후년, 심지어 5년 안에는 아무데도 가지 않을 것이라는 전제가 깔려 있다. 이런 길을 가선 안 된다. 차라리 그만둬라. 대신 소득이 증대될 가능성이 있는 기회를 발견하라. 기회비용은 기본급 삭감의 형태로 나타나는 경우가 많다는 사실을 명심하라. 금전적 자유의 조기 달성을 꿈꾸는 이들은 기본급에 연연하지 않고 중위 수준의 임금을 벌더라도 상당 금액을 저축할 수 있어야 한다. 당신의 본업과 시너지를 낼 수 있는 부업을 찾아 추가 수입원을 확보하라. 자신을 해방시켜 금전적 자유를 앞당기는 한편, 위대한 성공을 거뒀다고 해서 생활비 역시 늘게 내버려 두지 마라. 그보다 꾸준히 성실하게 노력해서 당신의 자산에서 나오는 소극적 소득이 생활비를 넘어서는 수준까지 도달하라. *열심히 일하고 최대한 아껴 써라. 그렇게 발생한 차액을 공격적으로 투자하라.*

현금이 왕이다. 금리도 낮은 은행 계좌에 엄청난 금액의 현금을 넣어 둘 필요는 없지만 필요할 때마다 쓸 수 있게 해두는 게 좋다. 한 가지 방법은 비상금으로 적당한 금액보다 두 배 많은 돈을 인덱스 펀드에 투자했다 필요할 때는 언제든지 팔아 쓰는 것이다. 어떤 방법으로든 가용 현금을 확보하는 건 중요하다. 그래야 비상 상황에도 손쉽게 대처할 수 있고, 다른 이들은 꿈만 꾸는 위험도 감수할 수 있으며, 가용 현금이 없으면 불가능한 투자 기회도 활용할 수 있다.

발전 과정을 추적 관리하라. 지출과 수익을 추적 관리하고 '진짜'와 '가짜'를 모두 포함하는 순자산, 그리고 시간도 추적 관리하라. 재정 및 시간적 자원을 적절히 배분하고 비효율적인 건 과감히 제거하라. 별다른 효과가 없는 일은 더더욱 빨리 뿌리 뽑아야 한다. 평가를 해야 관리도 가능하다. 금전적 자유의 조기 달성을 꿈꾸는 이들 중 이런 걸 안 해도 되는 이는 없다. 누구나 자신의 지출을 추적 관리해야 하고, 또 누구나 손쉽게 수익을 올리고 불필요한 실수는 제거할 수 있는 능력을 갖추고 있다. 재무 상황에 당신이 휘둘리는 게 아니라 당신이 재무 상황을 통제하고 관리할 수 있어야 한다.

마지막으로 집중을 방해하고 시간을 낭비하게 만드는 요소들을 제거하고, 금전적 자유라는 목표와 시너지를 일으킬 수 있는 사람들 및 기관들에 둘러싸여야 한다. 부자든 가난하든 중산층이든 상관없이 모든 이들에게서 배우려는 자세를 갖춰라. 금전적 자유의 조기 달성을 위한 시간을 확보하고 닥치는 대로 읽어라. 금전적 자유라는 목표를 위해 여가 시간을 줄일 필요는 없지만 이 같은 목표는 반드시 당신의 삶 전반에 스며들어야 한다. 당신이 사는 지역이나 일하는 직장, 오가는 교통수단을 결정할 때 반영되고 친구들, 가족들 및 동료들과 함께 논의할 수 있도록 말이다. 금전적 자유의 조기 달성은 금전적 자유 공식을 충족시키는 것만큼이나 중요한 한 가지 삶의 방식이며, 손을 뻗으면 닿는 곳에 있다.

사람들은 나중에 어른이 되면 원하는 무엇이든 될 수 있다고 들으면서 자란다. 하지만 슬프게도 꿈을 이루지 못한 사람들이 수없이 많다. 이들은 자동차 할부금, 주택담보대출금, 공동 소유 시설, 케이블 TV 요금, 그리고 행복한 중독을 일으키는 아이템에 돈을 대기 바쁘다. 건강에도 좋지 않은 음식을 사먹느라 돈을 물 쓰듯 쓰고, 곧 자동화될 예정이라 소득 증대의 가능성도 희박한 지루한 업무에 매진한다. 하지만 당신은 이런 사람들과 다르다. 이제 당신에게는 금전적 자유를 달성해 꿈을 이룰 수 있는 도구, 지식 그리고 동기가 존재한다. 더 이상 원하는 무엇이든 될 수는 없지만 실낱같은 희망은 당신이 확보한 돈과 시간으로 못할 게 없다는 사실이다. 당신만의 자산을 구축하고 당신의 시간을 되찾아서 두 가지를 모두 현명하게 사용하라. 당신만의 삶을 살 채비를 하고 그렇게 살아라.

필립 브릭만, 댄 코츠, 로니 제노프-벌맨. '로또 당첨자들과 사고 희생자들: 행복과
관련 있나?*Lottery winners and accident victims: Is happiness relative?*' 인성과 사회
심리학 저널(Journal of Personality and Social Psychology), Vol 36(8), 1978년 8월,
917-927. http://dx.doi.org/10.1037/0022-3514.36.8.917

패트릭 클라크. '대학원 졸업생 대부분이 빠르게 빚더미에 앉지만 MBA 졸업생
은 예외*Debt Is Piling Up Faster for Most Graduate Students — but Not MBAs*'. 블룸버
그, 2014년 3월 25일. http://www.bloomberg.com/news/articles/2014-03-25/
student-loan-debt-piles-up-for-graduate-students-but-not-mbas

미국자동차협회가 2013년에 발표한 '당신의 운전비용' 연구에 따르면 미국에서 자
동차를 소유하고 운용하는 비용이 2% 가량 인상되었다. 미국자동차협회 뉴스룸,
2013년 4월 16일. http://newsroom.aaa.com/2013/04/cost-of-owning-and-
operating-vehicle-in-u-s-increases-nearly-two-percent-according-to-aaas-
2013-your-driving-costs-study-archive/

애스워드 다모다란. 다모다란 온라인*Damodaran Online*. http://pages.stern.nyu.
edu/~adamodar/

'당신 차에 자금 대기: 자동차 선수금으로 얼마가 필요할까?*Financing Your Wheels:
How Much Should I Budget for a Down Payment on a Car?*'. 퀴큰. https://www.quick-
en.com/financing-your-wheels-how-much-should-i-budget-down-payment-
car

제임스 힐리. '신차 평균 가격 33,560달러로 2.6% 급등*Average new car price zips
2.6% to $33,560*'. USA 투데이, 2015년 5월 4일. http://www.usatoday.com/story/

money/cars/2015/05/04/new-car-transaction-price-3-kbbkelley-blue-book/
26690191/

캐롤린 킬스트라. '출퇴근이 당신의 몸에 미치는 10가지 영향10 Things Your Com-
mute Does to Your Body'. 타임, 2014년 2월 26일. Time.com/9912/10-things-
your-commute-does-to-your-body/

개리 랑거. '여론조사: 미국의 교통Poll: Traffic in the United States'. ABC 뉴스,
2015년 2월 13일. http://abcnews.go.com/Technology/Traffic/story?id=
485098&page=1

로렌 마틴. '20대에 저축을 하는 당신에겐 문제가 있다If You Have Savings In Your 20s,
You're Doing Something Wrong'. 엘리트데일리, 2015년 9월 16일. http://elitedaily.
com/life/savings-20s-something-wrong/1214445/

폴 A. 메리맨. '23가지 인용문을 통해 본 워런 버핏의 천재성The genius of Warren
Buffett in 23 quotes'. 마켓왓치, 2015년 8월 19일. http://www.marketwatch.com/
story/the-genius-of-warren-buffett-in-23-quotes-2015-08-19.

에스텔 소메일러, 마크 프라이스, 엘리스 와제터. '미국의 주, 대도시 및 시골 지역
에서 나타나는 소득 불균형Income inequality in the U.S. by state, metropolitan area,
and county'. 경제정책협회, 2016년 6월 16일. http://www.epi.org/publication/
income-inequality-in-the-us/

부록

나의 목표:

1)

2)

3)

오늘 감사했던 일 세 가지:

1)

2)

3)

오늘 연락해야 하는 중요한 세 사람:

1)

2)

3)

목표를 이루기 위해 할 일 다섯 가지:

1)

2)

3)

4)
....
5)
....

내 삶을 유지하기 위해 필요한 다른 일들:

1)
....
2)
....
3)
....
4)
....
5)
....

오늘 30분~1시간에 걸쳐 배운 내용:

....

....

오늘 한 운동:

....

오늘 먹은 건강한 음식:

....

다음의 각 시간대에 완료해야 하는 중요한 일들

이른 아침(오전 9:00 이전):

....

....

늦은 아침(오전 9:00-정오):

....

....

이른 오후(정오-오후 2:30):

....

....

늦은 오후(오후 2:30-5:00):

....

....

이른 저녁(오후 5:00-7:30):

....

늦은 저녁(오후 7:30 이후):

....

....

오늘의 반성: 5분간 오늘 하루를 돌아보고 내일의 활동 계획하기

....

....

....

....

....

....

....

....

....

....

....

나의 분기 목표:

1)
....

2)
....

3)
....

분기 목표를 달성하기 위해 해야 할 일들

– 분기 목표 1)을 위한 주간 활동:

....

....

....

– 분기 목표 2)를 위한 주간 활동:

....

....

....

– 분기 목표 3)을 위한 주간 활동:

....

....

....

나의 최고 관심사:

(예시)

- 이번 주에 먼저 챙겨야 할 중요한 사람들

- 이번 주에 중점적으로 배워야 하는 내용

- 1일 3식으로 구성된 이번 주의 건강한 식단 짜기

- 주 5일 이상 격렬한 운동하기

시간이 허락할 경우 추가적으로 노력해야 하는 사항들:

(예시)

1) 이번 주의 일상 기록 완료하기

2) 민트나 퍼스널 캐피탈을 이용해 내 재정 상황 추적 관리 시작하기

3) 근무일 5일 중 4일은 자전거로 출근하기

4) 직장에서 가까운 아파트나 분할 주택 찾아보기

5) 소득 인상 기회가 될 새로운 업무 고민하기

6) 저렴한 인덱스 펀드에서 나의 첫 주식 사기

7) 부동산 투자에 대한 팟캐스트 듣기

8) 금전적 자유를 조기에 달성한 3인 만나 보기

나의 분기 계획:

1)
....

....

2)
....

....

3)
....

....

주간 계획:

– 1주차 계획:

      목표 1)을 위해 할 일

      목표 2)를 위해 할 일

      목표 3)을 위해 할 일

– 2주차 계획:

      목표 1)을 위해 할 일

      목표 2)를 위해 할 일

      목표 3)을 위해 할 일

- 3주차 계획:

    목표 1)을 위해 할 일

    목표 2)를 위해 할 일

    목표 3)을 위해 할 일

- 4주차 계획:

    목표 1)을 위해 할 일

    목표 2)를 위해 할 일

    목표 3)을 위해 할 일

- 5주차 계획:

    목표 1)을 위해 할 일

    목표 2)를 위해 할 일

    목표 3)을 위해 할 일

- 6주차 계획:

    목표 1)을 위해 할 일

    목표 2)를 위해 할 일

    목표 3)을 위해 할 일

- 7주차 계획:

    목표 1)을 위해 할 일

    목표 2)를 위해 할 일

    목표 3)을 위해 할 일

- 8주차 계획:

    목표 1)을 위해 할 일

    목표 2)를 위해 할 일

    목표 3)을 위해 할 일

- 9주차 계획:

    목표 1)을 위해 할 일

    목표 2)를 위해 할 일

    목표 3)을 위해 할 일

- 10주차 계획:

    목표 1)을 위해 할 일

    목표 2)를 위해 할 일

    목표 3)을 위해 할 일

- 11주차 계획:

    목표 1)을 위해 할 일

    목표 2)를 위해 할 일

    목표 3)을 위해 할 일

- 12주차 계획:

    목표 1)을 위해 할 일

    목표 2)를 위해 할 일

    목표 3)을 위해 할 일

나의 목표:

1)

2)

3)

올해 말까지 완료해야 하는 일 12가지:

1) 목표 1)을 위해 할 일(1분기):

2) 목표 1)을 위해 할 일(2분기):

3) 목표 1)을 위해 할 일(3분기):

4) 목표 1)을 위해 할 일(4분기):

5) 목표 2)를 위해 할 일(1분기):

6) 목표 2)를 위해 할 일(2분기):

7) 목표 2)를 위해 할 일(3분기):

8) 목표 2)를 위해 할 일(4분기):

9) 목표 3)을 위해 할 일(1분기):

10) 목표 3)을 위해 할 일(2분기):

11) 목표 3)을 위해 할 일(3분기):

12) 목표 3)을 위해 할 일(4분기):

올해 가져야 할 12가지 습관:

습관 1) _____

습관 2) _____

습관 3) _____

습관 4) _____

습관 5) _____

습관 6) _____

습관 7) _____

습관 8) _____

습관 9) _____

습관 10) _____

습관 11) _____

습관 12) _____

감사의 말

랜디 트렌치가 아버지로서, 멘토로서 그리고 글쓰기 코치로서 보여 준 전문성과 아낌없는 지원에 감사의 말을 전하고 싶다. 킴벌리 페티코라스는 출판 과정 전반을 훌륭하게 조직하고 관리해 주었다. 인내심을 발휘해 사려 깊게 검토하고 피드백을 준 다니엘 프리드먼에게도 감사하다. 워커 힌쇼는 친구로서, 파트너로서 든든한 지원자가 돼 주었고 내 사고의 흐름을 이끌어 주었다. 버지니아 혼블로어는 전반적인 과정에 기여한 건 물론, 집필 작업에도 도움을 줘 많은 의지가 되었다. 프레스크의 엘리 마스 데이비스는 교열 과정에서 세심한 편집을 보여 주었고, 아만다 한과 브랜든 홀은 퇴직 연금 계좌에 관한 내용에 도움을 주었다. 모두에게 고마울 따름이다.

출판사 비거포켓의 모든 팀원들에게도 감사의 말을 전하고 싶다. 특히, 조슈아 도킨, 브랜든 터너, 앨리슨 렁, 자로드 제이미슨은 책의 집필 및 제작 과정 내내 구체적 지원을 아끼지 않았다.

또한 커비-니콜 트레이시 길리엄, 자크 골드먼, 팀 코일, 제임스 맥케이브, 벤자민 앨런, 빅네시 스와미나단, 루스티 트렌치를 포함해 내 책에 피드백을 준 모든 이들에게 고맙다는 말을 전한다.

돈 걱정 없는 삶

펴낸날 초판 1쇄 2019년 1월 9일
　　　　초판 2쇄 2019년 11월 20일

지은이 스콧 트렌치
옮긴이 이정민
펴낸이 김현태
펴낸곳 책세상

주소 서울시 마포구 잔다리로 62-1, 3층 (04031)
전화 02-704-1251 (영업부), 02-3273-1333 (편집부)
팩스 02-719-1258
이메일 bkworld11@gmail.com
광고·제휴 문의 bkworldpub@naver.com

홈페이지 chaeksesang.com
페이스북 /chaeksesang **트위터** @chaeksesang
인스타그램 @chaeksesang **네이버포스트** bkworldpub

등록 1975. 5. 21. 제1-517호

ISBN 979-11-5931-327-1 13320

* 비즈페이퍼는 책세상의 경제경영 브랜드입니다.
* 잘못되거나 파손된 책은 구입하신 서점에서 교환해드립니다.
* 책값은 뒤표지에 있습니다.

이 도서의 국립중앙도서관 출판시도서목록(CIP)은 서지정보유통지원시스템 홈페이지
(http://seoji.nl.go.kr)와 국가자료공동목록시스템(http://www.nl.go.kr/kolisnet)에서
이용하실 수 있습니다.(CIP제어번호 : CIP2018041382)